16	3	2	13
5	10	11	8
9	6	7	12
4	15	14	1

Antonio Sérgio
Alfredo Guimarães

MODERNIDADES NEGRAS
A formação racial brasileira (1930-1970)

Prefácio
Matheus Gato e Flavia Rios

editora 34

EDITORA 34

Editora 34 Ltda.
Rua Hungria, 592 Jardim Europa CEP 01455-000
São Paulo - SP Brasil Tel/Fax (11) 3811-6777 www.editora34.com.br

Copyright © Editora 34 Ltda., 2021
Modernidades negras © Antonio Sérgio Alfredo Guimarães, 2021

A FOTOCÓPIA DE QUALQUER FOLHA DESTE LIVRO É ILEGAL E CONFIGURA UMA
APROPRIAÇÃO INDEVIDA DOS DIREITOS INTELECTUAIS E PATRIMONIAIS DO AUTOR.

Capa, projeto gráfico e editoração eletrônica:
Franciosi & Malta Produção Gráfica
Revisão:
Beatriz de Freitas Moreira

1ª Edição - 2021

CIP - Brasil. Catalogação-na-Fonte
(Sindicato Nacional dos Editores de Livros, RJ, Brasil)

<blockquote>
Guimarães, Antonio Sérgio Alfredo

G963m   Modernidades negras: a formação racial
brasileira (1930-1970) / Antonio Sérgio Alfredo
Guimarães; prefácio de Matheus Gato e Flavia Rios
— São Paulo: Editora 34, 2021 (1ª Edição).
296 p.

ISBN 978-65-5525-070-1

    1. Brasil - Relações raciais. 2. Cultura
negra. 3. Sociologia histórica. I. Gato, Matheus.
II. Rios, Flavia. III. Título.
</blockquote>

CDD - 306

MODERNIDADES NEGRAS
A formação racial brasileira (1930-1970)

Prefácio, *Matheus Gato e Flavia Rios* 7

Introdução 15
1. O estudo de raças e sua formação histórica 21
2. A liberdade é negra; a igualdade, branca
   e a fraternidade, mestiça 45
3. A modernidade negra 67
4. A democracia racial negra dos anos 1940 91
5. Resistência, revolta, quilombo 133
6. Os negros em busca da cidadania 153
7. A recepção de Fanon pela juventude negra 169
8. Ação afirmativa, um balão de ensaio em 1968 193
9. A democracia racial revisitada 225

Bibliografia 265
Sobre o autor 294

PREFÁCIO

Matheus Gato e Flavia Rios[1]

Modernidades negras: a formação racial brasileira (1930-1970) é o quinto livro de Antonio Sérgio Guimarães sobre a questão racial no Brasil. Referência incontornável nesse campo, o sociólogo dispensa apresentações nos círculos acadêmicos pois trata-se do autor mais citado nos estudos sobre relações raciais no país. A explicação para esse destaque pode ser atribuída a pelo menos quatro características da sua produção intelectual que o leitor poderá conferir neste livro.

A primeira delas é que o cosmopolitismo da abordagem do autor, traço marcante de obras como *Racismo e antirracismo no Brasil* e *Preconceito racial: modos, temas e tempos*, nunca o levou a abandonar o diálogo cerrado com o pensamento social brasileiro, em especial o conjunto de investigações científicas voltadas ao problema do preconceito racial. Uma segunda razão, talvez a mais importante, diz respeito ao seu investimento em construir um aparato conceitual para viabilizar o estatuto científico dos estudos sobre raça numa nação latino-americana que se construiu como mestiça, negando a existência do racismo. Esse investimento em teoria não pode ser menosprezado, já que exigiu esforço intelectual para prover explicação sobre a natureza e a especificidade dos grupos raciais e seu uso analítico no campo das ciências humanas. Uma terceira característica é o diálogo criativo com a literatura internacional sobre o tema, confrontando a hierarquia que distingue a

---

[1] Matheus Gato é professor do Departamento de Sociologia da Universidade Estadual de Campinas (Unicamp). Flavia Rios é socióloga e professora da Universidade Federal Fluminense (UFF).

Prefácio   7

produção científica do Norte e do Sul global ao se perguntar o que a análise da realidade brasileira permite contribuir para o entendimento do fenômeno do racismo no mundo contemporâneo. Por fim, a maneira como o sociólogo procura responder aos impasses políticos do debate público sobre raça no Brasil. Este último aspecto é particularmente importante na organização deste livro. A maioria dos capítulos de *Modernidades negras* foi redigida em meio ao intenso e polêmico debate sobre a implementação de ações afirmativas e reserva de vagas para negros nas universidades brasileiras na primeira década do século XXI. Para os setores conservadores da política, da mídia e da academia, que firmaram posição contra as propostas do movimento negro em prol da democratização do ensino superior, era preciso, respectivamente: manter o *status quo* meritocrático nos processos seletivos, reafirmar o mito da democracia racial, e defender o método das ciências humanas contra a influência da retórica dos "militantes" negros, bem entendido, pessoas taxadas como despreparadas emocional e intelectualmente para o debate universitário. Em contraste, para Guimarães, aquele contexto foi uma oportunidade única que lhe estimulou a reinterpretar o processo de democratização no Brasil. Nas palavras do autor:

> "A novidade dos anos 1980 é que, ao contrário da situação anterior, não foram classes médias 'brancas', mobilizadas em torno de ideias socialistas e empenhadas numa política de alianças de classes, pretendendo-se, no mais das vezes, os porta-vozes de camponeses e operários, que tomaram a cena política. Quem empunha agora a nova bandeira de luta por acesso às universidades públicas são jovens que se definem como 'negros' e se pretendem porta-vozes da massa pobre, preta e mestiça, de descendentes dos escravos africanos, trazidos para o país durante mais de trezentos anos de escravidão. Essa juventude estudantil negra começa assim a realizar o ideal de luta socialista, verbalizado por Florestan Fernandes no final dos anos 1960: só o negro poderia tomar

consciência do mito em que se tinha transformado a democracia racial." (Guimarães, 2008: 116-7)

Nesse sentido, o ideal de luta socialista por ampliação dos direitos políticos e sociais para todos os deserdados da terra havia ganhado novos portadores sociais no processo de democratização brasileira, e a luta por ações afirmativas se apresentava como um dos pontos-chave desse processo. Uma perspectiva cheia de consequências políticas e analíticas. No campo da esquerda, implicava escancarar o caráter anacrônico de persistir apenas no velho "sonho de classe", expressão que dá título a uma obra do autor, sem observar o que a formação de outros sujeitos coletivos e seus repertórios culturais revelam sobre a desigualdade social e os limites da democracia brasileira. No meio acadêmico, essa interpretação tornava necessário confrontar a hierarquização dos lugares de fala no debate público sobre o racismo, tão flagrante no modo como se operava a distinção entre "acadêmicos" e "militantes". Não apenas devido ao fato natural e desejável de que as conquistas teóricas das ciências sociais façam parte do repertório de saberes de toda a sociedade e sejam mobilizados para fins diferentes daqueles previstos por seus formuladores originais. Mas, sobretudo, porque a força que tomou a reivindicação por acesso ao ensino superior esboçava um processo de outra natureza, hoje cada vez mais visível: a relevância dos intelectuais, artistas e ativistas negros, de suas tradições e linguagens, na formulação de políticas sociais, dentro dos partidos políticos, na esfera pública, bem como nas formas compartilhadas de entendimento sobre a realidade brasileira.

Modernidades negras é um livro que emerge dessa descoberta. Assim, a agenda de pesquisa sobre os usos e sentidos de raça no Brasil precisava ser deslocada e aprofundada no sentido de compreender como o antirracismo, em particular, o repertório de ação e as retóricas negras de inclusão social haviam transformado a relação dos brasileiros com a democracia e a cidadania no país. Noutras palavras, era preciso confrontar a tradição sociológica e o pensamento social brasileiro institucionalizado na universidade com as interpretações negras do Brasil.

Prefácio

Parte substantiva desta obra dedica-se a essa tarefa, com especial destaque à cultura intelectual negra brasileira de meados do século XX. Nesse ponto, merece destaque o capítulo dedicado ao modo como Abdias do Nascimento, lentamente, forja sua crítica à ideia de democracia racial, articulando as ideias de "resistência", "revolta" e *négritude*, desenvolvidas no mundo intelectual francês; assim como, durante o exílio nos anos 1960 e 1970, ele revisita a noção de quilombo a partir do afrocentrismo norte-americano. Integram esse quadro os capítulos dedicados à análise das diferentes retóricas de inclusão mobilizadas por ativistas e intelectuais negros a partir do pós-Abolição e também o belo estudo da recepção de Frantz Fanon no Brasil, com destaque à leitura que dele fez uma juventude interessada em combater o colorismo vigente da ideologia do branqueamento e em redefinir-se como negra. Uma interpretação em que a produção cultural dos intelectuais e ativistas negros é mobilizada para capturar processos de formação racial.

Essa perspectiva moveu a abordagem do autor sobre a fabricação material e simbólica das classes e raças dos quadros de uma teoria da desigualdade e da estratificação social para uma sociologia histórica da formação dos grupos sociais. Se em livros como *Classes, raças e democracia* a atenção do sociólogo se dirige aos efeitos do preconceito e da discriminação na constituição dos chamados grupos de cor e sua relação peculiar com a estrutura de classes, nesta obra a pergunta contém uma inflexão diferente: quais contextos históricos permitem a formação ou a transformação de coletivos em grupos socialmente representados como etnias, raças ou classes? Questão que organiza o capítulo em que Guimarães retoma o problema dos usos analíticos da categoria raça em contraste com outros conceitos como classe, cor, etnia e nação. Mas nesta nova chave, não basta o aporte nominal que marcou a retomada do conceito de raça na sociologia brasileira desde *Racismo e antirracismo no Brasil*, pois também se faz necessária uma história social dos processos de racialização e formação racial. Nas palavras do autor: "Não podemos, porém, supor que tais identidades e tais sujeitos coletivos estejam para sempre formados, sob pena de transformarmos tais identidades em qualidades, em essências individuais de uma determinada formação social".

Tal ponto de partida exigiu que o sociólogo ampliasse significativamente o escopo histórico de suas investigações do período após a Segunda Guerra Mundial, com ênfase marcada no ciclo de estudos da UNESCO nos anos 1950, para o contexto do pós-Abolição no Brasil. Assim, logo nos primeiros capítulos deste livro, o autor pretende elucidar como os negros brasileiros constituíram suas aspirações por liberdade e igualdade no contexto de formação de uma república moderna e racializada no fim do século XIX. Guimarães trava um diálogo com a historiografia recente sobre a escravidão e o processo de abolição para lançar uma hipótese de trabalho desenvolvida ao longo de todo este livro: que durante a campanha abolicionista e ao longo da Primeira República (1889-1929), "ganha corpo nos meios negros uma forma de sentir-se parte da nação brasileira cujos valores, ideais e emoções serão institucionalizadas no período seguinte, no Estado Novo e na Segunda República (1930-1964) como *democracia racial*".

Uma estrutura de sentimentos que poderíamos chamar, na falta de termo mais adequado, de nativismo negro, constante entre os intelectuais e artistas negros do começo deste século como Manuel Querino, Astolfo Marques, Nascimento Moraes, Arthur Timóteo, Lima Barreto, e muitos outros anônimos, consistiu, em parte, na fusão entre o desejo de livrar-se do preconceito de cor e do estigma da escravidão e um pensamento social que imagina a nação como mestiça. Essa dicção marcaria o processo de inclusão simbólica dos descendentes africanos brasileiros à sociedade ocidental, isto é, a formação de nossa modernidade negra. Esse é o tema explorado no ensaio que nomeia todo este livro, no qual o autor contrasta o caso brasileiro às experiências francesa e norte--americana, buscando anotar os diferentes percursos diaspóricos em que coletivos racializados se convertem em sujeitos capazes de criar novos sentidos para a negritude. Guimarães retoma, portanto, de maneira muito própria, a tese de Paul Gilroy segundo a qual as culturas negras diaspóricas constituem uma contracultura da modernidade, bem como a argumentação clássica de Florestan Fer-

Prefácio
11

nandes, para quem a luta pela cidadania organizada pelos movimentos negros realiza o ideário moderno da revolução burguesa no Brasil.

Nesse ponto, somos conduzidos a alguns dos aspectos mais originais desta obra: o estudo da forma como os intelectuais negros articularam a noção de democracia racial no pós-guerra, problema desenvolvido no capítulo 4, bem como as origens transnacionais dessa expressão que passou a definir a ideologia racial brasileira por excelência, assunto do capítulo final deste livro. Dizemos originais pois em suas obras anteriores a investigação sobre o mito da democracia racial integrava a análise das especificidades do racismo no Brasil; do paradoxo da denegação da discriminação racial no plano das representações, por um lado, e a existência de uma estrutura social vigorosamente racializada, por outro. Mas em *Modernidades negras* o ponto de vista é bem diferente. Aqui, a noção de democracia racial é remetida às disputas políticas e intelectuais que moldaram a história do antirracismo no Brasil e no mundo. Em uma perspectiva negra, tal noção combinava-se à expansão dos direitos sociais e políticas e à melhoria das condições de existência dos descendentes de africanos. Dado que leva o autor a uma nova leitura: "Longe de ser uma variante da supremacia branca, a democracia racial era um constructo utópico, nascido da colaboração tensa entre radicais negros e progressistas brancos". Assim, o que precisa ser elucidado era o contexto político e histórico que a esvaziou de seu sentido antirracista primeiro.

O sociólogo não realiza essa empreitada neste livro, mas nos oferece uma boa pista de como uma pesquisa dessa natureza poderia ser conduzida no capítulo em que analisa como o consenso sobre a harmonia racial do país — reforçado durante a ditadura militar — abafou uma das primeiras propostas de ação afirmativa e de reserva de vagas no país em 1968, mais de trinta anos antes desta pauta tornar-se central na agenda dos movimentos negros. Dado que fortalece outro argumento histórico discretamente sugerido nesta obra: que os impasses da formação racial do último fim de século — explorado em todos os livros anteriores do autor — deitam suas raízes na cultura política e intelectual dos anos

1960. Outra trilha que Guimarães deixa aberta para as novas gerações de pesquisadores no campo das relações raciais.

Por todas essas razões, não é exagero dizer que em *Modernidades negras* os leitores encontrarão o que há de melhor, em termos de criatividade e de originalidade, na sociologia brasileira contemporânea.

INTRODUÇÃO

Este livro reúne escritos de diferentes momentos do tempo, entre 2003 e 2020. No começo deste século, minha atenção passou a se dirigir cada vez mais ao estudo da formação da intelectualidade negra brasileira, dividindo minha preocupação com o aparato conceitual apropriado para entender o racismo, mas sempre envolvido com estudos que esclarecessem melhor a necessidade de ações afirmativas no Brasil, assim como eventuais problemas surgidos em sua implantação. Aqui, reúno apenas escritos sobre os dois primeiros temas. O livro é formado por ensaios de sociologia histórica que enfatizam o modo como homens e mulheres brasileiros passaram a se definir enquanto *negros*, às vezes como *negros* brasileiros, mas, cada vez mais, como *negros* oriundos da diáspora africana provocada pelo escravismo colonial.

A noção de *modernidade negra* foi a que utilizei para enfeixar tal transição, inspirada obviamente na "contracultura da modernidade" de Paul Gilroy (1993) — a de subalternos sociais racializados para sujeitos que se autodefinem e ressignificam para si e para os outros o que é ser negro. Essa noção me permitiu também dialogar com o que se passou em outras partes das Américas, de colonização espanhola, inglesa ou francesa, e incluir na reflexão a dinâmica cultural de duas metrópoles do começo do século XX — Nova York e Paris. Modernidade aqui deve ser entendida no seu sentido literário de renovação estética e de representação do mundo social. A modernidade negra começa como uma revolução estética na música, na literatura e nas artes plásticas, mas também, concomitantemente, na representação de si e na construção de um ideal político.

Para que esse significado de modernidade dialogue com o arcabouço teórico que utilizo, faço, no primeiro capítulo, uma dis-

Introdução   15

cussão conceitual sobre "raça" e outras noções que serão encontradas no decorrer da análise, tais como "cor" e "etnia", "racialização", "colorismo" e "formação racial". No capítulo 2, procuro complementar a sociologia com o conhecimento do processo histórico e trato dos pressupostos políticos da ordem social e racial republicana. Na República, os afrodescendentes, independentemente de sua posição social no momento da Abolição em 1888 — livres, libertos, ou ex-escravos —, passam a ser referidos como negros, pretos e pardos, ainda que formalmente livres e autônomos. Esses dois capítulos preparam o terreno para que, no capítulo 3, possa desenvolver melhor a noção de modernidade negra. Nos capítulos seguintes, já com os termos da narrativa expostos, passo a identificar e analisar as diferentes formas retóricas que os novos sujeitos, os *negros*, mobilizaram nas conjunturas que se sucederam, dos anos 1930 até a segunda metade do século XX. Nesses capítulos a noção de *democracia racial* permeia e unifica a teia geral da narrativa. Isso é verdade mesmo no penúltimo capítulo, em que me debruço sobre uma discussão que ocupou as páginas do *Jornal do Brasil* às vésperas do AI-5, em 1968, sobre a conveniência ou não do estabelecimento de cotas para negros no mercado de trabalho brasileiro. Em todos eles procuro demonstrar como a noção de democracia racial serviu de referência às falas e aos posicionamentos políticos, ainda que, e talvez por isso mesmo, estivesse sujeita a diversas interpretações, apropriações e rejeições na luta ideológica. Dedico o capítulo final à explicitação do enredo histórico e ideológico da noção de democracia racial.

Conquanto o livro tenha uma estrutura conceitual muito bem delineada, ele é fruto da reorganização em capítulos de diferentes artigos que publiquei em revistas acadêmicas. A data da primeira publicação de cada artigo se encontra na primeira nota de pé de página de cada capítulo. A bem da verdade, devo confessar que a pesquisa que daria mais corpo ao livro foi interrompida muitas vezes e retomada sem a devida disciplina, ao sabor de compromissos profissionais ou políticos — o principal deles a pesquisa sobre ações afirmativas para negros no ensino superior brasileiro. Preferi deixar, portanto, os capítulos numa forma mais próxima aos artigos de onde provieram, corrigindo apenas o estilo e a narrativa para assegurar o seu encadeamento.

Por isso, leitores e leitoras podem também ler os capítulos separadamente, como pequenos ensaios. De fato, este livro poderia ter o subtítulo de "ensaios de sociologia histórica", mas decidi valorizar a noção de formação racial. Essa noção engloba tanto o processo de racialização dos afrodescendentes no Brasil, i.e., a massificação de pessoas com diversas identidades sociais na noção biologizante de raça, quanto a ressignificação política que os racializados fizeram do termo racista original — negro — como modo de identidade política para reorganizar a revolta, a luta pela igualdade e a construção de um novo imaginário coletivo. Nesse último registro, como modo de autoidentificação coletiva, é que falamos de formação racial. A formação racial, na tradição fanoniana, é uma luta antirracista e anticolonial — de liberação de mentes e corpos emparedados, de emancipação de culturas coloniais e colonizadas. Essa luta não deve criar um racismo às avessas, mas uma nova cultura ou transcultura, para usar Fernando Ortiz (1940), descolonial, autêntica, que busque firmar um novo humanismo. Essa é a utopia que move a formação racial, mas se encontra ausente da noção de racialização.

Como certamente notarão as leitoras, há nele um vazio enorme: o silêncio ensurdecedor sobre o feminismo negro. Como poderia este emergir com tanta força nos anos 1980 não fora gestado nas décadas anteriores, principalmente nos anos 1970? O feminismo esteve sempre presente no meio negro, mas de certo modo involucrado no protesto antirracista e nele contido. Lembro as palavras de Lélia Gonzalez (2020: 74-5):

> "Em termos de Movimento Negro Unificado, a presença da mulher negra tem sido de fundamental importância, uma vez que, compreendendo que o combate ao racismo é prioritário, ela não se dispersa num tipo de feminismo que a afastaria de seus irmãos e companheiros."

Introdução

No livro, essa história está ainda submersa no texto, tal como esteve para o mundo exterior às organizações negras.

As minhas reflexões sobre modernidade devem muito às minhas estadas no exterior, principalmente na França e nos Estados Unidos. A acolhida que tive em diversas ocasiões, desde 2002, no Centre d'Études sur le Brésil Contemporain da École des Hautes Études em Sciences Sociales (EHESS), em Paris, recebido por Afrânio Garcia e Marion Aubrée, foi decisiva para que me surgisse claramente a ideia de uma modernidade negra. Naquele tempo, a *rive gauche* parisiense abrigava, além da *Présence Africaine*, um suceder de sebos e pequenas livrarias, que estendiam os recursos que me eram oferecidos pelas bibliotecas e pelos museus franceses, enquanto as barracas de livros e cartazes dos anos 1920 coloriam o cais do Sena, mostrando um racismo artisticamente embelezado e inconsciente, numa alegria que meus olhos enxergavam anacronicamente como obscena.

No entanto, essa experiência de negritudes passadas, imbricadas nas grandes metrópoles do mundo, só me ocorreu pelo contato e discussões com meus alunos na graduação e pós-graduação em Sociologia da Universidade de São Paulo (USP). Sou extremamente devedor, nessa empreitada, às muitas conversas com alunos e alunas, não apenas orientandos, mas a todos que frequentaram as atividades de um programa de ação afirmativa chamado "Dez Vezes Dez", que dirigi entre 2001 e 2005, nas quais pude conhecer uma boa parte dos jovens negros cursando a graduação e a pós-graduação da USP, nas áreas de Ciências Sociais, História e Filosofia. Tenho certeza, hoje, que suas perguntas, sua curiosidade e seu ocasional estranhamento, mas principalmente a convivência e o seu entusiasmo me ensinaram muito mais do que eles pensam, para que eu pudesse amadurecer essas minhas ideias.

Devo muito também a Lynn Huntley e Edward Telles, que me apresentaram a boa parte dos intelectuais negros e ativistas dos anos finais do século XX e começo do século atual. Com eles e elas aprendi muito sobre o Brasil negro, insubmisso e organizado, partilhei experiências e juntos vencemos, eu como simples pesquisador, a luta política por cotas para negros no ensino superior público. Agradecer a Márcio Macedo em nome de todos, sem o risco de omitir alguém, é mais que devido: durante todos esses anos, Kibe me cobrou regularmente este livro.

Ao longo desses dezessete últimos anos, muitos outros colegas, brasileiros e estrangeiros, me ajudaram a aprimorar argumentos, a regular a observação, a precisar o foco da análise e o alcance dos conceitos. Impossível listá-los todos. Não me atrevo a começar. Nomeio apenas as suas instituições, que me acolheram como professor e pesquisador durante esse longo período. Além da já mencionada EHESS, devo acrescentar os centros de estudos latino-americanos das universidades de Chicago (primavera de 2019), de Cambridge (2016-2017), de Illinois em Urbana-Champaign (primavera de 2014), de Bordeaux (várias estadas entre 2010 e 2014), de Oxford (outono de 2003), de Berlim (nos invernos de 2005 e 2012), da Universidade de Princeton, em 2007-2008, assim como ao Programa "A Cor da Bahia" da Universidade Federal da Bahia (segundo semestre de 2018). Contei também, em diversas ocasiões, com o financiamento da Fapesp para estadas e viagens.

Duas instituições, todavia, ao longo desse tempo, foram permanentes em seu apoio — a Universidade de São Paulo, onde atuo na pós-graduação de Sociologia desde 1997, e o CNPq, que me financiou, ao longo de todo esse período, com uma bolsa de pesquisador. Por fim, devo agradecer a Marcelo Paixão e ao LLILAS da Universidade do Texas-Austin, assim como a Paula Barreto e "A Cor da Bahia", por me terem acolhido como pesquisador visitante (virtual) durante a pandemia da Covid-19, o que me permitiu usufruir remotamente dos recursos de suas bibliotecas para complementar minha pesquisa. Pessoalmente, apoio e incentivo constantes me vieram de Nadya, a quem dedico este livro.

Introdução

1.
O ESTUDO DE RAÇAS E SUA FORMAÇÃO HISTÓRICA[1]

Nas Ciências Sociais fazemos uma distinção entre dois tipos de conceitos: os analíticos, de um lado, e os que podemos chamar de "nativos". Ou seja, trabalhamos com categorias analíticas ou categorias nativas. Um conceito ou categoria analítica é aquela que permite a análise de um determinado conjunto de fenômenos, e faz sentido apenas no corpo de uma teoria. Quando falamos de conceito nativo, ao contrário, é porque estamos trabalhando com uma categoria que tem sentido no mundo prático, efetivo, dos sujeitos que analisamos ou cujo comportamento interpretamos. Ou seja, tem um sentido histórico, um sentido específico para um determinado grupo humano.

Outra maneira de sublinhar esta distinção conceitual é estabelecer, como realizado por alguns antropólogos, uma diferenciação entre categorias de análise que são *etic* — fazem parte do acervo teórico do analista — daquelas que são *emic* — compõem a compreensão de mundo dos sujeitos analisados. Georg Lukács, em sua teoria marxista das classes sociais, também falava de classe *em si* — aquela que o analista apreende objetivamente a partir de estruturas sociais — e *para si* — aquela que é vivida e organizada pelos sujeitos. Bourdieu distinguiu "classes no papel", ou seja, construídas pelo analista, e "classes reais", aquelas que podem ser observadas efetivamente.

---

[1] Este capítulo utiliza trechos de dois artigos: "Como trabalhar com 'raça' em sociologia", publicado em *Educação e Pesquisa*, São Paulo, v. 29, nº 1, 2003: 93-108; e "Raça, cor, cor da pele e etnia", em *Cadernos de Campo*, São Paulo, nº 20, 2011: 265-71.

Tais distinções, no entanto, escondem ontologias variadas. Sem dúvida, categorias *emic* ou nativas só têm sentido verdadeiro para quem as utiliza, mas será que os conceitos analíticos ou *etic* têm existência própria, reproduzem uma realidade independente da percepção humana (realismo) ou são apenas representações mentais de formas historicamente contingentes (nominalismo)? Têm a realidade social, mesmo que ela exista independente de nossas percepções, formas duradouras que possam ser apreendidas por uma mesma teoria ao longo do tempo? Essas são questões com que a filosofia das ciências sociais se debate desde sua formação.

Para meus propósitos de pesquisa e de reflexão, qualquer conceito, seja analítico, seja nativo, qualquer um, só faz sentido no contexto ou de uma teoria específica ou de um momento histórico específico. Para mim, não existem conceitos que valham sempre em todo lugar, fora do tempo, do espaço geográfico e das teorias. Por isso, prefiro desenvolver um conceitual analítico que possa ser aplicado em diferentes conjunturas históricas, mas sempre respeitando integralmente os processos sociais. São pouquíssimos os conceitos que atravessam o tempo ou as teorias com o mesmo significado. Veremos adiante que até mesmo o conceito de *classe social*, essencial para se compreender uma sociedade capitalista (para o marxismo) ou de mercado (para os weberianos), tem especificidades na sociedade brasileira, variando ao longo dos séculos. Se é assim, os termos de que estamos falando são termos que devem ser compreendidos dentro de seus contextos históricos. Frisá-lo pode parecer uma observação óbvia e simples, mas é uma regra necessária para evitar confusão sobre o que vem a seguir.

O que é raça? Depende se estamos falando em termos *científicos* ou de uma categoria do mundo social. A palavra "raça" tem pelo menos dois sentidos analíticos: um reivindicado pela biologia genética e outro pela sociologia. Alguns cientistas sociais ainda consideram um absurdo que um cientista social, nos dias de hoje, diga que "raça" pode ser um conceito sociológico, e trataremos do porquê. Ademais desses usos analíticos, temos "raça" como conceito nativo. Vamos destrinchá-lo um pouco mais.

Voltemos, por um momento, ao final do século XIX para lembrar que quando a sociologia se forma — lemos isso em Karl Marx (1974), em Émile Durkheim (1970), em Franz Boas (1940) — ocorre um deslocamento em termos de *explananda*: abandonamos as explicações sobre o mundo social baseadas em raça ou clima, em favor de explicações baseadas no social e na cultura. O que funda as Ciências Sociais é essa ideia totalmente original de *cultura*. A ideia de que a vida humana, a sociedade política, as formas sociais não são determinadas, de uma maneira forte, por nada além da própria vida social. Uma das primeiras lições de sociologia de Durkheim consiste em afirmar que "um fato social só pode ser explicado por outro fato social". Essa mesma ideia vai ser desenvolvida por Boas e por outros, desde o final do século XIX. Podemos pensar em cultura material ou simbólica, e a noção de cultura simbólica é muito importante para nós que trabalhamos com "raça". Construímos o sentido de nossa vida social e individual, assim como construímos também os artefatos que nos permitem sobreviver e reproduzir de maneira ampliada a nossa vida em sociedade. Aquilo que chamamos de natureza física — cada vez mais uma abstração — pode ser considerado, de agora em diante, como simples condicionante da vida social. Naturezas que nos pareciam tão óbvias, com o sexo, parecem ter um emprego social cujo sentido está totalmente involucrado na vida social (Butler, 1990, 2001; Dorlin, 2008). Lembrem também de Weber (1970): a ação social só existe como tal quando a ela se cola um sentido subjetivo. Assim se constituiu o campo das Ciências Sociais.

Mas se a sociologia recusou a raça como variável explicativa dos fenômenos sociais, o fez por considerá-la uma categoria da biologia, uma diferença biológica real entre humanos. Mas, ainda assim, a "raça" não desapareceu totalmente do discurso da nossa disciplina. Max Weber achava que a biologia humana poderia ser algum dia acionada para explicar certos comportamentos. Ademais, "raça" continuou a ser usada na biologia, e também em todos os discursos que insistem em explicar a vida social em concorrência com a sociologia. Nos seus primórdios, a biologia e a antropologia física criaram a ideia de raças humanas, ou seja, de que a espécie humana poderia ser dividida em subespécies, tal como o

O estudo de raças e sua formação histórica

mundo animal, e de que tal divisão estaria associada ao desenvolvimento diferencial de valores morais, de dotes psíquicos e intelectuais entre os seres humanos. Isso foi ciência por certo tempo e só depois passou a pseudociência. Todos sabemos que o racismo deve muito a essa divisão dos seres humanos em raças, em subespécies, cada qual com suas qualidades. Foi ela que hierarquizou as sociedades e populações humanas e fundamentou um certo racismo doutrinário. Sua primeira formulação coincide em larga medida com a colonização europeia (Quijano, 2000) e sua difusão deve muito ao imperialismo europeu (Arendt, 1951). Essa doutrina sobreviveu à criação das Ciências Sociais, das ciências da cultura e dos significados, respaldando posturas políticas insanas, de efeitos desastrosos, como genocídios e holocaustos.

Depois da tragédia da Segunda Guerra Mundial, assistimos a um esforço de todos os cientistas — biólogos, sociólogos, antropólogos — para sepultar a ideia de raça, desautorizando o seu uso como categoria científica. A vontade de todos era apagar tal ideia da face da terra, como primeiro passo para acabar com o racismo. Alguns cientistas naturais, biólogos, tentaram impedir o uso do conceito na biologia, mesmo que tenha ficado claro que ele já não pretendia explicar a vida social e as diferenças entre os seres humanos; propuseram que o seu nome fosse mudado, que se passasse a falar de "população" para se referir a grupos razoavelmente isolados, endogâmicos, que concentrassem em si alguns traços genéticos. A noção de "população", apesar de próxima à de "raça", seria extremamente útil em alguns estudos biológicos e, ao mesmo tempo, evitaria as implicações psicológicas, morais e intelectuais do antigo termo. Mesmo que se possa demonstrar estatisticamente que a população mundial, em termos genéticos, não pode ser dividida em raças, seria necessário, para alguns biólogos, conservar a ideia da existência desses grupamentos geneticamente mais uniformes.

Para a biologia a não existência de raças humanas significa que as diferenças internas, digamos ao interior das populações, por exemplo, as africanas, é maior do que as diferenças externas, aquelas existentes entre populações africanas e europeias, para seguir com o exemplo. Ou seja, é impossível definir geneticamente raças humanas que correspondam às fronteiras edificadas pela noção vulgar, nativa, de raça. Dito ainda de outra maneira: a construção baseada em traços fisionômicos, de fenótipo ou de cor, é algo que não tem o menor respaldo científico.[2]

Ou seja, as raças são, cientificamente, uma construção social e devem ser estudadas por um ramo próprio da Sociologia ou das Ciências Sociais, que trata das identidades sociais. Estamos, assim, no campo da cultura, da significação social, das práticas simbólicas (Miceli, 2007). Podemos dizer que as "raças" são efeitos de discursos; fazem parte dos discursos sobre origem (Wade, 1997). As sociedades humanas constroem discursos sobre suas origens e sobre a transmissão de essências entre gerações. Este é o terreno próprio às identidades sociais e o seu estudo trata desses discursos sobre origem. Usando essa ideia, podemos dizer o seguinte: certos discursos falam de essências que são basicamente traços fisionômicos e qualidades morais e intelectuais; só nesse campo a ideia de raça faz sentido. O que são raças para a sociologia, portanto? São discursos sobre as origens de um grupo, que usam termos que remetem à transmissão de traços fisionômicos, qualidades morais, intelectuais, psicológicas etc., pelo sangue (conceito fundamental para entender raças e certas essências).

Estabelecido, ainda que preliminarmente, o conceito analítico de "raça" como social ou político (Bessone, 2013), cabe, entretanto, a pergunta sobre o seu conteúdo. De que "raça" estamos falando? Muitos autores, dentre os quais me incluo, concordam em que essa é uma noção moderna, não encontrada na Antiguidade clássica, por exemplo. Modernamente, quando falamos de raça, estamos nos referindo a uma categoria que engloba, ao menos, cinco dimensões: (a) a de hereditariedade pelo sangue de características morais e intelectuais; (b) a classificação das sociedades humanas segundo características somáticas — cor, cabelo, formato dos lábios e do nariz; (c) a utilização das duas dimensões anterio-

---

[2] Uma boa discussão deste ponto é encontrada em Appiah (1997).

res em discursos políticos designando iguais e inferiores, ou seja, justificando as hierarquias sociais; e (d) a utilização dessas noções em discursos de história natural que pretendem explicar também a história social, ou seja, a redução do mundo cultural ao natural.

Tal noção de "raça" tem uma história no Ocidente e seus elementos surgiram em processos históricos distintos, dos quais o historiador francês Jean-Frédéric Schaub (2015) e a socióloga, também francesa, Colette Guillaumin (1992), apontaram quatro principais:

(1) A inquisição ibérica e o aparecimento da noção de pureza de sangue, segundo a qual conversos ao catolicismo não seriam inteiramente católicos e ibéricos pois herdariam pelo sangue a impureza do judaísmo ou do islamismo. Ou seja, não seriam súditos inteiramente confiáveis do rei de Espanha e Portugal. Veja bem, a ideia de pureza de sangue e, portanto, da criação de um inimigo interno à nação ou ao reino, permitirá mais tarde a construção racista do antissemitismo. A transformação em raça de uma minoria religiosa ou de uma comunidade étnica, como os judeus, deixa claro que a ideia de raça pode dispensar os marcadores corporais e fenotípicos. Podemos dizer, portanto, que, no limite, uma "raça" é criada a partir de uma necessidade política.

(2) A conquista da América e de outros continentes pelos europeus a partir do século XVI, assim como a colonização e escravização de povos conquistados, deram um novo alento à noção de raça. Os povos conquistados passaram a ser marcados e diferenciados principalmente por suas características somáticas e fenotípicas, estabelecendo-se, portanto, política e socialmente as fronteiras entre incluídos e excluídos.

(3) A colonização da América e de outros continentes foi também decisiva por ter nutrido o medo da mestiçagem entre colonizadores europeus e "raças" colonizadas, dando lugar à crença falsamente biológica na degenerescência dos mestiços. Esse medo está na base dos diferentes sistemas de classificação racial do mundo americano (Norte, Central e Sul) desde a colonização da América. Sistema que serve para organizar e hierarquizar a sociedade colonial.

(4) Entretanto, tal crença "biológica" se deve ao desenvolvimento da ciência moderna e o princípio de endodeterminação da natureza, ou seja, o princípio segundo o qual o mundo visível e real se desenvolve a partir de causas internas aos organismos e à sua própria natureza. Essa forma de compreensão do mundo abriu a possibilidade para que um novo ramo da ciência natural, a raciologia, explicasse, no século XIX, o desenvolvimento social e cultural da humanidade a partir das raças humanas.

As raças enquanto grupos sociais são, pois, demarcadas por fronteiras simbólicas (ressignificação de traços culturais, da cor da pele, de traços fisionômicos etc.) e fronteiras sociais, instituições que regulam a distribuição dos recursos, dos poderes, do prestígio social (Lamont e Molnár, 2002). A classificação racial, ao tempo que constitui as raças, recria as bases materiais das desigualdades sociais. Assim, o agrupamento de pessoas em raças é usado para humilhar, agrupar e excluir, para monopolizar recursos escassos em grupos dominantes, fenômeno que se tornou clássico referir como racismo no plano institucional e da estrutura social (Blauner, 1972; Bonilla-Silva, 1997; Almeida, 2019). A racialização de seres humanos (Fanon, 1952; Banton, 1977), contudo, origina invariavelmente um movimento concomitante e relacional, de mobilização dos oprimidos na resistência à desumanização e na reivindicação pela igualdade de direitos e de oportunidades de vida. Esses dois movimentos foram referidos por Omi e Winant (1983) como formação racial. Assim, por exemplo, em formações raciais nas Américas, no Brasil mais recentemente, negros e indígenas conquistaram o direito legal de, através de políticas públicas de inclusão — cotas raciais e étnicas — garantirem para si acesso a postos de trabalho, a vagas escolares e outras oportunidades de vida. A raça passou a ser, pois, para essas pessoas, uma identidade que lhes permite ser um coletivo em luta pela garantia de oportunidades e de direitos.

Em suma, fronteiras simbólicas raciais são erigidas para organizar e hierarquizar a sociedade, mas são também usadas pelos dominados para resistir à opressão, ou seja, para lhes garantir

O estudo de raças e sua formação histórica

igualdade de oportunidades de vida. A "raça-para-os-outros" pode transformar-se em "raça-para-si".

ETNIAS, COMUNIDADES, NAÇÕES

Existem vários outros tipos de narrativas que são também discursos sobre locais: lugares geográficos de origem, a região de onde viemos e que permite a nossa identificação com um grupo enorme de pessoas. Quando falamos de lugares, falamos de etnias. Outras vezes, narrativas sobre origens são discursos sobre o modo de fazer certas coisas (por exemplo: "nós fazemos desse jeito, nós comemos um alimento cortando-o na diagonal e não na vertical, como fazem os bárbaros"); esses são discursos que podem também formar uma comunidade (Wade, 1997). É muito importante observarmos a distinção de Ferdinand Tönnies, retomada por Max Weber (1970), entre "associação" e "comunidade". São dois conceitos fundamentais.

Lembrem-se de que estamos falando de imaginários que criam comunidades, não associações. Estas últimas são simplesmente uma reunião de pessoas ligadas por certos interesses, e estes interesses podem ser submetidos à crítica. Um sindicato é certamente uma associação, formado a partir de uma mesma situação de classe, de uma posição comum num mercado de bens e serviços. Quando falamos em classes e sindicatos não estamos falando, portanto, de comunidades, como acontece quando estamos nos referindo a etnias ou, eventualmente, raças, quando estas desenvolvem um sentimento de pertença comunitária. Quando etnias ou raças passam a reivindicar uma origem comum e, ao mesmo tempo, um destino político comum, quando formam uma comunidade de origem e de destino, então estamos em presença de uma nação. É perfeitamente plausível dizer-se, por exemplo, que os negros norte-americanos, que têm a raça como categoria nativa, se apresentaram na arena política, em certos momentos, como uma nação, formando um movimento nacionalista.

Um parêntese: é lugar-comum dizer que, quando se fala em

raça nos Estados Unidos, isso faz imediatamente sentido para as pessoas; não se pode viver nos Estados Unidos sem ter uma raça, mesmo que se tenha que inventar uma denominação — como "latino" — que designa uma uniformidade cultural e biológica de outro modo inexistente, mas imprescindível para possibilitar o diálogo com pessoas que se designam "negras", "brancas", "judias" etc. Todos os grupos étnicos se tornam raças nos Estados Unidos porque raça é um conceito nativo classificatório, central para a sociedade norte-americana. Por outro lado, quando nos referimos ao afrocentrismo, ao pan-africanismo, ao islamismo do líder negro norte-americano Louis Farrakhan, estamos tratando de movimentos que estão reivindicando, não somente uma origem comum, mas um destino político comum enquanto povo.

Aliás, a noção de "povo" é também muito importante. O povo é justamente o sujeito dessa comunidade imaginária de origem ou de destino, o conjunto das pessoas da comunidade: o povo de santo, o povo brasileiro, o povo baiano, o povo paulista. Nenhum povo existe sem a comunidade que lhe oferece uma origem ou um destino: o candomblé, o Brasil, a Bahia, São Paulo.

Friso a distinção clássica de Weber (1970) entre Estado e nação. Todas essas são distinções analíticas, que só fazem sentido quando empregadas para entender um fato concreto. Nesta exposição é como se estivéssemos num mundo de abstrações, pois ressalto distinções puramente analíticas, quando tudo o que existe é uma realidade concreta, singular. Mas, se assumimos que os conceitos só fazem sentido num mundo teórico determinado, não há valor em aplicar à nossa pesquisa um discurso teórico sem referências concretas, porque faltaria história, e esses conceitos se articulam numa determinada história e numa determinada teoria.

Então, o que é Estado? A definição weberiana é clara: uma organização política que tem domínio sobre um território e monopoliza o uso legítimo da força. O Brasil certamente é um Estado. O século XIX assiste ao surgimento dessas formações chamadas Estados-nação, entidades que emitem passaporte, que erigem e controlam fronteiras, que garantem direitos a seus cidadãos, mas às quais, ao mesmo tempo, esses cidadãos devem se identificar co-

O estudo de raças e sua formação histórica   29

mo filhos, devendo-lhes amor e fidelidade; e que são, ao mesmo tempo, comunidades políticas de origem e de destino.

Faz-se necessário ainda discorrer sobre outros três conceitos que sempre aparecem nas pesquisas sobre identidades sociais. São eles a classe, a cor e a cultura.

As classes sociais

O primeiro deles é "classe" e para empregá-lo peço a vocês mais isenção, mais abertura, menos dogmatismo. Considerem essa palavra fora de um discurso teórico específico. Não afirmem categoricamente: "a classe de alguém depende fundamentalmente do lugar que ele ocupa num modo de produção". Façam de conta que estão lendo esta palavra pela primeira vez. "Classe" pode ser um conceito analítico ou, como qualquer outro conceito, pode ser um conceito nativo.

Pensem numa pessoa qualquer, em vocês mesmos ou em mim: essa pessoa diz que pertence a uma determinada classe, outros podem achar que ela está errada em sua autoclassificação; alguém diz ser de classe média, vocês dizem: "Classe média que nada, o cara trabalha não sei quantas horas, pega no pesado, é ignorantão, e vem dizer que é classe média". Percebemos, nesse exemplo, que estamos manipulando um conceito nativo de classe. O cidadão é *preto*, tem seu carro, tem também uma loja num shopping, aí vamos entrevistá-lo e ele diz que é trabalhador. Ficamos chocados: "Esse cara não é trabalhador, ele é classe média". Afinal, a rigor, ele não é trabalhador, mas empregador. *No entanto, a sua classe* (dele, para ele), *o modo nativo como se identifica é como trabalhador, e essa é a ideia de classe que ele tem, sinceramente.* O exemplo que estou usando é real. O cientista político Amauri de Souza (1971) descobriu que, no Rio de Janeiro dos anos 1960, a maior parte da população negra, mesmo aquela que tinha rendimento alto, votava em partidos trabalhistas e se identificava como trabalhadora, diferentemente dos brancos do mesmo nível social, que se identificavam como de classe média.

Assim, podemos pensar a categoria classe em termos analíticos e em termos nativos. Analiticamente, classe pode ser entendida como uma associação ou como uma comunidade. Se a pensamos como uma comunidade, geralmente é uma comunidade de destino, mas às vezes também pode ser uma comunidade de origem, pode ser um discurso igual àqueles sobre raças, etnias etc. Alguns estudiosos (Thompson, 1958; Przeworski, 1977; Burawoy, 1979; Wright, 1985), com os quais convirjo, trabalham com a ideia de formação de classe, justamente para afirmar que a classe, enquanto comunidade, está sempre em processo de formação ou dissolução, ela nunca é algo permanente. Isso porque, para criar uma comunidade, é necessário criar um discurso de origem ou de destino, processo que exige tempo, história e política. Não é algo que se faz automaticamente.

O estatuto das classes sociais na teoria sociológica é controverso. Para limitar-me às correntes contemporâneas mais importantes para as quais este conceito é central, consideremos os marxistas e os weberianos. Para os primeiros, as classes fazem parte da teoria maior do materialismo histórico, como agentes que impulsionam a história. As sociedades de classes, portanto, pré-datariam as sociedades burguesas e capitalistas. Os weberianos, ao contrário, restringem as classes temporalmente: elas seriam grupos sociais, ou seja, pressupõem indivíduos livres atuando em mercados. Nesse sentido preciso, mercados são mais que simples trocas materiais ocorrendo regularmente, pois para operar necessitam de um sistema de expectativas e disposições comportamentais que não apenas orientem, mas institucionalizem e regularizem as ações sociais. Ou seja, Weber não se preocupa com a realidade material que estrutura a ação social desde fora, mas com o sistema de crenças, valores e atitudes que estrutura a interação social desde dentro. A estrutura material de produção, por exemplo, seria apenas condicionante da ação, enquanto o sistema de valores seria o orientador da ação social.

Se, ao invés de nos aproximarmos do conceito teoricamente, voltarmo-nos para a história das sociedades modernas, não elegeremos terreno menos ambíguo. A sociedade francesa, por exemplo, parece inexplicável sem que se entenda a luta de classes ou as disputas entre categorias sociais, na sua busca pela realização de interesses materiais ou na sua defesa de privilégios ou status sociais. Ao contrário, na sociedade norte-americana os indivíduos parecem ser realmente as unidades centrais da ação, congregando-se em grupos sociais diversos, sempre em formação: religiosos, étnicos, raciais, de classe econômica, de sexo etc. A luta de classes não aconteceria senão através de conflitos de outro tipo.

As considerações weberianas têm, frente à visão marxista, a virtude de chamar-nos a atenção para um fato que, muitas vezes, passa despercebido: as classes sociais como conceito teórico aplicável apenas a sociedades de indivíduos e de mercados contêm em si uma normatividade implícita. Isto é, espera-se que os indivíduos e os grupos sociais que eles formam ajam de acordo com uma certa racionalidade, instrumental ou não, que dê inteligibilidade à vida social. Essa racionalidade busca ser universal e única: todas as demais possibilidades de agrupamentos devem lhe ser subordinadas. Isso porque, baseando-se em mercados, herda-lhes o princípio de trocas de valores equivalentes e o pressuposto da igualdade e da liberdade individuais. Os demais grupos sociais não reuniriam tais virtudes normativas.

Na perspectiva weberiana, portanto, as classes sociais, em sua ideologia, aspiram a ser a expressão maior da liberdade e da igualdade individuais.[3] Na versão marxista, tal igualdade é conspurcada pelo mais-valor, que fundamenta a teoria da exploração e o ideal revolucionário da sociedade sem classes. Mas se miramos um caso concreto, o dos Estados Unidos, por exemplo, observamos que ali os grupos raciais, étnicos e religiosos desenvolveram uma legitimidade correlata às classes: tais como nos mercados, a

---

[3] O fato de que a teoria sociológica das classes, através dos estudos de mobilidade social ou de reprodução social, precise reiteradamente apontar os fenômenos mais comuns de fechamento de classe e de autorreprodução intergeracional é apenas uma demonstração da força popular do sentido normativo, exemplar, que atribuímos às classes sociais.

diferença entre credos, raças e cultura é o que garante a igualdade formal entre eles, desde que sejam manifestações da liberdade individual.

Vemos assim que, na trilha aberta por Weber, a formação dos grupos sociais constitui processo histórico complexo (Bourdieu, 1987; Wimmer, 2013), o qual, no mundo contemporâneo, tem seus pressupostos em cada sociedade nacional. O primeiro destes, óbvio, é que o Estado-nação em si mesmo, tal como constituído historicamente, tem, em momentos sincrônicos de tempo, a força institucional de se autorreproduzir e garantir a reprodução de certos outros grupos que contém. Por exemplo, os Estados Unidos garantem a reprodução dos grupos raciais, o que não acontece com o Estado-nacional francês. No Brasil, grupos raciais ou de cor são contabilizados pelo Estado desde o Império e recentemente passaram a ser sujeitos de direitos e objetos de políticas públicas.

As classes sociais podem, portanto, existir historicamente de modos distintos. Podem coexistir com outros grupos sociais, como etnias e raças, e nesse caso a distinção analítica feita por Marx ou Weber parece realizar-se completamente, pois as classes demarcam apenas posições sociais no mercado ou na estrutura econômica, enquanto outros princípios de demarcação grupal operam concomitantemente. Nesse caso, as classes se compõem não apenas de indivíduos, mas de diferentes grupos sociais (burguesia negra e branca; operariado negro e branco), denotando realidades interativas distintas. Ou, alternativamente, no outro extremo, podem subtrair outros grupos sociais, sobrepondo-se a eles, como em sociedades coloniais ou pós-coloniais em que as classes, *grosso modo*, coincidem com grupos raciais ou étnicos. Nesse caso, podem prevalecer os mercados e seus mecanismos, e as raças ou grupos étnicos aparecerem apenas como epifenômenos das relações de classe; ou não têm existência própria, posto que a exploração e a acumulação de riqueza se fazem diretamente entre grupos sociais que cooperam na reprodução da ordem social, mesmo quando protagonizam conflitos que são completamente regulados. Por exemplo, os sindicatos podem, nos conflitos redistributivos, parar a produção, fazer greve, no entanto seus líderes sabem que seus salários dependem da existência das fábricas, que não podem ficar indefinidamente paradas.

Do ponto de vista de sua formação social, as classes podem resumir-se à consciência daqueles que dominam e de sua pretensão de carisma (Elias, 1998), sendo as demais classes imputadas por eles enquanto estigmas. Nesse caso, como acentuaram Elias e Scotson (1965), não há propriamente *classes subalternas* (ou seja, que se sabem subordinadas), pois todos aspiram às virtudes da classe dominante; outra possibilidade, aquela aventada por Marx, é que os explorados adquiram, na luta de classes, a condição de sujeitos que têm consciência de sua exploração; ou ainda que, e essa é a possibilidade vislumbrada pelos teóricos durkheimianos (Grusky e Galescu, 2007), diversos grupos sociais podem se formar enquanto categorias ou pequenas classes sociais em *conflito* regulado socialmente que reproduz o sistema e a ordem social estabelecida.

Cor

O penúltimo conceito que me falta é o mais difícil de todos — a cor. Os povos europeus se definem e foram definidos como brancos, no contato com outros, considerados negros, pretos, amarelos, vermelhos, enfim, pessoas de cor. Estamos diante de um discurso classificatório baseado em cores. Temos que fazer um esforço de imaginação para compreender este que é o mais naturalizado de todos os discursos. E por "naturalizado" quero dizer totalmente nativo, pois quanto mais nativo é um conceito mais ele é habitual, menos ele é exposto à crítica, menos conseguimos concebê-lo como uma categoria artificial, construída, mais ele parece ser um dado da natureza. É isso que significa dizer "naturalizado". Cor é um discurso desse tipo, uma categoria totalmente nativa. Na mais longínqua Antiguidade europeia, essa metáfora das cores já se aplicava à classificação dos seres humanos. "Cor" quase nunca é um conceito analítico, a não ser, talvez, na pintura, na estética, na fotografia; certamente na arte ele é um conceito analítico, mas nas Ciências Sociais foi preciso um árduo trabalho de arqueologia do saber para pensá-lo analiticamente. Vou tentar, em poucos parágrafos, seguir tal arqueologia.

Para que o leitor possa segui-la melhor, vale apenas recordar o que sabemos do sistema de classificação racial brasileiro, o qual foi objeto de estudo sistemático de sociólogos e antropólogos entre os anos 1940 e 1970 (Pierson, 1945; Frazier, 1944; Wagley, 1952; Zimmerman, 1952; Hutchinson, 1952; Azevedo, 1953; Nogueira, 1955; Fernandes, 1955; Bastide e Berghe, 1957; Harris e Kottak, 1963; Harris, 1970; Sanjek, 1971), interessados em decifrar os seus princípios classificatórios.

O censo demográfico brasileiro classifica desde 1872 as "cores" dos brasileiros, baseando-se em teoria segundo a qual os mestiços "revertem" ou "regridem" para uma das raças cruzadas — ideologia que informava tanto o senso comum quanto o saber erudito, no final do século passado. O censo de 1872, por exemplo, criou quatro "grupos de cor": o branco, o caboclo, o negro e o pardo. Como indiquei em livro anterior, tais grupos são definidos sempre por uma mesma fórmula: "Grupo de cor = membros de uma raça pura + fenótipos desta raça em reversão" (Guimarães, 1999).

No grupo branco, por exemplo, estavam, na definição de Oliveira Vianna (1959: 45), "os brancos puros e os fenótipos do branco (mestiços afro-arianos e indo-arianos em reversão para o tipo branco)". Apenas o pardo fugia à lei da reversão aos tipos originais, posto tratar-se, para Oliveira Vianna, de categoria residual: "O grupo dos pardos ou mulatos era constituído por aqueles mestiços afro-arianos, que, pela pigmentação particular da pele, não podendo incorporar-se a nenhuma das raças originárias, formavam um grupo à parte, perfeitamente diferenciado dos outros grupos" (Vianna, 1959: 45).

Ou seja, as "cores" brasileiras levam em consideração não apenas a tonalidade da pele, mas também características físicas outras que definiam as "raças puras" (cabelo, nariz e lábios, principalmente). Os sociólogos dos anos 1930, contudo, no seu desprezo teórico pela "raça" e pelas teorias de branqueamento que informavam as categorias raciais do censo (chamadas de "cor", e construídas a partir da resposta à pergunta: "Qual é a sua cor?") buscaram através de pesquisas originais de campo decifrar a estrutura de tal classificação e o significado dos termos de cor, tal como usados cotidianamente pela população brasileira. Fizeram isso já sabendo, pelo folclore e pelos estudos de história social e sociologia que os precederam, cujo marco maior é *Casa-grande & senzala* (Freyre, 1933), que no Brasil não havia uma linha de cor e que a posição social de classe de um indivíduo poderia modificar o modo como era classificado racialmente pelos outros.

Desta primeira fase de estudos ficou a síntese feita por Harris (1970) e por Sanjek (1971), segundo a qual: (1) os grupos de cor brasileiros não seguem nenhuma regra de descendência, podendo crianças filhas do mesmo pai e da mesma mãe ter "cores" diferentes; (2) o critério fisionômico mais importante, além da cor da pele, é a textura do cabelo, mas o formato do nariz e dos lábios são também importantes para a designação da "cor"; (3) há pelo menos nove ou dez nomes principais de "cores" — algumas designadas por cores (branca, preta), outras por tipos raciais (morena, sarará); (4) esta forma de classificação é intencionalmente ambígua para adaptar-se a diferentes situações sociais ou referir-se a pessoas de diferentes status sociais.

Este padrão de classificação social pela "cor" é indubitavelmente distinto do sistema vigente, por exemplo, nos Estados Unidos, chamado abertamente de raça, baseado em linhas de cor traçadas a partir não da aparência física do indivíduo, mas de sua origem (Nogueira, 1955) ou de sua ascendência biológica, formando um grupo de descendência por regras precisas, que Harris chamou de hipodescendência. No entanto, recentemente, a partir dos anos 1990, o sistema brasileiro passa a apresentar duas novidades, como pode ser aprendido em Harris *et al.* (1995), Maggie (1996), Fry (2000), entre outros. Primeiro, o termo "raça" voltou a ser diretamente empregado tanto pelo censo (a pergunta passa a ser "Qual é a sua cor/raça?") quanto por jornalistas e pelo povo em geral. Segundo, os termos deixam de ser genericamente flexionados pela posição social dos indivíduos, sendo aplicáveis a pessoas das mesmas características físicas, independentemente de classe social — por exemplo, passa a ser comum que um "mulato" educado de classe média alta seja chamado de "negro".

Uma pesquisa do Instituto Brasileiro de Geografia e Estatística (IBGE, 2008), realizada em seis capitais brasileiras, demonstrou que, comparada ao que nos ensinou a sociologia dos anos de pós-guerra, alguma coisa mudou na percepção e no significado da "cor" dos brasileiros, muito embora muita coisa continuasse igual no começo do século XXI (Tabela 1).

Mudou primeiramente, como vimos, a referência explícita à raça, uma vez que a própria categoria investigada passa a ser referida como "cor/raça" e não apenas "cor", como antigamente. Mas a cor da pele ganhou uma importância talvez maior que antes na definição da "cor/raça" (82,3% dos indivíduos reconheciam-na como dimensão relevante na sua autoclassificação), seguida de "traços físicos" (relevante para 57,7% das pessoas). Como antes, a posição social do indivíduo, medida pelo item "origem socioeconômica", continuou muito importante (em 27% dos casos). No entanto, fatores como "origem familiar e antepassados" (47,6%) e "tradição e cultura" (28,1%) tornaram-se mais importantes que posição social. O que nos indicam estas mudanças?

Tabela 1
BRASIL, PROPORÇÃO DE PESSOAS
DE 15 ANOS OU MAIS DE IDADE,
POR DIMENSÕES PELAS QUAIS DEFINEM
A PRÓPRIA COR OU RAÇA, 2008

Cor da pele	82,3%
Traços físicos	57,7%
Origem familiar, antepassados	47,6%
Cultura, tradição	28,1%
Origem socioeconômica	27,0%
Opção político-ideológica	4,0%
Outra	0,7%

Fonte: IBGE (2008).

Minha hipótese é que o sistema de "cor" brasileiro (ou atualmente "cor/raça", para ser mais correto) está perdendo a referência quase exclusiva que tinha antes, quando imperava absoluta a ideologia do embranquecimento (Skidmore, 1974; Ventura, 1991; Schwarcz, 1999), e que fazia com que a "cor" fosse mais facilmente modificada pelo status social e tivesse maior referência a traços físicos considerados característicos de tipos raciais a caminho do embranquecimento (o cabelo mais fino, os lábios menos grossos, o nariz mais afilado, principalmente, mas não exclusivamente). Mais pesquisas serão necessárias para verificar tal hipótese.

Tal modo de classificação racial era chamado nos Estados Unidos do começo do século XX de "colorismo", ou seja, um padrão classificatório usado geralmente nos meios negros e de pessoas de cor para distinguir os mais claros dos mais escuros, os mais próximos fenotipicamente dos europeus que dos africanos. Não por acaso, o sociólogo negro Franklin Frazier (1942), que nos visitou no final dos 1930, escreveu que no Brasil havia preconceito de cor, mas não de raça; opinião, aliás, que será absorvida nas nossas ciências sociais por diversos autores. Thales de Azevedo, em citação que registro no capítulo 4 adiante, tinha essa opinião, assim como Oracy Nogueira (1998), que trabalhou tal dicotomia em termos de preconceito racial de marca e de origem. Em Thales de Azevedo, essa distinção é tão forte que o fez pensar a democracia racial como um sistema político de alargamento da fronteira do grupo branco, politicamente dominante, pela incorporação de mestiços e de quantos se considerassem e fossem considerados brancos. No Brasil, o colorismo, assim como nos Estados Unidos, ainda hoje é responsabilizado por enfraquecer a unidade política dos negros.

Nas últimas décadas, mais precisamente desde o censo de 1960, a população brasileira que se autodeclara branca vem diminuindo em relação à que se identifica como parda e, a partir de 2000, o número dos que se declaram pretos vem também crescendo. Esses dados parecem corroborar a nossa hipótese de que o embranquecimento tem arrefecido. No entanto, a dualidade pardo/preto se mantém e hoje, com o advento de concursos com cotas raciais, assiste-se, de novo, à discussão sobre um retorno do colorismo entre os negros (Rodrigues, 2020).

Mas seja como for, quero deixar claro que o Brasil nunca teve um sistema de classificação social por "cor", em que esta fosse a representação apenas da cor da pele. Um sistema como este poderia ser facilmente dicotomizado em brancos e não brancos (escuros, pardos, pretos), sem levar em consideração a posição social dos indivíduos ou sua posição relativa num gradiente de embranquecimento fisionômico e social. Aliás, a minha sugestão é de que tal sistema de classificação de indivíduos pela cor da pele, se existe, predomina apenas em países da Europa Ocidental em que a luta antirracista conseguiu barrar terminantemente qualquer referência à raça. Ou seja, a cor tornou-se um tropo, uma metáfora para a raça. Geralmente nesses países europeus, tanto a cor como a cultura passam a substituir a referência à raça, cuja menção, depois de tantos episódios genocidas, passou a ser considerada politicamente incorreta.

Cultura

Quero chamar a atenção para esse termo, "cultura", por vezes usado num sentido muito abstrato, mas também empregado num sentido *reificado*, específico, nativo. Falamos, assim, numa determinada cultura étnica — a cultura italiana, a cultura negra, a cultura baiana —, falamos em culturas nacionais, em cultura brasileira e, por extensão, o que chamamos "cultura" acaba por substituir o que antes era referido como raça. Por exemplo, uma pessoa preta não teria inatamente uma musicalidade distinta de uma pessoa branca, mas como a cultura negra apresentaria tal característica, os pretos seriam mais musicais que os brancos. Ou seja, parodiando uma famosa frase de Arthur Ramos a respeito de Nina Rodrigues, bastaria substituir "raça" por "cultura" e todo o nosso discurso estaria correto.

O que significa, afinal de contas, o termo "cultura"? Em nossa discussão essa interrogação é fundamental. Vamos examinar os discursos efetivos, reais, em que o termo "cultura" aparece com referência ao Brasil, já que somos todos pesquisadores deste tema — a cultura brasileira.

No nosso país, a mudança no significado do termo assume formas específicas. A primeira coisa a lembrar é que de fato, entre nós, a menção à cultura substituiu a menção às raças já na geração de intelectuais posterior a Nina Rodrigues. Cor e cultura foram durante muito tempo categorias de posição social. Pelo menos até o começo do século XX, eram categorias totalmente naturais; somos uma nação que se formou com a escravidão, e essa escravidão não era uma escravização generalizada de todos os povos, mas somente daqueles localizados numa determinada parte do continente africano. Os povos escravizados vieram da África Meridional, hoje Congo, Angola, Moçambique, Zaire e, subindo a costa ocidental da África, de regiões onde hoje estão os estados da Nigéria, do Níger, de Gana e de Camarões. Um sistema muito próprio de comercialização que envolvia negreiros da Holanda, de Portugal, do Brasil, da Inglaterra, da França etc., alguns poucos reinos africanos e as colônias americanas. Essas pessoas escravizadas foram chamadas de "africanas" e "negros"; essas foram, digamos, as duas identidades criadas originalmente na sociedade escravocrata brasileira, em que o negro tinha um lugar e esse lugar era o da escravidão, junto com aqueles que não dominavam as culturas europeias (língua, hábitos, comportamento, gostos etc.).

Nessa sociedade, as características fenotípicas e os modos culturais eram importantes, nativamente importantes, para dar sentido à vida social porque alocavam as pessoas em posições sociais. Essas posições sociais foram chamadas originalmente de "classes". Usando Max Weber, que distingue os grupos abertos — como as classes — dos fechados — como as castas —, uma boa parte da literatura sociológica brasileira afirma que a colônia brasileira era uma sociedade de castas ou de grupos de prestígio. Isso porque, no nosso caso, a relação social era fechada pela cor e pela cultura — do pardo ao preto — que sinalizava seja a origem de raça, seja a qualidade de origem social, seja de cultura e civilização, seja a ideia religiosa de uma descendência divina (os filhos de Cam). As pessoas comuns, entretanto, sempre se referiram a essa divisão entre "senhores" e "escravos" como uma divisão de classes. Havia muita manumissão (emancipação de escravizados, geralmente pela compra de liberdade), principalmente escravizados crioulos — nascidos no Brasil —, criando algum hiato entre posição social (de senhor ou escravo) e de cor (branco ou preto), esta última intimamente ligada à cultura.

As raças e as classes, portanto, se articulavam intimamente, em seu sentido nativo. No entanto, ainda não conhecíamos o racismo moderno. Ao dizer isso, estou me alinhando àqueles que consideram que o racismo moderno é aquele que se justifica pela ciência ou pseudociência. Muitos autores, entre eles Colette Guillaumin (1992), afirmam que o racismo e a "raça" são produtos concomitantes ao Renascimento, ou seja, que a ideia de raça não existiria sem a ciência biológica. O que eles querem dizer com isso é que a ideia de raça, tal como a conhecemos hoje, pressupõe uma noção-chave para a ciência, a de natureza endodeterminada, da qual emanaria um caráter, uma psicologia, uma capacidade intelectual própria à sua substância. A ideia científica de que a natureza se desenvolve propulsionada por seus próprios mecanismos internos é imprescindível para a ideia moderna de raça. Feita essa distinção, não se pode negar que a palavra "raça" seja anterior ao pensamento científico. Mas trata-se, então, de uma ideia inteiramente teológica, que, no Brasil, nos Estados Unidos e em outros lugares, justificou a escravidão, mas não involucrou os indivíduos escravizados definitivamente numa classificação de ordem natural.

Construiu-se para a escravidão, primeiro, uma justificativa em termos teológicos e não em termos científicos. Todos conhecem, por exemplo, o mito de que os negros são descendentes de Cam, da tribo amaldiçoada de Canaã. Realmente, muitos escravocratas e fazendeiros achavam que tinham uma missão civilizatória, que estavam redimindo os filhos de Cam, descendentes daquela tribo perdida, trazendo-os para a civilização cristã, agora, para aprender o valor do trabalho.

O fato é que essa racionalização, que marcou a sociedade e a nação brasileiras desde o seu início, foi cedendo lugar, aos poucos,

O estudo de raças e sua formação histórica   41

a fórmulas às vezes mais brandas, em que a posição social podia prevalecer sobre a origem, às vezes mais rígidas, como as teorias racistas do século XIX. Esse processo é razoavelmente bem estudado pela historiografia, mas não completamente desvendado. Sabe-se, por exemplo, que no Brasil a ordem escravocrata convivia com um número de alforrias muito grande e um tráfico muito intenso de escravos, de sorte que o que alimentou a escravidão no Brasil foi o tráfico e não a reprodução de escravos. Assim, com o tempo, se formou no Brasil uma classe de homens livres pretos, mulatos e pardos, que foi forçando e conquistando o seu lugar na sociedade, o que fez com que a racionalização teológica fosse abrandada. O corolário desse processo foi que, em algum momento do tempo, possivelmente pressionada pelo avanço social dos libertos e seus descendentes, a categoria predominante em termos de classificação social passou a ser "cor", incorporando o estatuto de categoria nativa mais importante. Essa ideia de cor está hoje na base do que se chama de nação brasileira, de nosso Estado-nação. Desde a Independência, temos um projeto de nação que está ligado à construção de um Estado nacional; deixamos de ser parte do Estado português, passamos a formar um Estado brasileiro mantendo a escravidão, mas tínhamos já integrado um número grande descendentes de africanos ao mundo branco, e a importância da cor não cessou de crescer desde então.

Sumarizando, usamos "raça" como conceito analítico para demonstrar a existência das noções raciais que dão sentido à operação da classificação por cor; usamos "raça" como conceito nativo quando queremos evidenciar o modo como os próprios sujeitos a utilizam abertamente, seja para justificar a opressão de outros, seja para denunciar a sua própria opressão. A opressão por raça é totalmente imoral no nosso sistema de valores. As classes sociais, ao contrário, quer seja como conceito analítico, quer seja como conceito nativo, denotam sempre um sistema de desigualdade social histórica, passageira, que pode ser revertida, mas não de opressão injustificada.

Explanandum e explanans

Os conceitos cuja definição precisamos acima podem, entretanto, ser eles mesmos o que se quer explicar (*explanandum*) e o que explica (*explanans*). Na linguagem da sociologia quantitativa, podem ser tanto variáveis independentes quanto dependentes. Como uma determinada "raça", "classe", "etnia" se formou historicamente? O que é ser negro, indígena, ou classe média no Brasil? Indagações como essas requerem pesquisa sobre a formação e transformação de sujeitos coletivos e suas identidades sociais ao longo do tempo e em contextos sociais e locais específicos. Fenômenos tão complexos que dificilmente suportam explicações causais ou funcionais. Algo que as feministas negras têm chamado de interseccionalidade, como veremos adiante, parece mais promissor como modo de explicação. Por outro lado, até que ponto a raça, a classe e a etnia dos indivíduos informam seu comportamento social numa determinada conjuntura? Nesse caso, tomamos como dadas as suas respectivas formações históricas e, numa análise sincrônica, procuramos entender o quanto de seu comportamento eleitoral, por exemplo, pode ser explicado ou compreendido por interesses e valores unicamente decorrentes de suas identidades sociais múltiplas. Não podemos, porém, supor que tais identidades e tais sujeitos coletivos estejam para sempre formados, sob pena de transformarmos tais identidades em qualidades, em essências individuais de uma determinada formação social. Algo que não existe sem comprovação e que não pode ser pressuposto.

Para pressupô-lo de maneira metodologicamente correta precisamos, como fizeram Lukács ou Bourdieu com as classes sociais, distinguir um *em si* de um *para si*, um *no papel* de um *na realidade*. Imaginemos um experimento mental, como os tipos ideais de Weber, ou uma teoria do capitalismo, como em Marx. Faz sentido, como hipótese, supor que um determinado comportamento é esperado de membros de uma classe (*em si, no papel, na hipótese do analista*), mas não produzimos ciência, conhecimento, se não verificarmos se realmente, na conjuntura em questão, tal classe está formada e de que modo foi formada (processo). Mesmo no caso exemplar de uma conduta que, hipoteticamente, dependa quase exclusivamente da situação de classe, da posição em um mercado, para Weber, os interesses de um indivíduo não são redutíveis a uma posição singular em um único mercado. Para adquirir um produto é preciso não apenas ter como adquiri-lo mas saber escolhê-lo, o que envolve várias dimensões do sujeito.

Por isso mesmo, no próximo capítulo faremos uma incursão pela história da superação da ordem social monárquica, que durante séculos administrou, no Brasil, a escravização de africanos e seus descendentes. O fim da escravidão africana representou o fim da monarquia e a implantação de uma ordem republicana de trabalho livre, ensejando muitas esperanças, mas sedimentando, ao mesmo tempo, muitas decepções políticas, econômicas e sociais dos intelectuais negros que lutaram para estabelecer uma ordem pós-escravista não racializada.

2.
A LIBERDADE É NEGRA; A IGUALDADE, BRANCA E A FRATERNIDADE, MESTIÇA[1]

A constituição da república francesa, durante a revolução de 1789, teve desdobramentos políticos e ideológicos para além da Europa, afetando particularmente as colônias europeias nas Américas e pondo em risco o sistema de escravização dos negros africanos aqui praticado. O lema que acabou sendo tardiamente incorporado pela república — liberdade, igualdade e fraternidade — encerrava em si, desde suas primeiras formulações por Robespierre ou Desmoulins, uma gama de significados díspares para escravos, libertos e colonos, mas significava para todos novas aspirações de Estado, de direitos, de nação, de solidariedade social e de cidadania. Aspirações de liberdade, seja pessoal, seja de independência política, assim como medos, tais como de revoluções escravas, ou de separatismo, foram nutridos por diferentes leituras do mesmo ideário republicano.

Neste capítulo, discuto a historiografia referente à república no Brasil em busca de uma reinterpretação que dê conta do imaginário nacional brasileiro que será depois referido como mestiço ou "negro". Ou seja, busco as raízes de uma identidade nacional que tem seu núcleo na mistura inter-racial ou na recriação de identidades pós-africanas, opondo-se ao modo como o colonizador europeu pensou o Brasil, isto é, como expansão de sua cultura e de sua raça para o Novo Mundo. Defendo, como tese, que a formação nacional acabou por reduzir os ideais de liberdade ao fim do cativeiro, circunscreveu a igualdade aos limites das classes so-

---

[1] Publicado originalmente como "A República de 1889: utopia de branco, medo de preto" em *Contemporânea — Revista de Sociologia da UFSCar*, 2, 2011: 17-36.

ciais, e fez da fraternidade entre as raças o solo único da solidariedade social.

Dois movimentos político-sociais são centrais a este empreendimento: o abolicionismo e o republicanismo. Isso significa, também, que estarei limitando a análise ao período que vai dos anos 1870 até a crise da Primeira República em 1930. Minha primeira hipótese é de que nesses dois movimentos estão em jogo ideias de liberdade, igualdade racial e cultura mestiça, valores e sentimentos que marcarão a modernidade e a contemporaneidade políticas brasileiras. A segunda hipótese é de que, em todo o período considerado, os negros (sejam eles escravos, libertos, a massa mestiça ou sua camada média urbana de funcionários, jornalistas, profissionais liberais e intelectuais negro-mestiços) tiveram dificuldade em fazer conciliar os ideais de *liberdade* e de direitos do indivíduo com aqueles de *igualdade* de direitos e de cidadania, enquanto a classe média urbana "branca" europeizada, assim como as elites agrárias, cujos direitos civis e políticos datavam do Império, gravitaram apenas em torno de aspirações de *igualdade* política e social. Para todos, o ideal de *fraternidade* acabará por ser reduzido à construção de uma nação mestiça.

A *liberdade*, enquanto negação do cativeiro, ou da servidão pessoal, tal como expressa na luta pela abolição da escravatura, esgotava para o povo o sentido republicano da igualdade. Ou seja, era como se ser livre já significasse usufruir de direitos iguais. No entanto, a igualdade jurídica, estatuto teórico que anulava o privilégio de origem social ou de cor — não significou igualdade de oportunidades ou de tratamento no cotidiano. Isso explica a intrigante dubiedade ou mesmo hostilidade com que a República de 1889, que nada acrescentou a esse ideário, foi recebida no Brasil pelos meios negros e populares.

De fato, é hoje quase consensual na historiografia a interpretação de que a monarquia brasileira gozava, nos seus estertores, de grande popularidade, sendo cultuada por parte importante da população negra brasileira, entre camponeses ou moradores urbanos, fossem eles mestiços, mulatos ou negros. Nos meses que se seguiram à Abolição, a legitimidade do trono transformou-se mesmo em veneração à Princesa Isabel e na defesa de um futuro Terceiro Reinado. Tal apoio ficou evidenciado em vários episódios de resistência aos republicanos, tais como as refregas da Guarda Negra no Rio de Janeiro (Trochim, 1988; Gomes, 1999, 2005) e em Salvador (Albuquerque, 2009) ou na resistência à República em São Luís (Gato, 2020).

Os trabalhos pioneiros de Nicolau Sevcenko (1985, 1998), de José Murilo de Carvalho (1987, 1995, 1998), assim como os de Sidney Chalhoub (2003), ajudaram a desfazer o senso comum de que a resistência à República fora produto da ignorância, do despreparo cívico e da manipulação da população pobre das cidades por políticos monarquistas ou pelo próprio trono. Na verdade, esses trabalhos foram mais longe, ao interpretarem as rebeliões populares que se seguiram à República, tais como a Revolta da Vacina e a Guerra de Canudos, como episódios em que o hiato entre o povo e o Estado republicano mostrou-se evidente.

Vou resenhar rapidamente os principais argumentos e evidências trazidas pela historiografia para os episódios citados, para, em seguida, fazer uma síntese sociológica do posicionamento ideológico de alguns setores de classe no período compreendido entre 1870 e 1930. Nesse item, desenvolverei também as relações entre *as aspirações de liberdade e de igualdade*, trazidas pelo ideal republicano, que podem nos ajudar a compreender as lutas e as mobilizações dos negros brasileiros, sejam eles intelectuais ou meros ativistas, em todo o período da Primeira República.

A república, enquanto regime político, deve ser analiticamente distinguida dos governos republicanos reais, assim como do ideário republicano, mais próximo de um processo civilizatório, em que certas formas de solidariedade e de integração social e de democracia se estende historicamente, entre lutas sociais, avanços e retrocessos, à totalidade de um Estado. Vianna e Carvalho (2000) tratam da república brasileira neste último sentido, de maneira muito próxima à interpretação que desenvolvo aqui. Tal processo civilizatório, que Norbert Elias imortalizou em suas análises da França, Inglaterra e Alemanha, está presente tanto em repúblicas, como a França, quanto em sociedades monárquicas, como nos Im-

A liberdade é negra; a igualdade, branca e a fraternidade, mestiça

périos brasileiros e na monarquia britânica, o que não impede que os fatos e os períodos históricos em que o governo republicano foram exercidos não possam ser avaliados como desgaste daquele ideal e retrocesso daquele processo.

Mas a minha tese principal é que naqueles anos de movimento abolicionista e de Primeira República (1889-1929) ganha corpo nos meios negros uma forma de sentir-se parte da nação brasileira cujos valores, ideais e emoções serão institucionalizadas no período seguinte, no Estado Novo e na Segunda República (1930-1964) como *democracia racial*. Se, portanto, em longo prazo a república proclamada em 1889 alarga o horizonte de participação democrática das massas negro-mestiças, no curto prazo a República de 1889 buscou conter e reprimir os avanços democráticos conquistados na campanha abolicionista.

A Guarda Negra
e a resistência popular à República

A Guarda Negra foi criada em setembro de 1888, meses depois da Abolição de 13 de maio, por ex-abolicionistas monarquistas com o objetivo explícito de criar "com seu trabalho e patriotismo uma muralha de corações unidos em defesa da *liberdade* de todas as maneiras, especialmente a representada por Isabel" (Bergstresser, 1973: 177). Seus membros eram em geral recrutados entre ex-escravos e libertos, muitos deles capoeiras, movidos, como está claro na citação, pela defesa da liberdade recém-conquistada e pelo temor que os republicanos lhes impusessem alguma forma de cerceamento. Gomes (1999: 78) pinta com muita clareza o quadro das desconfianças mútuas entre republicanos e fazendeiros, de um lado, e a população liberta, do outro; os primeiros enxergando na Guarda Negra "a polícia secreta dos demagogos", criada para atacá-los, e os negros e ex-escravos vendo nos "ataques ao Império possíveis reversões" da situação legal conquistada no 13 de maio. O ataque da Guarda Negra a um comício republicano em 30 de dezembro de 1888, no Rio de Janeiro, que resultou na morte de dezenas de manifestantes, em geral negros, marca o ponto de radicalização da ação da Guarda, que já atuara em várias outras ocasiões e cidades para desfazer manifestações republicanas (Albuquerque, 2009).

Que o temor de reescravização não era totalmente infundado, mero produto da "ignorância" dos negros, atestam-no os boatos diversos, relatados por Gomes (1999), para o Rio de Janeiro, ou por Albuquerque (2009: 164), para Salvador, que tinham como lastro uma longeva prática de manipulação legal das elites fazendeiras.[2] Gomes (1999) salienta, ademais, que a Guarda representou para a elite política e social brasileira o perigo muito real de que setores populares e ex-escravos passassem a participar de modo autônomo da vida política nacional, temor que nutriam desde o recrudescimento da campanha abolicionista.

Por outro lado, a historiografia tem ressaltado que a insatisfação dos fazendeiros com o fim da escravidão e a consequente desorganização do fornecimento de mão de obra, num momento em que o mercado de trabalho livre ainda não estava minimamente estabilizado, tornou impossível a continuidade do trono dos Orléans, por absoluta falta de apoio entre as classes produtoras. A monarquia encontrava sustentação apenas entre políticos e intelectuais da Corte, que buscavam preservar suas posições, e entre os libertos, o populacho e ex-escravos que defendiam a liberdade recém-adquirida, desconfiando das intenções reais de seus ex-senhores. Ironicamente, como observou José Murilo de Carvalho (1987: 29), a monarquia ruiu quando era mais forte a sua sustentação popular.[3]

---

[2] Diz Albuquerque (2009: 164): "Além, disso, o medo da revogação da 'lei de ouro' fazia parte dos pesadelos de uma população já habituada a vivenciar situações em que a perda da liberdade podia ser apenas uma questão de habilidade jurídica ou força de antigos ou pretensos senhores".

[3] Carvalho registra (1987: 29): "Eu diria mesmo que a Monarquia caiu quando atingia seu ponto mais alto de popularidade entre esta gente, em parte como consequência da abolição da escravidão".

Depois de dissolvida a Guarda Negra, a Primeira República continuou em sua trajetória autoritária e antipopular, como repisa Carvalho (1987, 1998), a recriar uma nação a partir de seus ideais iluministas, civilizatórios e positivistas, domesticando à força a plebe urbana e rural, que resistia através de revoltas como a da Vacina e a de Canudos. Esta feição de nova conquista, agora perpetrada pelos próprios brasileiros contra aqueles que eles não reconheciam como o seu povo, mas apenas como uma massa a partir da qual moldar esse povo, foi bem captada por Sevcenko (1998: 27) nos seguintes termos:

> "No afã do esforço modernizador, as novas elites se empenhavam em reduzir a complexa realidade social brasileira, singularizada pelas mazelas herdadas do colonialismo e da escravidão, a ajustamento em conformidade com padrões abstratos de gestão social hauridos de modelos europeus ou norte-americanos."

Nenhuma figura tenha talvez melhor encarnado tal afã modernizador que Rui Barbosa, conselheiro do Império e republicano tardio, em suas investidas contra a Guarda Negra. Chalhoub (2003: 180) lembra a frase infeliz de Rui que marcará toda a historiografia oficial republicana: "Ao manipanso grotesco da senzala, próprio para a gente d'África, sucedia o feiticismo da idolatria áulica, digna de uma nação de libertos inconscientes". A imprensa nacional, de modo geral, seguirá a visão de Rui Barbosa ao cobrir, tempo mais tarde, a Guerra de Canudos, apresentando os penitentes como fanáticos e o conflito como resistência de uma sub-raça à civilização.[4]

---

[4] Embora o termo "sub-raça" possa parecer excessivo, há que lembrar que o sentimento nutrido pelas elites em relação ao "povo" era de desprezo, como lembra Sevcenko (1998: 27): "[...] desprezo e ojeriza em relação ao passado, aos grupos sociais e rituais da cultura que evocassem hábitos de um tempo que se julgava para sempre e felizmente superado". Carvalho (1987:

A verdade é que os grupos subalternos, seja nos sertões, seja nas antigas áreas de plantação, vivenciaram a República de 1889 como poder que frustrava a liberdade almejada com a Abolição. Para implantar a nova ordem republicana, as oligarquias agrárias destruíam, movidas pelo medo de perder o controle sobre a mão de obra livre, a pouca segurança que a antiga ordem religiosa e escravista de deveres e direitos proporcionava no plano moral. José Calazans descreve muito bem o modo como o Conselheiro e os ex-escravos temiam igualmente a república:

> "Ambicionavam, como diziam em Sergipe os ex-escravos, viver onde houvesse 'casa com janela e porta de fundo', morada bem diferente da velha senzala. Negros libertos que esperaram, inutilmente, como se anunciara na zona canavieira de Santo Amaro da Purificação, que chegasse a 'alforria da terra' para completar a alforria dos homens. O drama do ex-escravo, do 'treze de maio', desajustado, incapaz muitas vezes de viver sua nova vida, parece haver chegado ao Conselheiro." (Calazans, 1968: 94)

Esses acontecimentos me levam a pensar uma linha interpretativa que se encontra esboçada de modo às vezes mais explícito, às vezes menos, na historiografia brasileira contemporânea. Refiro-me à interpretação de que a República, e os ideais republicanos, foram apropriados por uma elite de fazendeiros e intelectuais, crescentemente associada aos valores da civilização europeia, que fez do positivismo e da ditadura republicana suas armas ideológicas para moldar uma política de reconstrução nacional. Tal reconstrução passava pela reurbanização e sanitarização das principais ca-

---

41) nota: "No Rio reformado circulava o mundo *belle-époque* fascinado com a Europa, envergonhado do Brasil, em particular do Brasil pobre e do Brasil negro". Antes deles, Freyre havia analisado muito habilmente tal sentimento em *Sobrados e mucambos*.

pitais provinciais, federalismo político, e incentivo à imigração de camponeses europeus para substituir a mão de obra negra e mestiça.[5] Principalmente, tal reconstrução representava pôr um fim à continuada mobilização social das massas urbanas, que começara nos 1880 com a campanha abolicionista. Significava, sobretudo, atualizar em novas linguagens as formas de subordinação e inferiorização da massa trabalhadora de origem negro-mestiça e escravizada.

Para dar densidade analítica a tal interpretação, busco caracterizar a seguir os grupos sociais em que se sustentava tal projeto de "conquista", assim como os grupos que a ele se opunham, pois, como sabemos, o resultado de tal embate político e ideológico foi um pouco diferente do que almejavam os republicanos positivistas. De modo geral, com o tempo, prevaleceu uma certa acomodação entre esses republicanos e os setores urbanos que se apropriaram das tradições populares e do caldo cultural e ideológico desenvolvido em séculos de política colonial e imperial.

Grupos sociais e ideologias

Como abolicionistas e republicanos se representavam entre as classes sociais do Império? Comecemos por notar que os diferentes segmentos regionais da oligarquia agrária, entre 1870 e 1888, são afetados diferencialmente pelo processo da abolição a depender do estado em que se encontra a sua lavoura (Carvalho, 2003). Carvalho nota, por exemplo, que os setores mais resistentes ao fim da escravidão se encontravam entre os fazendeiros de café do Vale do Paraíba, que, incapazes de concorrer com a produtividade das novas terras paulistas, tinham na escravidão seu único alicerce. Os demais setores oligárquicos da grande agricultura ou contavam com mão de obra livre abundante, como os en-

---

[5] Não quero com isso dizer que o projeto de embranquecimento do Brasil não fosse já acalentado pelas elites do Império.

genhos de Bahia, Pernambuco e Maranhão, ou tinham na imigração estrangeira uma fonte sucedânea de mão de obra, como os paulistas.[6] Posição idêntica face à abolição partilhavam os fazendeiros cujas lavouras eram menos necessitadas de braços, como os do Ceará ou do Rio Grande do Sul. O grande problema de mão de obra para esses setores era, extinta a escravidão, manter a disciplina do trabalho, seja a partir da introdução de novas formas de gestão, como na cafeicultura paulista, seja na atualização das velhas formas de subordinação, como no Nordeste açucareiro. Comum a toda a classe dos grandes agricultores, e ao trono, foi o desejo de que o processo de abolição fosse gradual, de modo a não afetar a viabilidade econômica de nenhum dos seus segmentos, nem ferir abruptamente as receitas do Estado.

Não encontramos, assim, nessa classe social, uma relação unívoca entre abolicionismo e republicanismo. Mesmo no Partido Republicano Paulista, o mais tradicional, conviviam abolicionistas e não abolicionistas (Azevedo, 1999). Isso me leva a sugerir que o republicanismo, nessa classe social, tenha muito mais afinidade com aspirações federalistas e de autonomia política e civil que com motivações econômicas e materiais.

Os outros grupos sociais nos quais medrou o republicanismo foram os militares e as camadas médias urbanas, funcionários e empregados do comércio. Carvalho (1987: 48) oferece uma caracterização intricada em termos ideológicos e de posição social dos republicanos: "O movimento republicano era constituído de uma frente ampla de interesses, que abrangia escravocratas e abolicionistas, militares e civis, fazendeiros, estudantes, profissionais liberais, pequenos comerciantes". Sumariza, ademais, a motivação que parecia uni-los: a propaganda republicana "instrumentaliz[ava] a atuação política de certos setores que lutavam por uma ampliação da cidadania".

---

[6] Autores como Barickman (1998-1999) e Fraga Filho (2000) mostram, entretanto, que essa interpretação deve ser relativizada.

A liberdade é negra; a igualdade, branca e a fraternidade, mestiça   53

Mas o republicanismo, depois da Abolição, ganhou também a adesão das elites açucareiras nordestinas, da cafeicultura tradicional fluminense e mineira, tradicionalmente monarquistas e bem representadas na Corte. Foram os "republicanos de 14 de maio", ou seja, os setores oligárquicos e escravocratas, para os quais a monarquia deixara de ser importante ao abolir a escravidão sem ao menos indenizá-los.

Sugiro a hipótese, ainda que sem dados empíricos suficientes para sustentá-la, de que a motivação de importantes intelectuais negros abolicionistas como José do Patrocínio, no Rio de Janeiro, Manuel Querino, em Salvador, Astolfo Marques, em São Luís, Luís Gama, em São Paulo, entre outros, para abraçarem o republicanismo era diferente, seja da dos militares e outros setores médios urbanos, ligados ao positivismo, seja da dos fazendeiros. Dos primeiros, eles se diferenciavam sutilmente. Apesar de reformadores sociais, como os militares positivistas, encaravam certas reformas de modo menos autoritário (como a campanha sanitarista) e mais igualitarista e democrática, defendendo os direitos de ir e vir do povo pobre. Dos segundos, a distinção é mais clara. São republicanos menos federalistas, ou defensores da igualdade nominal de poder entre forças provinciais desiguais, e mais radicais, no sentido de que o que estava em jogo para eles era um ideário que unia *liberdade* e *igualdade* social. Esses setores republicanos mais radicais, geralmente mais em sintonia com as ruas, cedo sentiram-se frustrados com os rumos que tomou a República militarista e positivista em seus primeiros anos. Alguns, como Patrocínio, oscilaram pendularmente entre monarquia e república; para eles, o que realmente importava era o espaço de liberdade e igualdade a ser traçado no novo Brasil, viesse ele do Terceiro Reinado ou da República. Ou seja, estavam mais atentos aos ideais republicanos que às urgências práticas do governo republicano.

Mais ainda, a defesa da monarquia foi feita, depois da Abolição, por setores negros que mobilizavam a plebe, através da Guarda Negra, ou por setores mais conservadores em sua ação, mas muito ousados em termos ideológicos, como os que pregavam, como André Rebouças, uma extensa reforma agrária que assentasse em terras devolutas ou improdutivas a massa de recém-libertos. Esses setores negros empurravam toda a classe senhorial para o movimento republicano, fazendo-o cada vez mais conservador.

O que almejavam, por seu lado, os setores monarquistas? A resposta que encontrei até agora me leva a considerar apenas uma motivação para tais setores: o apego conservador a posições sociais duramente conquistadas durante as lutas de Independência e de consolidação do Império do Brasil.

Já chamei reiteradamente a atenção para os grupos populares e negros. Haveria razões materiais para o monarquismo das massas? Reproduzo abaixo um trecho de Hebe Mattos (1998: 136-7) em que aparecem algumas destas razões:

> "É preciso ter em mente a experiência da escravidão para mensurar o significado dos 'direitos civis' atribuídos aos cidadãos brasileiros no Império e a todos os nascidos no Brasil após a Lei Áurea. Desde 1850, a legislação imperial tendeu a transformar o costume em lei, tornando antigos privilégios da comunidade cativa mais enraizada em direitos comuns ao conjunto dos escravizados. Foi o Estado Imperial que: assegurou o fim do tráfico; reconheceu para os cativos o direito à família, proibindo separar casais e seus filhos; transformou em direito a prática do pecúlio e da compra da alforria; proibiu o açoite em 1886. [...] É também com este significado, com uma formulação precisa de sua abrangência e de suas limitações, que o Tempo do Cativeiro e o Tempo da Liberdade aparecem nas falas e na tradição familiar dos descendentes diretos dos últimos cativos do continente."

Eis, nas palavras de Mattos, composta a partir da reflexão sobre falas de ex-escravos do Vale do Paraíba, o significado da *liberdade*. Essa citação nos serve também de ponte para identificar dois outros setores monarquistas: os intelectuais mestiços e mulatos, como André Rebouças, que encontraram uma posição de destaque no Império, grupo bem estudado por Maria Alice Rezende de Carvalho (2008, 2009), e os intelectuais conservadores, oriundos das camadas dominantes nordestinas em decadência, como Joaquim Nabuco.

No meu entender, foi a partir da corrente formada por esses setores médios urbanos, particularmente os meios negro-mestiços, e pelos intelectuais conservadores que pensaram um Brasil luso-brasileiro, nutrido na interação social das casas-grandes, dos sobrados e das fazendas, que se fortaleceu mais tarde o ideal de um Brasil mestiço. Tal ideal irá inspirar a geração de escritores e pensadores modernistas, dos quais Gilberto Freyre foi certamente o mais proeminente.

Segundo Maria Alice de Carvalho (2008, 2009), a intelectualidade negro-mestiça a que me refiro teria tido dificuldade de manter-se próxima aos poderes da República, ao contrário da proximidade que gozara na corte imperial, sendo esta uma das razões para seu monarquismo. Ora, pela hipótese que estou levantando, ainda que sem a proeminência antiga, autores como João do Rio, Lima Barreto, Evaristo de Morais, Manuel Querino, Astolfo Marques, Lino Guedes, entre muitos outros anônimos ou quase anônimos, que colaboraram na imprensa diária da capital federal ou das capitais estaduais, acabaram por modular certas ideias, reatualizadas durante a crise do final dos anos 1920 e nos anos da Segunda Guerra Mundial, como "democracia racial", expressão forjada pelos escritores modernistas, como veremos em capítulo seguinte.

Tal interpretação me foi sugerida por várias fontes. Principalmente, ela se encontra esparsa na chamada "imprensa negra". Flávio Francisco (2016: 44) cita um artigo de Arlindo Veiga dos Santos, monarquista e futuro líder da Frente Negra Brasileira (FNB), em que está explícito o compromisso "da gente de cor" com uma nação que supere a hierarquia de raças:

> "Trabalharemos por chamar à consciência, às vezes latente, todos os componentes da gente de cor do Brasil, porque, sem embargo do que possam rosnar os pedantes das suspeitas ciências antropológicas etnológi-

cas que levam certos sábios às conclusões estúpidas contra a identidade nacional brasileira, são os princípios nossos que hão de salvar o Brasil desse caos que os 'sábios' estabeleceram com suas teorias macaqueadoras e de contrabando."[7]

Até mesmo os limites da democracia política norte-americana, que Freyre mais tarde oporá à democracia mais humana e profunda dos luso-portugueses, é tema de crítica na imprensa negra dos anos 1930. Continuo utilizando a dissertação de Francisco (2016: 141):

> "No texto [de Arlindo Veiga dos Santos] havia a manifestação, mais uma vez, de uma oposição entre os 'Estados Unidos moderno' e os 'Estados Unidos bárbaro'. 'A terra livre, centro financeiro do mundo, que enviava seus missionários aos lugares mais bárbaros, revelava o seu lado selvagem com os atos de brutalidade contra a população negra.'[8] Com essa colocação, o autor subentendia uma importante questão: afinal, o que vinha a ser a modernidade ou a civilização?"

Thiago Gomes (2004: 312), analisando a peça de teatro de revista *Tudo preto*, chega a sugestão idêntica à minha:

> "Vale a pena considerar *Tudo preto* como um indício da possibilidade de que ideias como 'democracia racial' ou 'Brasil mestiço' não tenham sido meramente um produto da mente de alguns intelectuais, dispostos ou não a definir uma ideologia de controle social. *Tudo preto* é um forte indício de que esses conceitos tenham sido

---

[7] *O Clarim da Alvorada*, São Paulo, 15 de janeiro de 1927, p. 5.

[8] Trechos de "Preconceitos de raça", *O Clarim da Alvorada*, São Paulo, 18 de agosto de 1930, p. 1.

fruto de uma negociação diária, pois a peça é explícita ao conectar o conceito de brasilidade à 'gente da raça', além de defender a ideia de que o Brasil teria como vantagem em relação a outros países o fato da boa convivência racial."

Outras ideias centrais para o imaginário de um Brasil mestiço aparecem também na imprensa desde a campanha abolicionista. Alguns argumentos nos permitem traçar as pontes entre os meios intelectuais negros e a democracia racial. Ressalto, por enquanto, apenas um. Enquanto a elite intelectual branca, em seu segmento mais influente, atualiza a ideologia de *embranquecimento*, retirando-lhe o significado de pura substituição de raças e culturas, e introduzindo a ideia de que tal embranquecimento se daria pela mestiçagem (Skidmore, 1974; Munanga, 1999), entre os intelectuais negros, geralmente considerados apenas jornalistas ou subliteratos, germinavam os sentimentos de pertença à nação brasileira que comporão, mais adiante, a "democracia racial". O acento negro desses sentimentos jamais se perderá. Entre os grandes intelectuais negros, Guerreiro Ramos, por exemplo, retoma, nos anos 1950, o mote de que no Brasil o negro é povo, e constitui, portanto, a nação brasileira, não uma minoria ou um objeto de estudo.

Todas essas são reações normais frente à sanha colonizadora da *ditadura republicana* de que nos fala Carvalho (1987), que quis aqui implantar um país europeu e branco. Enfim, estamos diante de uma contradição apenas aparente entre monarquistas e conservadores afinados com os setores populares e seus anseios de nacionalidade, por um lado, e republicanos revolucionários que procuram domesticar as massas para lhes impor um comportamento civilizado, por outro. Para resolvê-la, apelemos momentaneamente para a ideia de *estadania*, sugerida por Carvalho (1987): uma cidadania outorgada pelo Estado em resposta à resistência dos setores populares, e negociada aos poucos, levando em consideração os setores organizados das classes trabalhadoras urbanas.

De certo modo, o que parece dar a Maria Alice de Carvalho a impressão de que os setores intelectuais negro-mestiços perderam importância política na República é a insistência com que a definição da cidadania passa a gravitar em torno das lutas operárias e sindicais contra o Estado, e a importância dos trabalhadores imigrantes na organização dessas lutas. Há também a grande afluência de intelectuais oriundos da imigração europeia da virada do século XIX para o século XX. De certo modo, o imaginário nacional passou a ser tecido pelo eixo de intelectuais anteriormente monarquistas e pelos que resistiram ao modo como a República fora aqui implantada, oriundos, em grande parte, de setores populares ou decadentes. Já os direitos civis, de fato, foram relativizados pelo eixo republicano de conservadores da oligarquia agrária.

Uma observação derradeira, de cunho metodológico: se, em sua maioria, os intelectuais negros, de certo modo, procuraram se afastar da África e do que ela significava de estrangeiro e de barbárie, para frisar o sentimento de nacionalidade brasileira, houve também aqueles setores populares que nunca deixaram de ter elos emocionais, religiosos e simbólicos com a África, ou mesmo abolicionistas como Luiz Gama, que retrataram a terra de origem em tons brilhantes. Também dessa fonte beberão intelectuais negros e brancos (principalmente os antropólogos culturalistas) nos anos 1930. Sem mencionar e aprofundar o pensamento desses setores seria difícil explicar o surgimento do mundo afro-brasileiro modernista, nos anos 1930, e, principalmente, o que acontece no presente, quando passa a ser dominante nos meios negros o sentimento étnico de pertença à raça negra.

Que a empreitada de construção do imaginário de uma nação mestiça não foi ganha de modo simples basta lembrar a sedução que as ideias racistas pseudocientíficas exerceram desde a geração intelectual dos 1870 (Schwarcz, 1993) até os anos de vida produtiva de Oliveira Vianna. Também sintomática é a reação negativa de um modernista paulista como Eduardo Prado, já no final dos anos 1940, ao que ele alcunhava como "sociologia nigro-romântica do Nordeste", insistindo que o Brasil era um "país branco porque quer ser branco" (Bastos, 1988).

A reprodução de formas
de dominação tradicionais

Um mal-entendido pode estar rondando quem me lê: como a ênfase na revisão crítica dos historiadores recai sobre a alienação entre o povo e a Primeira República, pode parecer que estou a sugerir que os monarquistas fossem mais próximos das massas populares e não tivessem, eles também, um projeto civilizador para o Brasil. Nada mais distante da realidade: pensar-se como brancos num país de negros era um traço comum às elites brasileiras, fossem elas republicanas ou não. Era, portanto, a classe e a posição social que regiam o comportamento das elites.

Acho, entretanto, que dois fatores matizavam tal elitismo. Primeiro, os mestiços, como André Rebouças, eram mais sensíveis à aspiração de incorporar negros e ex-escravos à sociedade brasileira, seja pelo acesso à educação, seja pela propriedade da terra. Talvez isso possa ser explicado apenas por proximidade racial, talvez não, e aqui introduzo um segundo fator: parte dessas elites intelectuais e políticas já tinha adquirido, na campanha abolicionista, um certo conforto com esse povo, de modo que sua distância de classe podia mesmo ser maior em relação ao novo povo branco, que se formava com a crescente imigração europeia, que com o povo negro-mestiço que eles já lideravam. De certo modo, para ser claro, tais políticos retiravam grande parte de sua legitimidade das conquistas da campanha abolicionista.

Neste ponto é preciso introduzir na análise alguns argumentos macrossociológicos. É o que tentarei a seguir.

Revertendo o comentário racista e xenófobo de Rui Barbosa sobre as afinidades entre "a gente d'África" e a casa real brasileira, João José Reis (1995: 32) lembra que "havia uma mentalidade monarquista, por assim dizer, circulando entre os negros, que parece ter sido recriação de concepções africanas de liderança, reforçadas em uma colônia, e depois um país, governados por cabeças coroadas". Esse mesmo argumento foi retomado por Schwarcz (1999: 15) e depois por Gato (2020) para explicar por que os ne-

60 Modernidades negras

gros sentiam-se mais próximos da Monarquia que da República recém-implantada.

Albuquerque (2009: 155), ao se referir a Macaco Beleza, líder das manifestações da Guarda Negra contra Silva Jardim na Bahia, em 1888, reinterpreta tais afinidades numa chave política mais importante para meu argumento. Ela escreve:

> "Macaco Beleza parece ter sido um daqueles personagens que tiveram como marca a conquista de destaque social a partir da estreita vinculação entre a fidelidade à monarquia e o prestígio na comunidade negra. Eles simbolizavam uma espécie de pacto entre a população de cor e o poder imperial, no qual a valorização de vínculos afetivos e pessoais era reafirmada através de concessões e deferências."

Ao transitar para a esfera das relações de poder, dominação e de legitimidade da autoridade legal, posso retraduzir em hipóteses o que se altera e o que permanece com a República.

Trocando temporariamente a elegância da narrativa por algum esquematismo, distingo de imediato três planos de relações de poder: a relação entre o governo central e governos provinciais e locais; a relação entre governos e cidadãos; e as relações de trabalho e de emprego de mão de obra. A nova organização do Estado em termos de República afeta desigualmente os três planos.

Na relação entre governo central e locais, introduz-se e prospera, ainda que timidamente, um tipo de dominação racional-legal, em que o domínio das leis, tanto em termos de legiferar quanto em termos de aplicá-las, se profissionaliza rapidamente, corroendo a dominação tradicional que medrava sob o poder monárquico. O republicanismo da burguesia oligárquica cafeeira emergente, quase toda concentrada em São Paulo, é o maior exemplo dessa aspiração e desse projeto. Na relação entre governos e cidadãos, as classes médias urbanas — negro-mestiças, brancas, ou de origem europeia imigrante — expressam a aspiração por uma legitimidade racional da autoridade, que pouco ou nada se concre-

A liberdade é negra; a igualdade, branca e a fraternidade, mestiça

tiza; ao contrário, será o Estado, seja o governo central, seja o judiciário, o agente principal a regular a cidadania, como bem teorizou Wanderley Guilherme dos Santos (Santos, 1979).

Nas relações de trabalho e no emprego da mão de obra, a aspiração republicana não vai além da disseminação do trabalho livre, que a Abolição instituíra. A aspiração de liberdade vê-se mesmo ameaçada por várias outras formas de trabalho servil, semisservil, e pelos inúmeros constrangimentos legais, econômicos, políticos, sociais e culturais ao exercício livre da força de trabalho, principalmente no campo — a começar pela ausência de um mercado nacional de trabalho. Aqui, ao contrário, a República representa, para a massa de homens recém-libertos, o perigo da reescravização, dada a ideologia das camadas sociais que chegam ao poder, ou, se não reescravização, ao menos abandono e exclusão social.

Do ponto de vista das relações sociais reais, portanto, a República certamente muda o tipo de legitimidade dos governos centrais, mas, à medida que nos referimos ao poder mais local, a legitimidade racional tende a ser apenas superficial e artificiosa, deslocada das práticas sociais, cedendo espaço a formas tradicionais ou carismáticas de dominação. Mesmo nas relações de trabalho urbanas, onde é maior o conflito social, a construção de uma ordem institucional legal é lenta até os anos 1930, quando a promulgação da Consolidação das Leis do Trabalho finalmente formaliza esse campo de relações.

No plano político, portanto, a igualdade é branca, enquanto, no ideológico, a fraternidade é mestiça. Como vimos, na virada do século XX, para nos limitarmos ao campo dos grandes intelectuais, a tradição ensaísta e bacharelesca tenderá a dar continuidade ao imaginário de hibridismo e tropicalismo que vem da Independência (ou seja, constituído pelo Brasil imperial), enquanto novos intelectuais, ligados ao realismo, ao naturalismo e à ciência tenderão a romper com aquela tradição de hibridismo para afirmar o transplante europeu para os trópicos.

Qual o povo da nova nação, se a grande maioria dos ameríndios, dos ex-escravos, e dos descendentes miscigenados de negros, índios e brancos, vivia na mais completa exclusão dos círculos de poder nacionais? Os republicanos mais influenciados pelos intelectuais naturalistas tenderão a desenvolver justificativas racistas e a negar a existência de um povo brasileiro,[9] afirmando, ao contrário, a necessidade de sua formação a partir do incentivo à imigração europeia, defendendo o embranquecimento da nação pela substituição paulatina de sua mão de obra. Já os intelectuais e cientistas oriundos de camadas tradicionais adotam alternativas teóricas mais condizentes com a história demográfica do país, e buscam apaziguar as mesmas inquietações em teorias de hibridismo cultural e racial. Para eles, o embranquecimento da nação se daria pela via da miscigenação biológica e cultural continuada.

Apenas nos dias que correm, depois da redemocratização dos anos 1980, foi possível à aspiração republicana mais radical, lastreada nos ideais de *liberdade*, *igualdade* (racial e social) e *fraternidade* (solidariedade social), encontrar na convergência de diversos setores sociais — intelectuais, camadas médias, e organizações populares — atores políticos relevantes que possam encarná-la e realizá-la.

ABOLIÇÃO, A LIBERDADE DOS NEGROS, REPÚBLICA, A LIBERDADE DOS BRANCOS

A fórmula reproduzida acima, tantas vezes expressa na imprensa republicana paulista, traduz de maneira clara que brancos e negros interpretavam diferentemente o significado da liberdade (Woodard, 2008). Para ser mais preciso, há que acrescentar que por "brancos" se entende a classe média urbana e os fazendeiros e por "negros", a população pobre. Ou seja, usa-se a metonímia

---

[9] Beatriz Rezende (1989: 91) cita um comentário de Olavo Bilac sobre a Revolta da Vacina que me parece lapidar: "[as arruaças...] vieram mostrar que nós ainda não somos um povo. [...] Não há povo onde os analfabetos são maioria". Bilac era um intelectual comprometido com a educação popular, no que era seguido por escritores antirracistas com Manoel Bomfim (1905).

A liberdade é negra; a igualdade, branca e a fraternidade, mestiça

de se referir ao todo por sua parte principal. Mas é também verdade que os intelectuais negros, mais próximos dos meios populares, foram, primeiro, republicanos mais radicais, que estenderam o sentido de liberdade para além do anseio de autonomia individual das massas, ou do positivismo missionário e civilizador dos militares e, segundo, estiveram ideologicamente mais próximos do sentimento nacional, próprio às camadas negro-mestiças. Explico melhor.

Esses intelectuais, geralmente jornalistas, artistas, artesãos e literatos, foram os porta-vozes de um sentimento popular que ia além da aspiração por respeito, igualdade de tratamento e de oportunidades, que medrava nas camadas médias urbanas, majoritariamente brancas, geralmente de origem imigrante. Refiro-me ao desejo de livrar-se do preconceito de cor e do estigma da escravidão, pensando a nação brasileira como mestiça.

A aspiração por igualdade de tratamento e de oportunidades, nesses segmentos urbanos, fundia-se, portanto, com um ideal de *fraternidade* e de solidariedade nacional que pensava os crioulos, pardos e mestiços como simplesmente *brasileiros*. A liberdade recém-conquistada era a um só tempo o direito de ser tratado como um igual e reconhecido como cidadão. Tal fusão vem da campanha abolicionista e precede mesmo a proclamação da República, demonstrando que os ideais do republicanismo francês poderiam, para uma parcela razoável dos brasileiros, ser atingidos com a liberdade dos escravos. É o que sugere uma citação de Angela Alonso (2015: 137) do Boletim nº 8 da Associação Central Emancipadora (ACE), datado de 1881:

> "Trazia pela mão o africano Juvêncio; *entregou-lhe a carta de liberdade*, e deu-lhe o *abraço de Igualdade e Fraternidade, que o batizava cidadão brasileiro*. O auditório delirou então de entusiasmo; dos tristes olhos do venerando abolicionista Muniz Barreto correram lágrimas da mais inefável alegria." (ACE, Boletim nº 8, 20/3/1881: 17, grifos meus)

Diante da mobilização popular pela abolição, que segundo a mesma Alonso (2015) foi talvez o primeiro grande movimento social brasileiro, não se deve estranhar que a proclamação da República, feita pelos militares positivistas com o apoio dos fazendeiros, fosse vista com apreensão, não como um aprofundamento revolucionário da liberdade, mas como uma restauração conservadora da ordem.

O interessante, mas não inesperado, é que serão os grandes intelectuais oriundos das camadas oligárquicas decadentes, tais como Joaquim Nabuco e Gilberto Freyre, ou mesmo aqueles provenientes das camadas médias urbanas de áreas economicamente estagnadas ou conflitadas por questões agrárias, como os regionalistas nordestinos, que pensarão tal sentimento enquanto forma nacional *sui generis* de solidariedade social e de igualdade civil, dando-lhe, na conjuntura ideológica da Segunda Guerra Mundial, o nome de *democracia racial* (Ramos, 1943) ou *democracia étnica e social* (Freyre, 1938). Muito interessante, mas também sociologicamente compreensível diante da sanha europeizadora dos republicanos, que tal sentimento tenha alimentado, pelo menos até os anos 1910, o apoio à monarquia e à resistência à República.

Seria um anacronismo dizer que a *democracia racial* foi uma invenção dos negros, assim como seria pura imputação funcionalista dizer que esta foi uma ideologia de dominação. De modo que, para não restar dúvidas sobre o que digo, vou frasear de modo mais claro a minha hipótese.

Nos primeiros anos republicanos, nos meios negros, entendido aqui o âmbito em que circulava o sentimento popular e a sua elaboração intelectual, veiculada por jornalistas e artistas, prevaleceram o ideal de *liberdade*, enquanto autonomia pessoal, e o ideal de *igualdade* não enquanto simples estatuto legal, mas de pertença a um grupo nacional em que a cor não restringia direitos, tratamento e oportunidades. Ou seja, *igualdade* e *fraternidade* estavam fundidos numa só aspiração.

Será justamente dessa fusão e indistinção presentes no sentimento popular que se apropriarão os grandes intelectuais, como Freyre (1938), para pensar um modo de solidariedade nacional que, de certa forma, prescinde da garantia pelo Estado dos direitos políticos, sociais e civis dos negros, mestiços e pobres. Segundo tal formulação, o Brasil já podia ser considerado uma democracia durante a ditadura de Vargas e assim permaneceria durante o regime militar.

Foi contra essa formulação da democracia racial que Florestan Fernandes (1965) e os movimentos negros atuais vieram se contrapor. Mas vale lembrar que, mesmo para o Movimento Negro Unificado (MNU, 1988), a democracia racial ainda podia ser uma forma superior de fraternidade nacional, tal como expresso numa palavra de ordem do manifesto do MNU, de novembro de 1978, ou no título do documento final do III Congresso Nacional do MNU, realizado em Belo Horizonte, em abril de 1982: "Por uma verdadeira democracia racial!"; isto é, um modo de solidariedade nacional que não negue a luta radical por igualdade racial, cidadania dos negros e garantia dos seus direitos sociais.

No capítulo final desenvolverei a formação dessa noção tão peculiar de democracia; antes, examinarei mais detidamente a noção de modernidade negra.

3.
A MODERNIDADE NEGRA[1]

Modernidade, em sua origem, foi uma noção ocidental feita para pensar o Ocidente. A palavra foi usada por Baudelaire para exprimir o que a obra de arte tem do seu tempo: o transitório, o fugitivo, o contingente. Essa seria a melhor definição dos tempos modernos — a sua volatilidade (Berman, 1986), característica principal do capitalismo industrial, segundo Giddens (1998).

Na sociologia, é sinônimo, entretanto, de uma ruptura radical com o passado[2] e só pode ser compreendida em relação a outras noções, como *tradição* e *clássico*, pois foi cunhada em contraste com essas últimas. A tradição do Ocidente, construída como herança greco-romana, toma impulso na Renascença, período em que a Europa Ocidental projeta-se para o mundo, conquistando outros povos e redefinindo-se a si mesma. Do ponto de vista social, a formação da Europa coincidiu com o estabelecimento de uma aristocracia; do ponto de vista ideológico, com a crença na ideia de civilização. Civilização significava o afastamento da sociedade aristocrática em relação às classes subalternas, ao mundo animal, semianimal, ou bárbaro, através de rituais de sublimação e elevação espiritual, e do refinamento dos gostos e costumes, que

---

[1] Originalmente publicado como "A modernidade negra" em *Teoria & Pesquisa*, v. 1, nº 42-43, 2003: 41-62.

[2] Christopher Pierson escreveu: "According to Giddens, the modernity of the world, what it is to be modern, is precisely the social arrangement of contemporary society as a world that has superseded its past, as a society that is not bound by the traditions, customs, habits, routines, expectations and beliefs that characterized its history. Modernity is an historical condition of difference; in one way or another a displacement of everything that has gone before" (Giddens, 1998: 15).

se cristaliza num padrão único, de quietude, serenidade e harmonia (Elias, 1985). Erigia-se, assim, uma barreira simbólica e cultural entre a elite dominante e o povo, por um lado, e, por outro, entre a Europa e os povos de outros continentes, recém-integrados econômica e politicamente à área de poder europeu. Assim foram os períodos renascentista e neoclássico.

A modernidade, portanto, começa a ser tecida politicamente a partir do século XVI ao mesmo tempo que europeus colonizam, escravizam e submetem outros povos, criando *selvagens* e transformando-os em negros e em pessoas de cor (Baker, 1998). A modernidade imaginada por Baudelaire quebra com a linha de desenvolvimento clássico, porque introduz na civilização ocidental o gosto pela emoção, pelo movimento, pela revolução. Mais que isso, significa a expansão mesma da noção de civilização para além do Ocidente, incorporando elementos de outros povos e, no limite, incluindo esses mesmos povos enquanto criadores de civilização. A modernidade que conhecemos foi fruto, assim, de um sentimento generalizado de decadência da civilização clássica, motivado pelos horrores das guerras, principalmente das que, em 1914 e 1939, adquiriram um caráter global.

A *modernidade negra* faz parte desse processo de uma maneira muito específica, caudatária da história dos contatos entre africanos e europeus. Apesar de alguma integração comercial e simbólica dos povos negros africanos ao universo dominado pelos europeus pré-datar o sistema escravista implantado nas Américas, tal inclusão dava-se até então de modo unilateral; a representação dos negros sendo construída e reproduzida pela mente, pelas palavras e pelas imagens dos brancos. Ao contrário, o processo modernizador que me interessa aqui é marcado por contatos, trocas e conflitos intensos. *Grosso modo*, tais contatos ocorrem em quatro grandes épocas: (1) durante a escravidão de africanos e seu tráfico para as Américas; (2) durante o processo de integração dos negros às novas nacionalidades americanas, que se segue à abolição da escravidão: (3) durante a colonização da África pelos europeus e a subsequente formação de uma elite africana, seja nas metrópoles ocidentais, seja nessas colônias; (4) e, finalmente, com a descolonização da África e a construção de novas nacionalidades africanas. A modernidade negra é o processo de inclusão cultural e simbólica dos negros à sociedade ocidental. Todavia, sob a palavra "negra" escondem-se *personas* muito diversas: o escravo e o liberto das plantações; o africano, o crioulo, o mestiço e o mulato das sociedades coloniais americanas; o norte-americano, o latino-americano, o africano e o europeu do mundo ocidental pós-guerra. Ademais, a inclusão só tem sentido se pensada como processo que se desenrola no tempo. Quando precisamente começa a modernidade negra? Finalmente, de que inclusão se fala? Da política, ou seja, da luta por igualdade de tratamento e de oportunidades? Da cultural, isto é, da produção de formas autônomas de representação de si, no plano das artes e da mídia? Da ideológica, isto é, da veiculação de discursos teóricos por negros que organizam a experiência da vida social negra?

Para que essa modernidade se formasse foi preciso que os europeus desenvolvessem, primeiro, uma representação de si sob uma matriz mais inclusiva, o que só começa com o romantismo, quando o culto às origens deixa de se referir apenas ao panteão greco-romano, para permitir a infiltração de algum tipo de nativismo "bárbaro". Mas foi também preciso que os africanos e seus descendentes dominassem as línguas europeias e gozassem de estatutos individuais e formais de liberdade e igualdade.

A formação do Haiti como nação negra, a partir de 1804, representou, sem dúvida, uma ruptura. O fato em si já seria um antecedente e condicionador maior das emancipações negras posteriores. Mas, para essas, e para o meu interesse neste capítulo, os anos marcantes foram 1848, quando se deu a emancipação dos escravos nas colônias francesas da América, por inspiração de Victor Schoelcher; 1865, quando foi consolidada a abolição da escravidão nos Estados Unidos; 1888, o ano da abolição no Brasil; e 1896, quando Menelick II derrota os italianos na Abissínia e a Etiópia torna-se a primeira nação africana independente.[3]

---

[3] Menelick é sucedido pelo rei Hailé Selassié I, o Ras Tafari, em 1928, quando a Etiópia se filia à Liga das Nações.

A modernidade negra

Nas Américas, portanto, a modernidade negra se inicia, de fato, com a abolição da escravatura, nos meados do século XIX. Significa, em termos bastante gerais, a incorporação dos negros à cultura ocidental enquanto "cidadãos", e acontece em dois tempos que às vezes coincidem, às vezes não: um primeiro, em que a representação dos negros pelos europeus se transforma positivamente, principalmente através da arte, fruto intelectual do mal-estar provocado pelas guerras e pelas lutas de classe na Europa; o segundo se inicia com a representação positiva de si, feita por negros para si e para os brancos.

PREPARANDO A MODERNIDADE: OS MENESTRÉIS E A ARTE PRIMITIVA

No plano simbólico, a intensidade dos contatos rende frutos mais rapidamente que no político. Desde o começo do século XIX, por exemplo, já tinham começado a ganhar audiência as apresentações de menestréis brancos, pintados de negro, satirizando o falar, o vestir, enfim, a atitude do ser negro. Para Archer-Straw, essas apresentações eram um modo de perpetuar a diferença entre civilização e barbárie, através do expurgo de emoções incontroláveis:

> "O menestrel de cara pintada de preto era um disfarce através do qual a América branca podia representar-se a si e rir de suas próprias ansiedades em torno do comportamento adequado às grandes expectativas que prometiam a democracia do 'novo mundo' e sua civilização. Era um papel subversivo, vulgar, preguiçoso e sem decoro, que provia um escape para responsabilidades pessoais e culturais." (Archer-Straw, 2000: 40)

No entanto, parece importante o fato de que, de 1840 em diante, alguns negros norte-americanos tenham passado a fazer *minstrel shows* em Paris. Parece legítimo, inclusive, se perguntar até que ponto esses menestréis não passaram a representar também, para os negros, a aceitação de um lado seu, estúpido e animalesco, exposto, antigamente, sem piedade, pelos brancos, e agora exibidos profissionalmente por eles mesmos. Exposição não de sua natureza íntima, mas apenas do que temos de grotesco e estúpido em nossa humanidade.

O fato, porém, é que essa incipiente e precoce representação de si por si era por demais caricata, não modificando a imagem do negro, já consolidada, de incivilidade e mesmo animalidade. A prova disso está no fato de que a aventura colonial europeia na África acaba por trazer o negro, no mesmo período, para o proscênio do mundo do espetáculo e do *show business* que, entre 1878 e 1912, era composto, principalmente, pelas grandes exposições coloniais, pelas exibições duradouras de tribos africanas no Jardin Zoologique d'Acclimatation, pelas revistas do Folies Bergère, pela exposição da Vênus Hotentote nas capitais europeias etc. (Silatsa, 1981; Badou, 2000; Bancel, Blanchard e Lemaire, 2000).

Mas, ao lado da representação negativa do negro pelo branco, faz-se também sua representação positiva, principalmente nas artes mais aristocráticas e refinadas. Pioneira dessa representação positiva é a transformação da mulher negra em refinado objeto do desejo masculino, antecipando os tempos modernos, como acontece com a Vênus negra de Baudelaire, presente em nada menos que dezessete poemas das *Flores do mal*, de 1835.[4] Vênus que também pontua em Mallarmé, em 1890, mas que só sairá do círculo

---

[4] O biógrafo Henri Troyat (1994: 115) dirá da relação de Baudelaire com Jeanne Duval, a musa negra: "Com [ela], Baudelaire tem certeza de se singularizar em verdadeiro dândi a desafiar a opinião dos filisteus. E mais, desfrutar a alegria perversa de esfregar a pele clara contra esta pele africana. Acasalando-se fora de sua raça, livrar-se de todos os preconceitos caros à Aupick e assemelhados. Transgredir as leis da burguesia imbecil e mergulhar nas volúpias da negação". Os poemas são "Parfum exotique", "La chevelure", "Je t'adore...", "Sed non satiata", "Avec ses vêtements...", "Le serpent qui danse", "Une charogne", "De Profundis clamavi", "Le vampire", "Remords posthume", "Le chat", "Le possédé", "Un fantôme", "Je te donne ces vers...", "Les bijoux", "Le léthé" e "Chanson d'après-midi".

A modernidade negra

restrito das elites para ganhar o espetáculo de massa em 1925, com Josephine Baker, primeiro no Théâtre des Champs-Élysées e, nos anos 1930, estrelando os filmes *Zou-Zou* e *Princesa Tan-Tan*.

Quadro 1
A VÊNUS NEGRA DE MALLARMÉ (1890)

Uma negra que algum duende mau desperta
Quer dar a uma criança triste acres sabores
E criminosos sob a veste descoberta,
A glutona se apresta a ardilosos labores:

A seu ventre compara alacre duas tetas
E, bem alto, onde a mão não se pode trazer,
Atira o choque obscuro das botinas pretas
Assim corno uma língua inóbil ao prazer.

Contra aquela nudez tímida de gazela
Que treme, sobre o dorso qual louco elefante
Recostada ela espera e a si mesma zela,
Rindo com dentes inocentes à infante.

E em suas pernas onde a vítima se aninha,
Erguendo sob a crina a pele negra aberta,
Insinua o céu torvo dessa boca experta,
Pálida e rosa como uma concha marinha.

Fonte: Mallarmé (1974), tradução de Augusto de Campos.

O interesse da vanguarda artística europeia e norte-americana pela estatuária africana e pela chamada arte primitiva em geral se fixa apenas na segunda década do século XX. Tal positividade parece advir, conforme a interpretação prevalecente, do mal-estar europeu com os limites de sua civilização, i.e., com o modo estreito como foi imaginada a sua diferença em relação à natureza e aos demais povos do mundo. Ela indica que os artistas europeus faziam já, com o negro, outro tipo de projeção, aquele em que *o ou-*

tro espelha um lado seu valorizado e reprimido: a espontaneidade das emoções e das formas desprovidas de rigidez.

Em 1914, Marius de Zayas e Alfred Stieglitz organizam na Galeria Stieglitz, em Nova York, a primeira exposição pública da estatuária africana, associando-a à arte moderna (*Statutary in Wood by African Savages: The Root of Modern Art*). Em 1916, Paul Guillaume organiza em Paris a *Exposition d'Art Nègre* e, em seguida, outra, reunindo a vanguarda parisiense e a "arte negra": *Lyre et Palette: Kisling, Matisse, Modigliani, Ortiz de Zarate, Picasso, Sculptures Nègres.*

Jean Cocteau, em 1917, escreve em *Soirées de Paris*: "A arte negra não é aparentada aos clarões enganadores da infância ou da loucura, mas aos estilos mais nobres da civilização humana" (Abramovic e Hergott, 2000: 38). O evolucionismo parece, portanto, sepulto.

Em 1919, o mesmo Paul Guillaume organiza uma *Fête Nègre* no Théâtre des Champs-Élysées, em que "recitaram-se versos, tocou-se música, dançou-se 'temas negros' criados 'a partir de lendas antigas' por Cendrars" (Abramovic e Hergott, 2000: 42). Dois anos depois, Cendrars lança a sua *Anthologie nègre*, pelas Éditions de la Sirène, em Paris, e, em 1923, Léger encena o espetáculo *La Création du Monde*, cujo cenário é inspirado nas máscaras africanas. As exposições de "arte negra", "arte africana" e "arte primitiva" tornaram-se rotineiras, seu valor artístico passou a ser inquestionável, até que finalmente, em 1934, tal reconhecimento se completa com a primeira exposição de arte africana (*African Negro Art*) num museu de arte contemporânea, o Museum of Modern Art, de Nova York.

Certamente já não havia racismo explícito nesses meios refinados, ainda que permanecesse implícito no racialismo, como aponta Archer-Straw (2000: 94):

> "[A negrofilia] foi uma inversão que refletia a mudança de status dos negros em relação aos brancos, a qual sugeria que eles poderiam recuperar e revitalizar a cultura europeia. Havia também uma preocupação par-

ticular com a autenticidade cultural negra. De modo turvo e ingênuo, achava-se que quanto mais próximo estivesse de sua origem africana, maior o seu poder e sua força. Assim, no interior mesmo do pensamento branco liberal, os mitos racistas se perpetuavam."

Mas, frise-se uma vez mais, até os anos 1920, no Brasil e na Europa, a representação é de brancos sobre negros, ainda que no mundo político se destaquem, no abolicionismo, por exemplo, figuras assumidamente afro-brasileiras, como André Rebouças e José do Patrocínio, no mundo político, e, no mundo do espetáculo, comecem a despontar alguns autores negros, enquanto, no panteão das letras, ocasionalmente seja integrado um negro talentoso, como Cruz e Souza (1861-1898) ou um mestiço como Machado de Assis (1839-1908). Apesar da importância do reconhecimento do talento do negro e do mulato, estes autores não serão lidos como fazendo literatura negra ou arte negra. Em geral, autores negros ou serão considerados "menores", "subliteratos", ou silenciados, como demonstraram Jesus (1960) e Zin (2018) ao examinar as trajetórias de Firmina Reis, Astolfo Marques e Nascimento de Moraes. É justamente essa percepção branca da arte feita por negros como igualmente valiosa, mas não branca, que funda a modernidade negra.

Ela começa quando os negros passam a ser incorporados em massa ao mundo do espetáculo, ou seja, às revistas do Folies Bergère, aos musicais da Broadway, aos salões de *charleston* e às casas de jazz do Harlem, de Paris e de Londres. É nesse período que se populariza a figura marcante do "novo negro", tão bem representada por Miguel Covarrubias. De certo modo, ele representa o negro comum, integrado agora à sociedade de classes norte-americana, seja como trabalhador, seja como pequena classe média. No cartum de Covarrubias (Quadro 2), um negro se espanta diante da figura feminina representada pela estatueta africana, do mesmo modo que se espantariam os brancos de sua classe diante de uma escultura de Picasso: "Que espécie de mulher é essa?", pergunta ele à sua companheira.

A graça da charge, para os brancos, é que ambos são "cultura negra", tanto a estatueta, quanto o "novo negro".

Quadro 2
MIGUEL COVARRUBIAS, "THE NEW NEGRO"

GENTLEMAN, for the first time viewing a work of African sculpture: "What sort of a woman is that?"

Fonte: *Vanity Fair*, março de 1929, p. 64, em Archer-Shaw (2000).

Mas o "novo negro" é também, e principalmente, o intelectual negro norte-americano que se notabiliza no Harlem e inventa para si a *Harlem Renaissance*. São políticos, poetas, escritores, pintores e escritores, além de músicos, que, nos anos seguintes, transformarão Paris em santuário de tolerância racial, enquanto alimentam internamente a resistência à segregação.

Como já disse, o cerne do sentimento de superioridade da civilização ocidental, como oposta às demais, que abriu as portas para o desenvolvimento do racismo, fora o repúdio à emoção e a negação do animal interior, ameaçador e tenebroso. Tal repúdio se dava pela projeção dessa animalidade no Outro, como sugere Derrida (2002):

> "[Adorno] reprova, sobretudo, a Kant, que ele tanto respeita de um outro ponto de vista, o fato deste não deixar lugar, no seu conceito de dignidade (*Würde*), e de autonomia do homem, a nenhuma compaixão (*Mitleid*), entre o homem e o animal. Nada mais odioso (*verhasster*) ao homem kantiano, diz Adorno, que a lembrança da semelhança ou da afinidade entre o homem e o animal."

A modernidade negra é também, de certo modo, a negação da filosofia que buscava afastar o ser humano do reino animal e bárbaro, reconstruindo a humanidade europeia por oposição a todas as demais sociedades humanas. Aceitar como modernos os negros, que eram considerados o primeiro degrau da escada da evolução, significou a revalorização das emoções, impregnadas na filosofia de Nietzsche.

No mesmo diapasão, Phyllis Rose irá dizer, com razão, que a recepção acalorada de Josephine Baker, na Paris de 1925, não significou o fim da visão racista do negro como animal, mas significou que tal animal, longe de ameaçador, passou a ser visto como rítmico, musical e divertido. Leia-se a longa descrição, feita por ela, da entrada em cena de Josephine Baker no Théâtre des Champs-Élysées, em 1925:

> "O público já tinha sido conquistado por tanta energia e alegria quando Baker entrou em cena — uma entrada de palhaço. Como uma criatura estranha, vinda de outro mundo, ela andava, ou melhor, bamboleava, os joelhos afastados e dobrados, o estômago retraído, o

corpo contraído. Parecia mais um animal que um ser humano, um cruzamento curioso de canguru, ciclista e metralhadora. Vestia uma camisa rasgada e um *short* em farrapos. Sua boca estava fartamente pintada, caricaturando os lábios de negro. A cor de sua pele mais se assemelhava à da banana. Seus cabelos, além de cortados curtos, pareciam colados ao crânio com caviar. Subitamente, ela fez uma careta, ficou estrábica, encheu as bochechas de ar e passou a emitir ruídos impróprios em tonalidades altíssimas. Depois, afastou uma perna da outra, movendo braços e pernas como se estivessem desarticuladas. Tremia, fremia, ondulava como uma serpente. Não dava ares de acompanhar o ritmo da música: esta é que parecia brotar de seu corpo. Para terminar, deixou a cena de quatro, as pernas rígidas, o traseiro mais alto que a cabeça, tal qual uma girafa desengonçada. Mas tão logo saía, voltava. Seus movimentos eram tão rápidos que ninguém tinha tempo de entender o que se passava. 'É um homem ou uma mulher?', as pessoas se perguntavam. É horrorosa ou bela? Negra ou branca? Ela era a própria ambiguidade, o bizarro. De tão extravagante, tinha algo de inatingível, mais próximo do ectoplasma que da dançarina. Revelava a todos possibilidades insuspeitadas. O animal que se abriga em todos nós já não era tenebroso, atormentado, feroz. Era naturalmente amável, cheio de vida, mais sexy do que sensual e, acima de tudo, divertido" (Rose, 1990: 37-8)

Josephine Baker é contemporânea de Alain Locke, Langston Hughes e Du Bois, seja em termos cronológicos, seja em termos constitutivos do que virá a ser a "cultura negra" no Ocidente. Eles representam a vertente norte-americana dessa "cultura", enquanto a vertente "africana" e "franco-antilhana" começaria a sua gestação, um pouco depois, na mesma Paris, através de jovens estudantes martinicanos, como Aimé Césaire e René Ménil, ou senegaleses, como Léopold Sénghor e Cheikh Anta Diop.

A modernidade negra

Na verdade, podemos, *grosso modo*, seguir três trilhas diferentes para essa modernidade: a norte-americana, cuja primeira contração foi o *New Negro Movement* (ou *Harlem Renaissance*); a franco-africana, que tem também início nos anos 1920, mas se consolida apenas nos 1940; e a latino-americana, que também se inicia nos 1920 e se cristaliza no pós-guerra.

É interessante deixar registrado os principais passos intelectuais e artísticos dessa modernidade negra.

O primeiro desses passos é a outorga do Prix Goncourt, em 1921, ao martinicano René Maran, autor de *Batouala*, o primeiro romance "verdadeiramente negro", nas palavras de Sénghor (1964). No mesmo ano, estreia *Shuffle Along*, primeiro *all-black* musical da Broadway, escrito por Flournoy Miller e Aubrey Lyles, com músicas de Eubie Blake e Noble Sissle, estrelando Adelaide Hall, Florence Mills, Josephine Baker e Paul Robeson. Dois anos depois, em 1923, Jean Toomer publica *Cane*, primeiro romance do *New Negro*; em 1925, Josephine Baker estreia em Paris em *La Révue Nègre*, no Théâtre des Champs-Élysées e, em 1929, Claude McKay publica *Banjo*, em Nova York. Em 1931, aparece em Paris a revista bilíngue *Révue du Monde Noir — The Review of the Black World*, editada pelas irmãs martinicanas Nardal, na qual colaboraram intelectuais negros ligados à *Harlem Renaissance* (Langston Hughes, Alan Locke, Countee Cullen, Claude McKay), além de franceses, africanos e antilhanos. No ano seguinte, 1932, um grupo de estudantes martinicanos, entre eles René Ménil, publicam *Légitime Défense*, que conhece apenas um número e, em 1935, Aimé Césaire funda a revista *L'Étudiant Noir* (cinco ou seis números, dos quais não existem mais exemplares). Césaire escreve, entre 1936 e 1938, o *Cahier d'un retour au pays natal*, a pedra fundadora do movimento francês da negritude, cuja primeira versão aparece na revista *Volontés*, em 1939. Finalmente, em 1947, a revista oficial do movimento, *Présence Africaine*, é lançada em Paris, enquanto a primeira edição do *Cahier d'un retour au pays natal* é publicada em Paris e Nova York.

No Brasil, os primeiros jornais de homens de cor aparecem ainda no século XIX, durante a escravidão (Santos, 2011), mas apenas no começo do século XX consolida-se o que é chamado de imprensa negra, principalmente em São Paulo (Domingues, 2007). Essa imprensa ganha força influenciada, nos anos seguintes, pelas emergentes ideologias políticas racialistas europeias, assim como pela militância negra norte-americana, culminando com a criação da Frente Negra Brasileira, em 1931. Nas artes, a Companhia Negra de Revistas faz sucesso no Rio de Janeiro em 1926 (Barros, 2005), chegando a excursionar pela Europa. Mas será principalmente na música popular que os artistas negros ganharão maior visibilidade e aceitação geral enquanto negros (Vianna, 1995; Sandroni, 2001; Hertzman, 2013; Cunha, 2015).

As várias modernidades negras

Os anos 1920 foram decisivos em termos de formação da modernidade negra na Europa e nas Américas. Três padrões são invariavelmente apontados pelos pesquisadores (Hoetink, 1967; Harris, 1964) das "relações raciais" na racialização dos africanos e seus descendentes nas Américas: o padrão latino-americano das ex-colônias espanholas e portuguesa; o padrão das ex-colônias inglesas na América e no Caribe; e o padrão antilhano francês.

Nas Américas, em termos históricos e concretos, as identidades negras, nas ex-colônias espanholas e portuguesa, crescerão entrelaçadas às ideias de "mestiçagem" (Munanga, 1999). Nas ex-colônias inglesas, tomarão a forma de subculturas negras em convergência com a vanguarda da cultura dominante, podendo, portanto, ser incorporadas à matriz da modernidade futura; tal movimento teve seu centro em Nova York, no interstício entre as duas guerras. No Caribe francês, a integração à nacionalidade francesa permitirá, por um lado, a absorção completa de alguns mulatos, mas favorecerá, por outro, o desenvolvimento de identidades negras e *créoles* bastante específicas e conectadas às lutas de descolonização na África, tendo Paris como centro. Na África, apenas nas décadas de 1940 e 1950 emergirão as nacionalidades pós-coloniais.

A modernidade negra

Mas é preciso distinguir cada uma dessas formações em separado. O que se passa em cada nação europeia, africana ou americana marca-as de modo particular e influencia o desenvolvimento histórico das demais. A temporalidade é diferente, assim como cada uma das imbricações culturais (Amselle, 2001). Do mesmo modo, o que se passa na África durante a colonização, e a descolonização, é diferente em cada domínio colonial (francês, inglês ou português).

Na América Latina, tinha-se uma sociedade pós-colonial, dominada por uma minoria branca, bastante referida à Europa, e uma vasta população de mestiços, negros e indígenas, vivendo às margens dessa modernidade. Vista como negras ou mestiças pelos europeus e vendo-se a si mesma como brancas, tais nações viviam em permanente crise de autoestima. De modo geral, o projeto que vingou nesses países (Brasil, México, Venezuela, Colômbia, Peru, Bolívia, Paraguai etc.) foi de recriação da nação incorporando as subculturas étnicas e raciais como cultura popular. José Vasconcelos, no México, e Gilberto Freyre, no Brasil, representam bem tal projeto nacional de mestiçagem, ou de convivência inter-racial, superando a visão pessimista e racista do século XIX. Uma boa parte das classes médias e das elites intelectuais desses países já eram mestiças e viviam o que Guerreiro Ramos chamará, mais tarde, de "patologia social do branco brasileiro". A modernidade negra, nesses países, será, pois, em grande parte confundida e subsumida à modernidade nacional.

Nos Estados Unidos, como se sabe, a modernidade nasceu embalada por guerras. Ainda no século XIX, após a guerra civil, a reação branca à emancipação dos escravos e posterior igualdade de direitos entre brancos e negros foi a instituição de rígida segregação racial, sob a doutrina "iguais, mas separados". Contra essa doutrina ou radicalizando-a nutriram-se as principais lideranças políticas afro-americanas: Booker Washington, W. E. B. Du Bois, Marcus Garvey, entre outros. Mais tarde, ao fim da Primeira Guerra Mundial, quando os negros voltaram do combate pela liberdade, na Europa, a reação branca veio sob a forma de uma das piores ondas de linchamentos da história dos Estados Unidos.

Os negros reagem a essa onda fortalecendo as suas instituições políticas, como a National Association for the Advancement of Colored People (NAACP), fundada em 1909; as educacionais, como as universidades negras, ou a luta por ingresso nas universidades brancas; organizando Congressos Pan-Africanistas, o primeiro deles reunido em Paris (1919) sob a coordenação de Du Bois; fundando igrejas milenaristas e partidos nacionalistas, como o que Marcus Garvey estabelece no Harlem, em 1920.

O espírito de beligerância e resistência marca esta modernidade, tão bem expressa pelo poeta Claude McKay, em 1919:

> *If we must die, let it not be like hogs*
> *Hunted and penned in an inglorious spot,*
> *While round us bark the mad and hungry dogs,*
> *Making their mock at our accursed lot.*
> *If we must die — oh, let us nobly die,*
> *So that our precious blood may not be shed*
> *In vain; then even the monsters we defy*
> *Shall be constrained to honor us through dead!*
> *Oh, kinsmen! We must meet the common foe!*
> *Though far outnumbered let us show us brave,*
> *And for their thousand blows deal one deathblow!*
> *What though before us lies the open grave?*
> *Like men we'll face the murderous, cowardly pack,*
> *Pressed to the wall, dying, but fighting back!*[5]

---

[5] "Se devemos morrer, que não seja como porcos/ Acuados e abatidos num canto inglório,/ Enquanto ladram e nos ameaçam os cães furiosos e famintos,/ Zombando de nosso destino amaldiçoado./ Se devemos morrer, que seja de modo glorioso,/ que nosso sangue precioso não seja derramado/ Em vão; para que mesmo os monstros que desafiamos/ Sejam obrigados a nos honrar através da morte!/ Irmãos! Devemos combater o inimigo comum!/ Ainda que sozinhos e isolados, sejamos bravos,/ E para os mil golpes recebidos, tenhamos um golpe mortal!/ Diante de nós jaz apenas o túmulo aberto?/ Como homens, vamos encarar o destino assassino e covarde,/ Espremido à

Sintomático que tanto Garvey quanto McGay fossem jamaicanos, como a sinalizar que o mundo anglo-saxônico (fosse caribenho ou continental) seguiria junto o mesmo caminho. A *Harlem Renaissance* não podia ser uma festa mestiça: ainda que respaldado por um incipiente mercado consumidor composto por "novos negros", foi principalmente um negócio entre artistas negros e suas audiências brancas, até mesmo no mais popular de todos os templos do renascimento, o Cotton Club, no Harlem, onde Ethel Waters, Duke Ellington e Louis Armstrong se apresentavam. Não é de estranhar que o *New Negro Movement* tenha tomado rapidamente o rumo do exílio, da contracultura, do nacionalismo étnico e da revolução política (Stovall, 1996; Fabre, 1999). Mas a segregação social do negro significou também a busca de uma estética "propriamente negra", ou seja, uma forma de integração superior, nem subordinada, nem imitativa, como se pode ver por uma carta-manifesto do pintor Aaron Douglas, endereçada ao poeta Langston Hughes, datada de 21 de dezembro de 1925 (Quadro 3). Tal estética será plenamente incorporada ao Ocidente enquanto "cultura negra".

Quadro 3
CARTA DE AARON DOUGLAS
A LANGSTON HUGHES

Seu problema, Langston, meu problema, não, nosso problema é conceber, desenvolver, estabelecer uma outra arte. Não arte branca pintada de negra... Vamos livrar as mãos e mergulhá-las dentro, bem dentro, através do riso, da dor, do sofrimento, através da esperança, do desapontamento, nas profundezas da alma de nosso povo e trazer de lá a matéria crua, rústica, negligenciada. Então vamos cantar isso, dançar isso, escrever isso, pintar isso. Façamos o impossível.

parede, morrendo, mas lutando!" (em Claude McKay, *Porque eu odeio*, Londrina, Grafatório, 2019, tradução de Felipe Melhado e Gabriel Daher).

Criemos algo transcendentalmente material, misticamente objetivo. Telúrico, espiritualmente telúrico. Dinâmico.

Fonte: R. J. Powell *et al.* (1997). *Rhapsodies in Black: Art of the Harlem Renaissance*. Londres/Berkeley: Hayward Gallery/Institute of International Visual Arts/University of California Press.

Nas Antilhas Francesas, ao contrário, se dará o choque entre as duas atitudes já descritas. De um lado, a influência norte-americana e o reconhecimento francês de uma cultura propriamente negra, de origem africana; de outro, a tradição republicana de não discriminação e de integração pacífica dos povos conquistados à cultura francesa, que remonta a Victor Schoelcher. A incorporação de mestiços à vida cultural e social francesa, como já vimos, data da metade do século XIX, o que retardou sensivelmente o surgimento de uma negritude francófona. Ao contrário, a cultura negra será exibida em Paris, até os 1940, como uma cultura de negros norte-americanos e africanos.

Na Paris dos anos 1940, a *négritude* será, antes de tudo, um ato de aceitação de si, por parte dos negros, crioulos e mulatos, impulsionadas pelas ideologias literárias, científicas e filosóficas do momento: o surrealismo, a psicanálise, o marxismo, o existencialismo. É nesse sentido que deve ser lida a repetição histérica da humilhação, a rememoração da afronta, o mergulho na iniquidade e a descoberta da grandeza, expressos no *Cahier d'un retour au pays natal*, de Aimé Césaire. Por parte dos brancos, a *négritude* representou a aceitação da singular humanidade dos negros, reconstruída através da inovação artística, para além da representação teológica da maldição de Cam ou da *rationale* científica da diferença biológica irredutível. Para uns e para outros, refinamento do espírito, no único plano em que ele é igual: na diferença. Reencontro anunciado na explosão modernista: pela pintura cubista, pela poesia surrealista, pelo jazz, pelo *show business* da Broadway e do Folies Bergère.

Mas, tal modernidade veio também envolta, de início, em

A modernidade negra

prosa política pobre, na velha linguagem do romantismo de Leo Frobenius (1936). O eurocentrismo, ou seja, a construção do Ocidente enquanto civilização que se inicia na Grécia e é apropriada por Roma, transmuta-se em afrocentrismo, reconstrução histórica que retrocede as origens do Ocidente ao Egito e à Etiópia. A apologia do ritmo e da emoção, que seriam característicos dos negros, significa a esperança de regeneração para uma civilização que se acreditava ameaçada pelas excessivas racionalidade e limitação moral. Mas não irá demorar para que tal discurso racialista seja, aos poucos, contaminado pela psicanálise de Freud, pelo socialismo de Marx, pelo existencialismo de Sartre.

No Brasil, a integração dos mulatos à vida nacional antecedeu a abolição da escravidão, tendo início ainda no século XIX. A modernidade dos anos 1920, portanto, não chegou embrulhada como nacionalismo negro, ainda que viesse envolta em certa xenofobia. Pode-se mesmo perguntar por que teve origem um movimento social negro no Brasil, no século XX, já que a integração parecia tão pouco conflituosa. A resposta deve listar vários fatores, entre eles, a permanência de fortes preconceitos étnicos e de cor, nutridos por diferenças culturais, mas, principalmente, de desigualdades de oportunidades de vida entre negros e brancos. Mas, talvez, o principal fator desencadeador da consciência de raça entre os negros brasileiros tenha sido simplesmente o sentimento étnico nutrido pelos ex-senhores de escravos e pelos imigrantes europeus do final do século XIX e começo do século XX e o recrudescimento do racismo europeu entre 1920 e 1939. Ou seja, a consciência de raça talvez tenha sido mais uma reação a esses sentimentos que uma forma alternativa de nacionalismo. Não por acaso foi em São Paulo, onde a imigração estrangeira foi mais importante, e onde a classe dominante oriunda da cafeicultura se manteve mais arrogante, que a consciência negra floresceu com maior vigor, tomando a forma xenófoba.

Aliás, a própria palavra "negro", para significar pretos e mestiços de cor escura, passa a ser usada pelos ideólogos em substituição a "preto" ou "homens de cor" apenas em meados da década de 1920.

Trata-se, nitidamente, de uma inversão do valor negativo do significado de um termo usado pelos brancos para definir os "negros". Como argumenta Schwarcz (1987: 195-6), nos anos que antecederam a Abolição o termo "negro" ganhou uma conotação muito pejorativa. No mesmo período a palavra "raça" começará paulatinamente a substituir o termo "classe" na referência ao coletivo de negros, enquanto "classe", usada no século XIX para referir-se a senhores e escravos (Schwarcz, 1987: 186), passará a ser empregada pelos socialistas negros, como Correia Leite, com outro significado.[6]

A "Mensagem aos negros brasileiros" publicada por *O Clarim d'Alvorada*, de São Paulo, em 9 de junho de 1929, deixa claro as bandeiras da luta dos negros: eles lutam contra a discriminação, pela completa integração, pelo reconhecimento como brasileiro:

> "Mais: nós, os Negros (mestiços do Brasil) demos as mais acabadas mentalidades nacionais e os mais sublimes artistas, nomeadamente na música e na literatura em geral. [...] Relegam-nos, pois, a nós Brasileiros, a uma posição horrível de inferioridade e desprestígio perante o nacional branco, e, o que mais revolta, perante o estrangeiro. [...] O remédio, discuti-lo-á o Congresso [da Mocidade Negra], dentro da fórmula já estabelecida por um dos estudiosos dos nossos problemas, que assim se expressa: 'O problema negro brasileiro é o da integralização absoluta, completa, do Negro em toda a vida brasileira (política, social, religiosa, econômica, operária, militar, etc.); deve ter toda a aceitação, em tudo e em toda a parte, dadas as condições competentes, físicas,

---

[6] "Pretos ou mestiços é uma cousa só, todos descendem da mesma raça; todos são negros. E por que também a ideia não deve ser uma? Sendo uma só, a luta também será uma; porém, caso contrário, nunca haverá harmonia em nossa classe, e o preto deverá ser combatido pelo próprio preto" (*O Clarim da Alvorada*, ano III, nº 24: 22/8, citado em Ferrara, 1986: 103).

A modernidade negra

técnicas, intelectuais e morais, exigidas para a igualdade perante a lei'.

Pois bem! Agora mais são as razões (e cada dia tomam vulto maior), visto que a atuação das correntes, governamentais ou não, que nos querem arianizar, como diz o sr. Oliveira Vianna, fazem mal ao Negro, ao Índio, aos demais mestiços brasileiros, os quais ficam à margem da vida nacional [...]."

Com se vê, no Brasil, os negros se identificam como *brasileiros* e como *mestiços*, não como africanos, porque querem se diferenciar dos estrangeiros, dos imigrantes recentes. Em grande parte, essa atitude reflete o seu relativo isolamento internacional. Mas tal isolamento teve motivações mais ideológicas que materiais, provocado menos por desconhecimento e mais por falta de interesses comuns. Os jornais negros brasileiros raramente reverberavam a ideologia e a arte negras dos Estados Unidos (o *New Negro Movement*). A descoberta da arte africana e primitiva, na Europa e nos Estados Unidos, é noticiada superficialmente, apenas para mostrar aos leitores que o negro é valorizado e reconhecido, ou como argumento para negar a inferioridade do negro. Os poetas do *New Negro* passarão a ser conhecidos aqui apenas depois da guerra, junto com os poetas da *négritude*.

Nos anos 1920 e 1930, entre os negros brasileiros o conhecimento do mundo norte-americano é ainda superficial, trazido pela imprensa negra mais comercial. Du Bois e Garvey são citados apenas como responsáveis por visões diferentes de pan-africanismo, visto como ideologia exótica, aceitável apenas para os negros norte-americanos que, na visão deles, não podiam contar realmente com uma pátria americana. Mais valorizados pelos negros brasileiros serão os reis da Etiópia, Menelick II, que venceu os italianos, e o Ras Tafari, o futuro rei Selassié, que colocou seu país na Liga das Nações. Estes foram verdadeiros heróis.

Do mesmo modo, o diálogo com a vanguarda europeia, no Brasil, será travado pela jovem elite intelectual do país (os modernistas), não pelos negros. A imprensa negra brasileira mantém diálogo apenas com a grande imprensa local e, como ela, noticia a violência do racismo norte-americano como meio de valorizar a nossa tradição de tolerância e de convívio inter-racial. A assimilação à cultura nacional é o objetivo único da comunidade negra brasileira, como apontam os vários estudiosos da imprensa negra brasileira (Bastide, 1983a; Mitchell, 1977; Ferrara, 1986). A esse respeito diz Miriam Nicolau Ferrara (1986: 84), citando o jornal negro *O Getulino*:

> "O ideal de identificação se acentua e se reforça, quando em 1924, final do primeiro período [da imprensa negra], vê-se na proposta de 'fusão das raças', 'a condição primordial da nacionalidade'. [...] Contrariar este ideal é falta de patriotismo; ferir e desmanchar esse anseio do país, é impedir a evolução formativa da nacionalidade, é crime, é perversidade, que só a ignorância em cousas da pátria, pode produzir" (*O Getulino*, ano I, nº 32, 1924: 2-3)

Bastide (1983a: 147) se refere à atividade intelectual (de etnogênese) dessa imprensa como produção de "de imagens d'Epinal, populares e fortemente coloridas, ingênuas e fortemente estandartizadas. Luiz Gama e Patrocínio, Henrique Dias e Cruz e Souza, os lutadores e os heróis, os santos e os artistas, as estrelas de cinema e os boxeadores invictos: é um desfile de todos os grandes homens de que se orgulha a raça e que recomeça todos os anos". Ou seja, são os negros que conseguiram a integração, reconhecimento, admiração e consagração na sociedade brasileira ou norte-americana.

A grande novidade, em 1931, com o surgimento da Frente Negra Brasileira, é que se consegue unir, pela primeira vez, as diversas organizações negras, ou pelo menos a maioria delas, em torno de uma organização comum, uma frente política. Certamente foi a ideia de "raça" que permitiu tal façanha. No entanto, a ideia de "raça" não vem do Harlem. Como disse, as ideias pan-africanistas de Du Bois ou Garvey não encontravam aqui solo pa-

A modernidade negra

ra medrar. A ideia de "raça", ao contrário, vem do acotovelamento com os nacionalistas, com os integralistas e com o racismo europeu. É desenvolvida segundo parâmetros inteiramente locais: "a raça brasileira", por um lado, e a "raça ariana", por outro. O trecho transcrito abaixo, recolhido por Bastide (1983a: 133), é bastante ilustrativo dessas influências:

> "Que nos importa que Hitler não queira, na sua terra, o sangue negro! Isso mostra unicamente que a Alemanha Nova se orgulha da sua raça. Nós também, nós brasileiros, temos raça. Não queremos saber de arianos. Queremos o brasileiro negro e mestiço que nunca traiu nem trairá a Nação." (*A Voz da Raça*, ano I, nº 27: 19)

Por isso a "cultura negra", no Brasil, terá de esperar até os 1970 para se firmar. Ao contrário, o povo negro-mestiço, assim como os intelectuais nacionalistas, produziram o que ficou conhecido como "cultura afro-brasileira", para salientar justamente a sua originalidade nacional.

Modernidade tardia?

Nos anos 1980, a militância negra no Brasil tomou um rumo cada vez mais "racialista" e "africanista", buscando redefinir como "negras", i.e., "étnicas", as práticas culturais que antes eram pensadas como "afro-brasileiras", i.e., misturadas e mestiças. A argumentação utilizada muitas vezes, por muitos militantes, era a de que o povo negro brasileiro ganhava finalmente "consciência racial". Ao contrário, muitos intelectuais, a pretexto de criticarem o "racialismo" dessa guinada, atribuíam-na à influência estrangeira, principalmente norte-americana. Ou seja, ficamos entre a teoria da consciência de raça e a teoria do imperialismo cultural, ambas enraizadas no que antigamente se chamava de marxismo vulgar.

Frente à tal interpretação, que supõe uma noção "essencialista" e "substantivista" de cultura, contra-argumentamos que

88   Modernidades negras

houve diferentes vias de modernidade negra, isto é, diferentes modos de inserção dos negros e de suas práticas culturais ao mundo moderno. A via brasileira foi apenas uma delas, construída em paralelo e em tensão com as outras vias maiores, a norte-americana anglo-saxônica e a caribenha francófona. A identidade negra brasileira foi, antes de tudo, uma construção política, de "frentes" e de ativismo antidiscriminatório, pouco reivindicando, até os anos 1970, a pertença a uma "cultura negra" ou "africana".

Mas, se estamos certos em criticar a teoria da "tomada de consciência racial", defendida por alguns militantes, como explicar que a partir dos anos 1970 os negros brasileiros dessem essa guinada no sentido de se reconhecer pertencentes a uma diáspora africana, que se identifica por marcas culturais?

Algumas respostas me parecem possíveis. A mais razoável é que os problemas conducentes à formação da identidade negra brasileira nos anos 1930, de modo paralelo à identidade nacional, tenham permanecido e, de certo modo, se aguçado. Esses fatores estão resumidos nas enormes desigualdades raciais, em termos de oportunidade de vida, entre brancos e negros. A diferença entre o processo de formação étnico-racial dos anos 1930 e o dos anos 1970 — o primeiro voltado para o interior (reforço da nacionalidade brasileira) e o segundo voltado para o exterior (reforço das raízes africanas) — pode ser creditada tanto às mudanças internacionais (maior circulação de ideias e, consequente maior proximidade entre os negros de todo o mundo; onipresença da cultura de massa etc.) quanto internas — a crise da identidade nacional brasileira, trazida pela derrocada do sistema de "substituição de importações" do pós-guerra, e do seu relativo isolamento cultural (Bacelar, 1989; Sansone, 1998).

Não acredito, portanto, na ideia de uma modernidade tardia. Ao contrário, penso que é necessário caracterizar a singularidade da modernidade na América Latina e no Brasil. Por isso mesmo, no capítulo seguinte, vou me concentrar num caso exemplar — a retomada do protesto negro na reconstrução da ordem democrática do pós-guerra.

A modernidade negra

4.
A DEMOCRACIA RACIAL NEGRA DOS ANOS 1940[1]

Depois da campanha abolicionista e da proclamação da República, a mobilização política da população negra brasileira arrefeceu significativamente. O primeiro movimento político negro no período republicano de caráter nacional aconteceu nos anos 1930, com a criação da Frente Negra Brasileira (FNB) em São Paulo, que chegou a ter sucursais em vários outros estados.[2] A agitação e arregimentação política dos negros eram feitas em torno de ideias e atitudes algumas vezes contraditórias. Mas, de modo geral, prevaleciam aqueles que enfatizavam a origem mestiça e mulata do povo brasileiro, repudiavam os costumes africanos sobreviventes e pregavam a necessidade de educar as massas negras para livrá-las do preconceito e da ignorância; ainda que houvesse quem, na imprensa negra da época, reafirmasse a raça negra e a importância da herança cultural africana.

Negar que existisse, no Brasil, "preconceito de raça" era algo que perpassava, contudo, todos os discursos. Não equivalia, entretanto, como pode parecer à primeira vista, a desconhecer o preconceito de cor que atormentava os afro-brasileiros. Ao contrário, este é algo afirmado enfaticamente por todos como sendo praticado indistintamente por brancos e negros. A argumentação já apa-

---

[1] Este capítulo foi escrito em colaboração com Márcio Macedo. Ele é uma versão ligeiramente modificada de Guimarães e Macedo (2008), "*Diário Trabalhista* e democracia racial negra dos anos 1940", *Dados*, v. 51, n° 1: 143-82.

[2] Sobre a Frente Negra Brasileira, ver, entre outros: Fernandes (1965), Bastide (1983), Ferrara (1986), Leite (1992), Mitchell (1977), Moura (1980), Pinto (1993), Andrews (1998), Barbosa (1998), Butler (1998) e Oliveira (2006).

rece em Luiz Gama que, como sabemos, reiterava o preconceito de cor dos mulatos "esfolados", que se passavam por brancos. O cerne da argumentação é de que os brancos não nutriam ódio aos negros e que os mulatos e mestiços claros expressavam mais frequentemente preconceito com relação aos pretos. Não seria, pois, um problema de preconceito de raça, como nos Estados Unidos, mas de cor.

Assim sendo, duas perguntas passam a balizar nossa análise dos anos 1940. O que acontece no período do pós-guerra, com o fim do Estado Novo e a redemocratização do país? Como se reorganiza a identidade cultural e política negra no período democrático, em que se forjou o discurso nacional da democracia racial?

A partir de 1944, os intelectuais negros que militaram ou estiveram próximos da Frente Negra Brasileira voltam a se organizar, mobilizando-se com vistas a influenciar a redação da nova Constituição. A mobilização espraia-se agora entre Rio de Janeiro e São Paulo, e não focalmente na capital paulista, como antes do Estado Novo. Em 1944 é fundado, no Distrito Federal, por Abdias do Nascimento e um grupo de amigos, o Teatro Experimental do Negro (TEN).[3] Ainda no Rio de Janeiro, em março de 1945, com o apoio da União Nacional dos Estudantes (UNE), é fundado, pelo mesmo grupo, o Comitê Democrático Afro-Brasileiro, cujo objetivo principal era lutar pela anistia dos presos políticos do Estado Novo. Em novembro de 1945 ocorre em São Paulo a Convenção Nacional do Negro, reunindo ativistas negros, em sua maioria da capital paulista e do Distrito Federal.[4] Posteriormente, haveria outro encontro no Rio de Janeiro, em maio de 1946.

---

[3] Sobre o TEN, ver, entre outros: Maués (1988), Müller (1988) e Macedo (2006); sobre Abdias do Nascimento, ver também: Police (2000), Nascimento (2003), Semog (2006) e Macedo (2006).

[4] Os ativistas eram: Francisco Lucrécio, tenente Francisco das Chagas Printes, Geraldo Campos de Oliveira, Salatiel dos Santos, José Bento Ângelo Abatayguara, Emílio Silva Araújo, Aguinaldo Oliveira Camargo, Sebastião Rodrigues Alves, Ernani Martins da Silva, Benedito Juvenal de Souza, Ruth Pinto de Souza, Luiz Lobato, Nestor Borges, Manoel Vieira de Andrade, Se-

O objetivo da Convenção era lançar as bases para a atuação do novo ativismo negro. Essas bases estão expostas no "Manifesto à Nação Brasileira", documento que sumarizava as reivindicações dos ativistas presentes e as colocavam como propostas a serem debatidas na Assembleia Nacional Constituinte. Os nomes que assinam o manifesto nos fornecem uma ideia da rede que havia sido formada pelo fundador do Teatro Experimental do Negro e que seria fundamental para a sua ação nos anos seguintes.[5]

Neste capítulo, nosso esforço será de acompanhar em detalhe a formação desse novo caminho de afirmação da especificidade cultural e política dos negros. Nossa estratégia é analisar os textos publicados em 1946 numa coluna do *Diário Trabalhista*, do Rio de Janeiro, intitulada "Problemas e Aspirações dos Negros Brasileiros", sob a direção de Abdias do Nascimento.[6] Revistas e jornais como *Senzala* e *Alvorada*, em São Paulo (1946), e *Quilombo* (1949-1950), no Rio, entre outras, são também fontes precio-

---

bastião Baptista Ramos, Benedito Custódio de Almeida, Paulo Morais, José Pompílio da Hora, René Noni, Sofia Campos Teixeira, Cilia Ambrosio, José Herbel e Walter José Cardoso (Nascimento, 1982: 60-1).

[5] As reivindicações aprovadas no evento político eram seis, a saber: (1) Que se torne explícita na Constituição de nosso país a referência a origem étnica do povo brasileiro, constituído das três raças fundamentais: a indígena, a negra e a branca; (2) Que torne matéria de lei, na forma de crime lesa-pátria, o preconceito de cor e de raça; (3) Que torne matéria de lei penal o crime praticado nas bases do preceito acima, tanto nas empresas de caráter particular como nas sociedades civis e nas instituições de ordem pública e particular; (4) Enquanto não for tornado gratuito o ensino em todos os graus, sejam admitidos brasileiros negros com pensionistas do Estado, em todos os estabelecimentos particulares e oficiais de ensino secundário e superior do país, inclusive nos estabelecimentos militares; (5) Isenção de impostos e taxas, tanto federais como estaduais e municipais, a todos os brasileiros que desejarem se estabelecer em qualquer ramo comercial, industrial e agrícola, com capital superior a Cr$ 20.000.00; (6) Considerar como problema urgente à adoção de medidas governamentais visando a elevação do nível econômico, cultural e social dos brasileiros (Nascimento, 1982: 59).

[6] Ver a lista de textos na bibliografia complementar ao final do volume.

sas, mas nos fixaremos, aqui, nesse momento em que Abdias se volta para a atividade jornalística e, ao mesmo tempo, começa a construir as bases para sua carreira política partidária. Ele é particularmente ilustrativo do modo como, por exemplo, as bandeiras da FNB (principalmente a *Segunda Abolição*) serão fundidas com as emergentes ideologias da *negritude* e da *democracia racial*, poucos anos depois celebradas pelos dois intelectuais negros mais proeminentes do Teatro Experimental do Negro: o sociólogo Guerreiro Ramos e o teatrólogo e jornalista Abdias do Nascimento. Comecemos por esclarecer o que foi o *Diário Trabalhista*.

O *Diário Trabalhista*

No dia 15 de janeiro de 1946 começa a circular, no Rio de Janeiro, o periódico *Diário Trabalhista*, de propriedade de Eurico de Oliveira,[7] Antonio Vieira de Melo, Mauro Renault Leite (genro do então presidente Dutra) e José Pedroso Teixeira da Silva. Os dois primeiros eram responsáveis pelo funcionamento do jornal, enquanto os últimos eram acionistas majoritários. De acordo com Ferreira (2001: 185-6), a despeito de exibir "uma orientação política de caráter trabalhista, o jornal visava, na verdade, garantir respaldo popular para o governo Dutra, com quem possuía ligações. Embora Eurico de Oliveira tivesse realmente compromissos com o trabalhismo, chegando a candidatar-se deputado pelo Partido Trabalhista Brasileiro (PTB), em 1950, o jornal teria, no fundo, restrições às posições petebistas, preocupando-se basicamente em defender o governo". O fim do mandato de Dutra, em 1950, foi acompanhado da saída de Leite e Silva do jornal, cujo contro-

---

[7] Eurico de Oliveira (1903-1998) era natural do Rio de Janeiro e filho do jornalista Domingos Alves de Oliveira. Formado em Direito pela Faculdade Candido Mendes, trabalhou como jornalista em vários jornais do então Distrito Federal, como *Correio da Noite*, *A Pátria*, *Jornal do Brasil*, *O Imparcial* e *A Noite*, até fundar o *Diário Trabalhista*. Nas eleições de 1950 se candidatou a deputado pelo PTB, conseguindo apenas a suplência.

94   Modernidades negras

le acionário passou a Pedro Moacir Barbosa, de modo que, "daí em diante, a linha política do jornal tornou-se mais definida, caracterizando-se por posições abertamente trabalhistas e comprometidas com o governo de Getúlio Vargas" (Ferreira, 2001: 1856). O periódico funcionou até 1961, quando fechou por dificuldades financeiras.

Abdias do Nascimento trabalhou no periódico como repórter entre os anos de 1946 e 1948. Na mesma data do lançamento do jornal, ele estrearia uma coluna voltada para a população afro-brasileira intitulada "Problemas e Aspirações do Negro Brasileiro", na qual anunciava a realização de uma enquete sobre a existência ou não de um "problema do negro" e do preconceito racial ou de cor no Brasil. É possível que nem todos os textos fossem de autoria de Nascimento que, nessa tarefa, foi auxiliado por Sebastião Rodrigues Alves, Ironides Rodrigues e Aguinaldo Camargo.

O QUE PENSAVAM OS REDATORES DA COLUNA

Aguinaldo Camargo é apresentado ao público do *Diário Trabalhista* como "advogado, agrônomo e grande ator, além de filósofo e sociólogo". Estaria escrevendo um livro sobre "O problema do negro no Brasil". De fato, porém, como atesta uma das frases da apresentação, exercia o ofício de comissário de polícia no quarto distrito do Rio de Janeiro.[8] Como quase todos os envolvidos na mobilização negra desse período (1944-1947), situava-se, portanto, numa posição intermediária da estrutura ocupacional brasileira, de pouco prestígio, especialmente na burocracia estatal. Posição estável, mas de parca remuneração e poder limitado. Alguns, como ele, já tinham um diploma universitário, outros eram estudantes universitários ou haviam completado apenas o curso médio. Sem serem desprovidos de grandes aspirações intelectuais e artísticas, nenhum deles desfrutava de reconhecimento intelec-

---

[8] "Fomos encontrá-lo no quarto distrito policial, onde é comissário..."

A democracia racial negra dos anos 1940

tual, como deixa claro o modo como Camargo era apresentado ao grande público. A busca de reconhecimento foi, certamente, o traço mais marcante dessa geração.

Camargo era simples e reafirmava, sem grande rebuscamento, o que, para o ativismo negro daquele momento, era central realçar: havia preconceito de cor no Brasil e esse não podia ser reduzido a simples preconceito de classe.

> "Já disse atrás que existe o preconceito de cor no Brasil, porém a posição social é que tende a fazer a 'classificação étnica' do indivíduo, mais que os característicos somáticos. O negro, mais que qualquer outra classe social, sofre todos os horrores do capitalismo internacional, e seu problema, apesar desse profundo lastro econômico, não se confunde 'in totum' com o problema do proletariado brasileiro, cuja solução depende apenas de política governamental." (*Diário Trabalhista*, 17/02/1946)

Interessante que são as ciências sociais que legitimam o novo discurso ativista negro, contrapondo-se à biologia racista que ainda tinha alguma audiência nas camadas médias brasileiras de antes da guerra. Assim, por exemplo, Camargo parece ecoar o culturalismo de Arthur Ramos ao dizer: "todas as raças são iguais entre si, respeitando-se o momento cultural de suas evoluções através do espaço e do tempo". Para ele, aparentemente, o povo brasileiro é majoritariamente mestiço e os negros (pretos), uma minoria.

Ironides Rodrigues era apresentado como um estudante de Direito. Sua preocupação básica era afirmar o valor intelectual e artístico dos negros, assim como estabelecer em bases científicas a existência de cultura na África. Leitor do francês, Ironides será um dos principais responsáveis pela divulgação no meio negro brasileiro do pensamento da negritude francesa, assim como dos escritores da *Harlem Renaissance*. Já em 1946, apoiando-se na autoridade do antropólogo alemão Leo Frobenius (a cujas ideias provavelmente tivera acesso através da leitura de Arthur Ramos), afirmava a existência de civilizações africanas, refutando nominalmente a opinião de Silvio Romero. Sempre preocupado em se contrapor àqueles que julgavam os negros intelectualmente inferiores, é também farto e generoso ao citar os intelectuais afro-brasileiros de sua geração:

> "Raimundo Souza Dantas, no romance; Fernando Góes, contista e crítico literário; Aguinaldo Camargo, sociólogo ensaísta; Abdias do Nascimento, romancista, faz ainda estudos psicológicos sobre os negros; Lino Guedes, na poesia; Vicente Lima, no folclore e mocambos pernambucanos; Solano Trindade, na sua poética impressionante." (*Diário Trabalhista*, 20/01/1946)

Ironides, entretanto, mostrava-se cético em relação ao alinhamento político dos negros, preferindo construir um movimento puramente cultural: "É preciso que os líderes conduzam o povo negro do Brasil pelo caminho certo de sua valorização, não permitindo que exploradores o levem à política partidária que somente interessa aos brancos gananciosos de poder".

Sebastião Rodrigues Alves foi fundador, junto com Aguinaldo Camargo e Abdias do Nascimento, no Rio de Janeiro, em março de 1944, do TEN e do Comitê Democrático Afro-Brasileiro. Velho amigo de Abdias, serviu com ele no Exército brasileiro e com ele foi também condenado à prisão, à revelia, por envolvimento em uma briga de rua (Macedo, 2006). Em 1946, Sebastião era presidente da Cruzada Afro-Brasileira de Alfabetização. Escreveu pouco, entretanto. O que conhecemos do seu pensamento restringe-se às suas declarações à coluna, nas quais ressalta que a redenção do povo negro virá pela educação:

> "O essencial no momento é uma atitude desassombrada dos homens de boa-fé e esclarecidos no que se refere à educação do povo. Educar o branco para receber o negro no seu convívio social, livre do medíocre preconceito, educar o negro para participar em todos os setores da vida sem o prejuízo do complexo de inferiori-

dade que é uma herança da senzala e do preconceito."
(*Diário Trabalhista*, 23/01/1946)

Abdias do Nascimento é, sem dúvida, politicamente o mais refinado de todos os redatores da coluna. Seu pensamento, em 1946, refletia o diagnóstico do "problema do negro", corrente entre as lideranças, como veremos a seguir, que será retomado anos mais tarde por Florestan Fernandes (1965): o de que a Abolição, do modo como fora feita no Brasil, jogara, de uma hora para outra, a população negra num mercado de trabalho no qual não tinha habilidades para competir.

> "A base puramente romântica da campanha abolicionista, a ausência de estudos sociológicos objetivos em torno da situação e do futuro da raça e do povo brasileiro, permitiram que os africanos e seus descendentes, fossem libertos do jugo escravocrata e se vissem de uma hora para outra sem casa, sem comida, e sem trabalho. Já a ninguém mais interessava o braço do negro, quando operários mais capazes aportavam em nosso mercado, escorraçados pela grave crise europeia, provocada pelo surto industrial nascido após a descoberta da máquina a vapor." (*Diário Trabalhista*, 23/01/1946: 5)

Também já se encontra nos escritos jornalísticos de Abdias desses anos a origem do que Florestan batizará mais tarde, citando a frase de um ativista anônimo, de "preconceito de não ter preconceito":

> "Causa direta do preceito jurídico de que todos os brasileiros são iguais perante a lei criou-se também uma mentalidade preocupada em negar qualquer *preconceito de cor* no Brasil, enquanto que os negros, com poucas oportunidades de elevar seu 'standard' de vida por causa da atmosfera de desprestígio em que se viu cercado, refugiou-se nos morros e deles fez seu 'habitat' carregan-

do às costas o terrível ônus do analfabetismo, da subalimentação, da tuberculose e do atraso em todos os sentidos." (*Diário Trabalhista*, 23/01/1946: 5)

Para Abdias, a reparação dos erros da República viria apenas com a Segunda Abolição, tema caro aos militantes da Frente Negra Brasileira, para quem a República fora madrasta para com os negros.[9]

"A República surgiu, e ao invés de estabelecer um plano de amparo e readaptação social da gente negra, o que se visou foi procurar apagar a 'mancha' da escravidão na história pátria, chegando ao extremo de cometer erros irresgatáveis como aquele do grande e admirável Rui Barbosa, que na qualidade de ministro da Fazenda mandou queimar todo o arquivo referente à escravidão. Por causa dessa medida, ainda não pudemos e nem poderemos nunca saber ao certo quantos negros entraram no Brasil, nem as nações de origem daqueles que

---

[9] A ideia de uma "Segunda Abolição", segundo Kössling, vem do integralismo e tem ressonância na FNB devido aos pontos em comum entre as duas organizações. Segundo ela: "A participação simultânea do afrodescendente na Ação Integralista Brasileira e Frente Negra Brasileira não se deve ao acaso. Partilhando de concepções sobre o Brasil e sobre a 'raça brasileira', ambas as organizações obtiveram a atenção dos afrodescendentes em São Paulo, e a comunidade entre estes parece ter sido intensa, como demonstram as notícias veiculadas pelo jornal integralista *A Acção*, de maio de 1937, que divulgou os eventos em comemoração à Abolição realizados pela FNB, que levou palestrantes integralistas às festividades [...]. A grande preocupação apresentada pelos editoriais da *Acção* era a crítica à situação política decorrente do capitalismo. Nesse sentido, propunha uma Segunda Abolição, 'elaborando uma grande força de libertação nacional, de um novo e amplo 13 de maio para o povo brasileiro...'; que não se observava, portanto, que o problema social vivenciado pelo afrodescendente era algo específico, decorrente de um sistema de exclusão racial que a Abolição não havia resolvido e que, muito ao contrário, gerara novas complicações" (Kössling, 2004: 22).

tão fundamente iriam influir na estruturação espiritual e material da pátria em formação." (*Diário Trabalhista*, 23/01/1946: 5)

A preocupação de Abdias com a origem dos povos negros, que aparece na citação acima, denuncia não apenas a influência que Arthur Ramos e a Antropologia culturalista já exerciam sobre ele, mas certamente também a influência da *négritude* francesa, que lhe chegava através de artistas e intelectuais próximos.[10]

O texto de lançamento da coluna, provavelmente escrito e revisto pelos quatro redatores, intitulava-se "Os negros brasileiros lutam por suas reivindicações" e começava assim:

"No Brasil não existem preconceitos de raça; quando muito, recalcitram algumas restrições individuais, vencidas, entretanto, e superadas pela inteligência de homens de cor quando eles, como frequente ocorre, constituem intelectos privilegiados." (*Diário Trabalhista*, 15/01/1946)

Passam em seguida a se referir aos Estados Unidos, onde haveria preconceito de raça, mas os negros foram capazes de construir uma civilização negra paralela e tão pujante quanto a branca. O argumento, ao que parece, serve para estabelecer como verdade a capacidade intelectual dos negros.

No Brasil, prosseguem os colunistas, não existe um problema negro, mas um problema nacional de pobreza e de falta de educação, que atinge brancos e negros igualmente. Aqui, o "preto seria ainda mais preconceituoso que o branco".

O restante do texto, entretanto, é dedicado a expor os pontos programáticos tirados da Convenção Nacional do Negro, em que

---

[10] Está para ser estudada a influência que por acaso teve Roger Bastide, Arthur Ramos e Gilberto Freyre, entre outros, na divulgação das ideias da *négritude* entre os negros brasileiros. Ironides Rodrigues já manifestava alguma familiaridade com essas ideias em 1946, como vimos.

são enumeradas ao menos três reivindicações que podem reverter o que seria erroneamente visto como um "problema negro": (1) o preconceito de cor deve ser declarado um crime de lesa-pátria, (2) deve também ser perseguido criminalmente, (3) e os negros devem ser pensionistas no sistema educacional privado do país quando não houver vagas em escolas públicas. Essas reivindicações são apresentadas como universalistas, mesmo a última, que, na visão dos redatores, não comprometem o diagnóstico de que não há um problema negro no Brasil. Ou seja, trata-se, na visão deles, de um problema da massa da população brasileira, ela mesma mestiça, preconceituosa e iletrada.

Muito significativo nesse texto de lançamento é também a fotografia que ilustra a coluna: um retrato do dr. José Pompílio da Hora, apresentado como vice-presidente do Diretório Nacional da Convenção. Por que o retrato do vice-presidente? Possivelmente, Abdias não queria sobre si todos os holofotes e, ademais, Pompílio era um dos homens negros mais bem reputados, ainda que não estabelecido, no Rio de Janeiro de então. Voltaremos a esse ponto.

De modo geral, podemos dizer, a partir do que vimos até aqui, que esses escritos revelam um momento em que Abdias do Nascimento, e com ele o movimento negro brasileiro, transita do espaço regional de São Paulo, para ocupar uma nova posição nacional, na capital da República. Nessa transição é importante construir uma nova agenda para o movimento, refazer o diagnóstico do "problema do negro", buscar novos aliados entre intelectuais, artistas e partidos políticos.

No entanto, a pobreza intelectual do movimento nesse momento é visível em vários aspectos: na ausência de uma teoria sólida sobre os problemas negros; na inexistência de uma proposta política autônoma; e na posição social subalterna dos dirigentes do movimento e, portanto, na ausência de legitimidade intelectual. São despachantes da alfândega, contadores, estudantes universitários ou, quando muito, profissionais liberais distantes das universidades. A legitimidade intelectual do movimento ainda repousava em antropólogos ou sociólogos, como Gilberto Freyre, Arthur Ramos, Thales de Azevedo e outros intelectuais e artistas brancos.

A democracia racial negra dos anos 1940

Mas estamos nos adiantando. Voltemos ao que pensavam os negros entrevistados pela enquete realizada pela coluna em sucessivas publicações.

O QUE PENSAVAM OS DEMAIS INTELECTUAIS NEGROS

No ano de 1946, os redatores da coluna "Problemas e Aspirações do Negro Brasileiro" entrevistaram quarenta pessoas. Vejamos quem eram e o que pensavam os demais entrevistados negros, cuja escolha seguiu aparentemente três critérios: (1) sua participação na Convenção Nacional do Negro, ou seja, sua potencial liderança ou proximidade com os líderes do movimento; (2) sua visibilidade intelectual e artística, ou seja, sua capacidade de influenciar positivamente a opinião pública a favor do movimento; (3) a busca em retratar a opinião pública negra, nesse caso os entrevistados seriam escolhidos aleatoriamente. Desses três grupos, o último é muito menos representado na "amostra".

Comecemos pelas grandes figuras intelectuais ou artísticas negras, razoavelmente independentes do grupo de Abdias.

José Pompílio da Hora, cuja foto aparece na coluna inaugural, era formado em Direito pela Universidade de Nápoles e ensinava latim e grego em colégios secundários do Rio de Janeiro. Sua formação escolar aprimorada lhe garantia não apenas circulação nos meios profissionais da capital, mas a admiração dos membros da Convenção. O que levaria um negro tão bem-educado e, portanto, com reais chances de aceitação no mundo dos brancos, a unir-se a manifestantes político-raciais? Afinal, desde a Colônia, não apenas os mulatos claros, mas os escuros, e até mesmo alguns poucos pretos bem-educados, evitavam mobilizar-se e protestar contra o preconceito de que eram vítimas, possivelmente porque tais percalços atrapalhavam, mas não bloqueavam irremediavelmente suas carreiras. Havia caminhos abertos de integração e de mobilidade.

José Pompílio, recém-chegado da Itália há pouco mais de um ano, talvez ainda não tivesse tido essas oportunidades; talvez jamais as viesse a ter. O fato é que, em 1946, era ácido sobre o caráter da democracia brasileira. Valorizava os direitos da cidadania e da efetiva igualdade de oportunidades: "Existem leis que rezam essa igualdade, no futuro próximo outras serão feitas na Constituinte, mas isso quase que nada adianta, visto as leis brasileiras sofrerem da subjetividade quando na sua aplicação" (*Diário Trabalhista*, 03/02/1946). No Brasil, existiria uma falsificação do espírito democrático: ao invés de governo do povo, a "democracia" promoveria a exclusão da população negra, que segundo ele representava 75% da população do país, afastando-a dos altos postos estatais e relegando-a aos cargos subalternos. Em síntese, "democracia para os negros tem sido o direito de limpar ruas, construir prédios onde não podem morar" (*Diário Trabalhista*, 03/02/1946).

Seu irmão, Laurindo Pompílio da Hora, também educado na Itália, em carta à coluna sistematiza o que entende como o problema do negro: o preconceito de cor que sofre e o complexo de inferioridade que interioriza. Sobre o primeiro, cita as barreiras encontradas para o ingresso na carreira diplomática, na Marinha, na Academia Militar, em lojas comerciais etc., ou no acesso a hotéis e cassinos grã-finos, arrematando: "Aqui nesta terra de negros, mulatos e crioulos, onde as raças se fundem em um só bloco, existe uma luta surda e passiva contra a gente de cor, só por ser de cor" (*Diário Trabalhista*, 12/03/1946).

Sobre o segundo, diz: "os nossos negros sentem, aqui na própria terra que redimiram com o próprio sangue [...], um complexo de inferioridade que os afasta das atividades sociais e os diminui na luta pelos seus direitos e os traz para um polo negativo, de onde dificilmente se separam".

Outro intelectual negro, Guerreiro Ramos, já despontava como um sociólogo brilhante quando concede a entrevista a Abdias do Nascimento. Eles tinham se conhecido sete anos antes (1939), quando Nascimento estava residindo pela segunda vez na capital federal e Ramos cursava a Universidade do Brasil. Os dois tinham maneiras divergentes de pensar a questão racial brasileira, principalmente no que tange à função e atuação das associações negras.

O pensamento de Guerreiro não se afastava em muito do *mainstream* das ciências sociais da época.

Comparando o Brasil com os Estados Unidos, Guerreiro diz: "Deste modo, na grande terra de Roosevelt, o que se chama de problema do negro é um verdadeiro conflito de raças. O negro americano está segregado da comunidade para cuja grandeza ele coopera" (*Diário Trabalhista*, 24/03/1946). Já no Brasil, a situação seria diferente, pois "o preconceito existe, mas é mais disfarçado e o negro sofre uma discriminação menos ofensiva. Entre nós, o preconceito racial perde em importância para os outros dois aspectos da questão: o preconceito de classe e a incompatibilidade de dois mundos mentais distintos" (*Diário Trabalhista*, 24/03/1946).

A "incompatibilidade de dois mundos mentais distintos" seria provocada pela cultura compartilhada por negros das camadas populares que, de certo modo, impedia que os negros em ascensão social participassem efetivamente da cultura e do estilo de vida das classes dominantes. O sociólogo baiano explica esse aspecto e sugere, como saída, o "branqueamento" sociocultural:

> "Por outro lado, grande número de negros brasileiros ainda não se incorporou à cultura dominante no Brasil que é a europeia de base latina. Existe uma cultura negra no Brasil com seu sincretismo religioso, seus hábitos alimentares, sua medicina de 'folk', sua arte, sua moral, etc. O mundo mental destes grupos é incompatível com o das classes dominantes. O negro brasileiro pode 'branquear-se', na medida em que se eleva economicamente e adquire os estilos comportamentais dos grupos dominantes. O 'peneiramento' social do homem de cor brasileiro é realizado mais em termos de cultura e de 'status' econômico, do que em termos de raça." (*Diário Trabalhista*, 24/03/1946)

A discordância entre Abdias e Guerreiro é maior no que diz respeito à função e atuação das entidades afro-brasileiras. Guerreiro Ramos afirmava:

"Os meios de luta do negro brasileiro não devem ser demagógicos nem sentimentais, têm que ser adequados ao modo como se coloca o problema no Brasil. Penso que os homens de cor não devem jamais organizar-se para combater o preconceito racial. Nesta parte, sua atitude deve ser tanto quanto possível de indiferença e até humorística, nunca de indignação." (*Diário Trabalhista*, 24/03/1946)

A resposta de Abdias merece uma citação um pouco longa, mas que dispensa comentários posteriores:

"Até aqui o depoimento do prof. Guerreiro Ramos, consoante com nossa linha de conduta, respeitamos-lhe com absoluta fidelidade o pensamento e as expressões. Seja-nos lícito agora discordar de uma passagem da sua entrevista, aquela em que diz '[...] os homens de cor não devem jamais organizar-se para combater o preconceito racial. Neste ponto, sua atitude deve ser tanto quanto possível de indiferença e até humorística, nunca de indignação'.

Realmente, aí está firmado um princípio negativista. Durante quase todo o período de após abolição, o negro rezou por essa cartilha de assistir de braços cruzados e sorriso nos lábios à sonegação dos seus direitos de cidadão. Sua decadência atual, em grande parte, pode ser levada à conta desse comportamento contemplativo e resignado. E isso é tão verdade quando se examina o combate ao racismo no Brasil. Este se voltou com maior violência contra o negro e somente amparado na força de suas entidades ele pôde reagir, oferecendo um combate tenaz às forças declaradas ou ocultas que o traziam semiescravizado. [...] Inegavelmente suas realizações artísticas têm o papel mais importante nesse trabalho de esclarecimento e harmonização social. Porém não fosse a corajosa campanha iniciada por associações tais como Convenção Nacional do Negro Brasileiro, União Democrática Afro-Brasileira, Associações dos Negros Brasileiros (São Paulo), União dos Negros Brasileiros (Porto Alegre), Centro Cruz e Souza (Recife) e muitos outros espalhados pela imensidão do Território Nacional e talvez a estas horas não tivessem alcançado esse avanço na luta antissocial representado pelo discurso do prof. Hamilton Nogueira.

É preciso viver no seio das organizações negras para se constatar que o seu espírito de luta não é demagógico nem puramente sentimental. O que há é o aproveitamento das lições sociológicas de Gilberto Freyre e Arthur Ramos, orientando suas atitudes em bases democráticas, sem sectarismos, e longe dos ódios que isolam e separam os homens." (*Diário Trabalhista*, 24/03/1946)

O escritor Raimundo Souza Dantas é outro intelectual negro de ideias moderadas no que diz respeito a temas raciais, ainda que tenha "posto sua cultura e inteligência a serviço da causa do proletariado". Em matéria intitulada "A questão negra no Brasil não é coisa para partidos", o romancista afirma que "a existência de um 'problema do negro' implica a existência de uma reivindicação específica. Seria um grande erro político, como também alarmante prova do desconhecimento do homem de cor brasileiro, afirmar existir em nossa terra um 'problema do negro'" (*Diário Trabalhista*, 01/08/1946). Por outro lado, isso não significava inexistir o "preconceito de cor" ou o "preconceito racial" que, na sua opinião, não partiria do povo, mas de algumas associações e determinados setores da sociedade. Só teria sentido, na opinião do entrevistado, falar em "problema do negro", em nosso país, se a situação vivida por essa população em São Paulo pudesse ser generalizada para todo o país, o que não ocorria. O preconceito, para o romancista, era uma peculiaridade de alguns centros e algumas organizações.

No entanto, ainda que ache que não há lugar para uma luta específica do negro, separada da massa proletária branca, Souza

Dantas não vê riscos na "organização de homens de cor mais esclarecidos, que se batem por seus direitos", ou seja, não condena a existência de um movimento negro, desde que este, em sua luta reivindicatória, não parta do "princípio de que há no Brasil o preconceito do branco contra o negro". Para ele, a extinção do preconceito viria com o desenvolvimento de uma campanha "da prática positiva da democracia, não somente econômica, mas política e humana" (*Diário Trabalhista*, 01/08/1946). Por fim, o escritor advertia: "A questão do negro no Brasil não é para partidos. E sei bem o que digo, pois digo na qualidade de membro de um grande partido do povo. A questão do negro no Brasil tem que ser resolvida pelo povo" (*Diário Trabalhista*, 01/08/1946).

No dia 15 de agosto, a coluna publica a matéria "O Teatro Experimental do Negro e a cultura do povo", na qual anunciava a visita do poeta Solano Trindade, presidente do Centro de Cultura Afro-Brasileira, junto com outros membros desta associação, com o intuito de protestar contra a interrupção de uma temporada do TEN no Teatro Fênix.

Solano Trindade ressaltava a necessidade de um teatro social, realizado por proletários e negros, que contribuísse significativamente para a formação da cultura nacional. Acusava o Estado de não patrocinar atividades relacionadas à "cultura negra" numa nação que se dizia democrática, pois, até num país onde a democracia era parcial, como nos Estados Unidos, isso ocorreria. O poeta criticava a imagem exótica a que muitas vezes o negro era relegado. Nas suas palavras, "O negro tem sido estudado como elemento antropológico, etnológico e pitoresco. A macumba, tão condenada pelos burgueses, é para os estudiosos a primeira coisa procurada (e também pelos turistas de casa e além-mar). Porém, temos que aproveitar mais do que a macumba, não sou contra ela, considero-a uma das provas de que a cultura negra não é inferior às demais culturas" (*Diário Trabalhista*, 25/08/1946).

Solano Trindade lista, então, uma série de atividades e incentivos que deveriam ser fornecidos a outras formas e modalidades de cultura negra e a entidades promotoras, como as apresentações da Orquestra Afro-Brasileira, as peças do Teatro Experimental do

A democracia racial negra dos anos 1940

Negro e as atividades organizadas pelo Centro de Cultura Afro-
-Brasileiro. Trindade terminava afirmando que "esse trabalho, essa ajuda, não devia ser exclusivo do negro, mas de todos os homens de bem, brancos ou pretos, amarelos ou judeus, porque os negros do Brasil, em raríssimas exceções quer, cada vez mais, que desapareçam os últimos sinais do preconceito de cor" (*Diário Trabalhista*, 25/08/1946).

Para Solano Trindade, outro homem negro de esquerda, portanto, a democracia norte-americana, que restringia os direitos dos negros, não seria um modelo; do mesmo modo que a cultura negra não estaria restrita às práticas religiosas afro-brasileiras.

Intelectuais negros menos conhecidos, quase orgânicos, para usar a expressão gramsciana, também pensavam de modo semelhante. No dia 18 de julho, o entrevistado da coluna foi Luís Lobato. A fala do professor passa por quatro questões principais: o preconceito racial ou de cor, a socialização dos lucros das empresas, a visão do negro como "povo" e, por fim, a polêmica em torno de um partido exclusivo dos afro-brasileiros. No que diz respeito ao preconceito, Lobato achava que sua base era econômica, de modo que, "encontrada a premissa no setor econômico e, considerando que o negro brasileiro é, geralmente, pobre, o preconceito contra o negro toma um aspecto de classe social, não podendo jamais ser resolvido pelo prisma racial" (*Diário Trabalhista*, 18/07/1946).

O professor se autodeclarava socialista e propunha a participação dos empregados nos lucros das empresas. Afirmando que "o negro é povo no Brasil",[11] ele chegava à conclusão de que "a distribuição igual nos lucros educará o povo, em geral, no sentido evolutivo para o desaparecimento do preconceito de cor, já que

---

[11] A ideia de que "o negro no Brasil é o povo" será, como sabemos, muito mais bem articulada ao discurso do protesto negro na formulação de Guerreiro Ramos em sua *Introdução crítica à sociologia brasileira* (1957). Sobre a evolução do pensamento de Guerreiro Ramos ver, entre outros, Oliveira (1995) e Barbosa (2015).

este é uma decorrência da própria condição econômica do negro" (*Diário Trabalhista*, 18/07/1946). Luís Lobato também se colocava contra a organização de partidos políticos só de negros. Em sua opinião, essa atitude não passava de uma jogada política de supostos líderes que não tinham compromisso com os negros e procuravam beneficiar a si próprios. Não haveria recursos para realizar tal empreitada, nem uma "filosofia como raça", de modo que esses pequenos partidos só serviriam como massa de manobra dos maiores.

Já os ativistas do TEN adotavam, como era de se esperar, um discurso militante: Maria de Lourdes Nascimento, por exemplo, afirmava que os responsáveis pela situação da mulher negra eram os brancos. "Eles nos escravizaram material e espiritualmente. Violentaram a nossa tradição cultural e religiosa, e de tanta pressão psicológica sobre os negros, isto durante tantos séculos, conseguiram perverter-lhe a estrutura moral. Hoje é dificílimo conseguir-se que a massa das mulheres negras estude e lute por um melhor padrão de vida" (*Diário Trabalhista*, 05/04/1946). Maria de Lourdes, natural de Franca, São Paulo, conterrânea de Abdias, com quem estudara na Escola Técnica de Comércio, terá mais tarde, no jornal *Quilombo*, uma coluna própria em que tratará dos problemas da mulher negra.

Em discurso durante as comemorações do 13 de maio de 1946, reproduzido na coluna, Maria de Lourdes traz ao conhecimento de todos a situação em que viviam os negros de sua cidade natal. Os negros de Franca estariam submetidos a situações de discriminação e desprovidos de acesso à educação formal, saúde, moradia e empregos dignos. A elite econômica e intelectual da cidade seria composta por barões do café ali instalados. Mais: a discriminação em relação aos negros teria o respaldo policial. Como exemplo, citava o caso do Passeio Público, que tinha espaços vedados à circulação dos negros. Ela termina seu discurso fazendo um elogio à mestiçagem: "A mulher negra está aqui agora e estará sempre unida em carne e espírito pelo alevantamento e valorização do nosso grande povo brasileiro, o mais belo povo mestiço do mundo" (*Diário Trabalhista*, 16/05/1946).

Nair Gonçalves, jovem atriz formada pelo TEN, por seu turno, expressa o modo amplo como o negro é definido e a postura "trabalhista" do movimento:

> "A mulher negra, todas elas, de qualquer condição social — digo isso por causa de umas tantas, que por serem formadas, não se julgam mais negras e nem pertencentes à nossa classe de trabalhadores — todas elas devem colaborar com fé e entusiasmo. Somente através desse movimento que estamos levando a efeito os negros podem ter esperança de um dia terem seus direitos reconhecidos de verdade e não apenas no papel." (*Diário Trabalhista*, 05/04/1946)

Os negros do "povo"

O restante dos entrevistados negros deveria ilustrar o que seria o pensamento dos homens e mulheres comuns. O primeiro a ser ouvido na coluna foi Fernando Oscar de Araújo, apresentado como "pequeno funcionário do DNC" (Departamento Nacional de Comércio). O diálogo é ambíguo e interessante, o entrevistado afirma que não existe "preconceito de cor" no Brasil, mas sim a "covardia da raça negra". A solução para a situação dos negros, de acordo com ele, seria que os "patrícios" tivessem mais confiança própria.

Muitos desses entrevistados negavam a existência de um "problema do negro" no Brasil, geralmente associado a algo semelhante ao que acontecia nos Estados Unidos, mas reafirmavam a existência do preconceito de cor entre nós. Era o caso de Valdomiro Machado, estudante de comércio no Liceu de Artes e Ofícios, e datilógrafo do IBGE, que declara à coluna:

> "Evidentemente não há um problema do negro no Brasil. E é até lamentável ter-se de falar em problema do negro, simplesmente porque certos indivíduos, em casas

comerciais, para falar claro, tentam implantar no país a 'superioridade da raça'."

Quem o entrevistava, provavelmente Abdias, imediatamente procura convencê-lo do contrário: "Demos um aporte explicando ao nosso entrevistado que eram precisamente as desvantagens do negro, por ele mesmo apontadas, que se considerava como o problema do negro no Brasil, bem diferente do problema racial dos Estados Unidos" (*Diário Trabalhista*, 01/02/1946). O jovem datilógrafo teria sido convencido pelo repórter.

O estudante de medicina, Walter Cardoso, afirma que, no Brasil, não se trata "apenas de um problema de raça ou de classe, mas sim de um problema nacional". A solução viria através da educação formal para o negro que, por meio dela, poderia se elevar social e economicamente, além de romper com seu sentimento de inferioridade, pois, em sua opinião, o verdadeiro problema estava na situação educacional e econômica da população afro-brasileira. Ele termina a entrevista em tom otimista, sugerindo que o mundo, após o fim da Segunda Guerra Mundial, vivia um momento de afloramento democrático e que o Brasil não ficaria fora disso (*Diário Trabalhista*, 21/03/1946).

Em 17 de fevereiro o entrevistado da coluna foi Adhemar Homero, de ocupação não declarada, dizendo apenas que foi estudante de Direito na juventude. Homero tece as mesmas críticas à situação a que foram relegados os negros, citando algumas instituições que vedariam a entrada da população "de epiderme mais escura" — o Itamaraty, a Escola Naval, a Aeronáutica e o Exército. Para o entrevistado "cada vez mais se acentua o malfadado preconceito de cor. Não adianta querer negá-lo. É verdade que usam aproveitar alguns mulatos de talento em cargos de destaque para tentar mascarar a verdade. Porém, esta é mais forte que todas as *camouflages*" (*Diário Trabalhista*, 17/02/1946).

O depoimento mais interessante de todos foi dado, sem dúvida, por Aladir Custódio, ascensorista de um prédio no centro do Rio. Apresentado como poeta, Aladir demonstra conhecimento da poesia de Langston Hughes, assim como das ideias de Roquette

Pinto e de Euclides da Cunha. A entrevista é exemplar ainda porque ele discorre sobre todos os tópicos que vinham insistentemente sendo abordados pela maioria das personalidades questionadas pela coluna. O poeta critica o modo como foi feita a Abolição, "uma grande vitória do nosso povo sobre os opressores escravocratas", abandonada a seguir pela República que, ao invés de estabelecer um plano de elevação moral, econômico e cultural dos ex-escravos e seus descendentes, teria amparado e incentivado o progresso dos imigrantes.

Em seguida, Custódio atacava aqueles que viam a miscigenação como um dos motivos do nosso atraso; ao contrário, citando Roquette Pinto, contra-argumentava que o nosso grande problema era a educação: "O homem no Brasil não precisa ser substituído, mas educado". Buscava ainda n'*Os Sertões*, de Euclides da Cunha, um exemplo de como o homem brasileiro, mestiço, era tenaz e valoroso.

Questionado sobre a existência ou não de preconceito racial no Brasil, Custódio afirmava: "No Brasil — por força da nossa própria formação étnica — o preconceito nunca chegou a alcançar um caráter tão grande como nos Estados Unidos, onde existe uma 'colored line' que limita e define a raça e a cor" (*Diário Trabalhista*, 08/09/1946). Por outro lado, o preconceito vigente no Brasil seria "traiçoeiro e estúpido", se processando nas carreiras diplomática, militar, nas casas noturnas e no comércio. Ele concluía que "nisto há qualquer coisa do poema 'Eu também sou a América' do consagrado poeta negro norte-americano Langston Hughes: 'quando chegam visitas, eles mandam-me comer na cozinha'" (*Diário Trabalhista*, 08/09/1946).

O poeta volta-se para a situação dos negros em São Paulo e cita o incidente ocorrido em 1944, na rua Direita e seus arredores, na qual se tentou proibir a circulação de negros.[12] Para ele, isso seria, na verdade, um exemplo de preconceito econômico, mascarado de "preconceito de cor". Em sua opinião, ecoando talvez as

---

[12] Sobre os desdobramentos desse episódio, ver Andrews (1998: 270-81), Bastos (1991) e Paulo Duarte (1947).

112   Modernidades negras

ideias de Mário de Andrade (1938), o preconceito era uma superstição que só a educação e uma maior aproximação social e cultural poderiam com o tempo extinguir. Também seria necessário evitar a formação de quistos raciais, principalmente em partidos políticos, algo que afetaria nossa tradição de tolerância. A entrevista termina com o poeta exaltando os trabalhos das associações afro-brasileiras, que não segregavam o negro, mas o colocavam mais próximo, cultural e socialmente, do branco. Elas auxiliariam no combate às restrições que impediriam a marcha "de uma nação pelo caminho largo da Democracia" (*Diário Trabalhista*, 08/09/1946). O poeta, humilde ascensorista, mas lido e refinado, pensava como um homem bem-educado de seu tempo.

Destoando desse tom moderado, a empregada doméstica Arinda Serafim começa referindo-se à situação de desamparo do negro após a Abolição para criticar a atitude do governo do dia de retirar famílias, em sua maioria negras, do Morro do Jacarezinho, ação que chamou de "cerco do Jacarezinho". Ela afirma que "é necessário que a democracia se torne realidade também nos morros", retomando aqui uma das palavras de ordem do protesto negro e do país naquele momento. Arinda valoriza a educação como meio do negro buscar consciência de si como homem e cidadão. A ausência de educação é entendida como geradora do preconceito de raça, de cor e do complexo de inferioridade. Por fim, interpretando livremente Arthur Ramos, a doméstica afirmava que o preconceito de cor e o complexo de inferioridade são problemas que surgem devido à divisão da sociedade em classes. Ambos se extinguiriam a partir da liquidação das diferenças econômicas.

Outro depoimento interessantíssimo foi o segundo prestado por Fernando Oscar de Araújo, o "pequeno funcionário do DNC", em que discorda das conclusões de Donald Pierson sobre a inexistência de "preconceito racial" no Brasil. Araújo afirma ter lido uma reportagem de Justino Martins, intitulada "Gafieiras do Brasil", publicada na *Revista do Globo*, de Porto Alegre, em que o professor norte-americano traça um "paralelo" entre a situação do negro no Brasil e nos Estados Unidos:

"Nos Estados Unidos os negros, como grupo biológico diferente dos brancos, estão se multiplicando gradativamente, enquanto no Brasil o mesmo caso se verifica em sentido contrário, isto é, há uma notável tendência para a pressão do subtipo comum — o mulato. Especialmente no nordeste do território brasileiro, onde os negros estão sendo dizimados biologicamente pelos mulatos e estes pelos brancos... Conclusão: o preconceito existe no Brasil, mas é de classe e não de raças." (*Diário Trabalhista*, 17/03/1946)

Araújo nega que tenha a pretensão de discordar de Pierson, mas não aceita a sua conclusão, e argumenta: se, por um lado, aos negros norte-americanos era negada a integração na sociedade branca, por outro, eles haviam construído "um verdadeiro país de negros", no qual tinham o direito a se educar para atuar nos mais diversos setores — ciência, literatura, artes, finanças etc. Já no Brasil, a situação do "povo de cor" seria de extrema decadência. O entrevistado conclui com uma pergunta: "Do ponto de vista da evolução, do progresso e da felicidade dos pretos qual a melhor solução, a norte-americana ou a brasileira?" e arremata, enfaticamente: "Julgo que o professor não estudou tão profundamente o preconceito no Brasil ou ao contrário não quis ser indiscreto... O preconceito de cor está aí lanhando as cores [sic] do negro para quem quiser ver. O mais não significa toda a verdade..." (*Diário Trabalhista*, 17/03/1946).

Teriam realmente existido todos esses "homens do povo" ou teriam sido, pelo menos alguns, personagens ficcionais de nossas colunistas, a expressar críticas que eles não se sentiam com autoridade intelectual para sustentar em público? As discrepâncias entre as primeiras declarações de Fernando Oscar Araújo, prestadas no dia 18 de janeiro, e as que lemos acima, prestadas no dia 17 de março, são tão gritantes que cabe a indagação sobre a existência real desse personagem. Mas é também possível que tenhamos na coluna de Abdias uma amostra esclarecedora da invisibilização dos intelectuais negros pela grande imprensa brasileira. Explicando melhor: que a coluna de Abdias tenha dado voz a um grande número de negros cujas opiniões eram sistematicamente ignoradas. Se esse for o caso, a modernidade negra brasileira teria sido formada subterraneamente, mas em diálogo, com a revolução modernista no Brasil.

Os políticos brancos

Foi o Partido Comunista Brasileiro o primeiro a tentar uma aproximação com o Teatro Experimental do Negro sem, entretanto, nunca ter vencido a resistência dos atores negros, que procuravam impor uma agenda própria, independente "da luta do proletariado". As relações do TEN com a UNE, por exemplo, foram bastante conflituosas, assim como foram sempre difíceis as relações do TEN com os intelectuais negros ligados ao Partido Comunista, como Edison Carneiro, Souza Dantas e Solano Trindade.

No plano da política partidária, em 1946, um dos grandes aliados do movimento que crescia em torno do TEN, era o senador Hamilton Nogueira, alcunhado de "senador dos negros".[13] Em entrevista publicada no *Diário Trabalhista*, o senador dizia que "os pretos não estão criando nenhum problema" e defendia os líderes negros, acusados de estarem "criando um problema que não existiria no Brasil". Se, por um lado, tal defesa refletia a preocupação em acalmar a opinião pública, por outro, ela nos dá a noção exata da negociação em que o movimento negro tinha que se empenhar. Comprovar a existência de um "problema do negro"

---

[13] Hamilton Nogueira (1897-1981), médico, natural de Campos (RJ), estudou na Faculdade de Medicina do Rio de Janeiro, na turma de 1918. Recém-formado, foi trabalhar em Muzambinho (MG), onde se tornou discípulo de Jackson de Figueiredo, ingressando no movimento católico denominado Apostolado. De volta ao Rio de Janeiro em 1921, ajudou a fundar o Centro Dom Vital, principal núcleo católico do Distrito Federal até a fundação da Pontifícia Universidade Católica (PUC), em 1941. Entre 1921 e 1941 trabalharia no Hospital Pedro II, onde chegaria a diretor.

no Brasil significava também buscar a tutela de figuras importantes no mundo político e social.

Nogueira, à época da entrevista, encontrava-se no início de sua carreira política. Após a deposição de Vargas, em outubro de 1945, se elegera senador do Distrito Federal à Assembleia Nacional Constituinte pela legenda da União Democrática Brasileira (UDN). De acordo com Barbosa (2015), ele teria participado da Convenção Nacional do Negro em 1945. Em 21 de fevereiro de 1946, já como senador, proferiria um discurso na Constituinte endossando uma das reivindicações do Manifesto: a criminalização das práticas de discriminação por cor ou raça. O *Diário Trabalhista*, ao noticiar o pronunciamento do senador Nogueira, reproduz, na íntegra, o manifesto da Convenção Nacional do Negro Brasileiro, que, em determinado trecho, afirmava:

> "Temos consciência da nossa valia no tempo e no espaço. O que nos faltou até hoje foi a coragem de nos utilizarmos dessa força por nós mesmos e segundo a nossa orientação. Para tanto é mister, antes de mais nada, nos compenetrarmos, cada vez mais de que devemos estar unidos a todo o preço, de que devemos ter o desassombro de ser, antes de tudo, negros e como tais os únicos responsáveis por nossos destinos em consentir que os mesmos sejam tutelados ou patrocinados por quem quer que seja. Não precisamos mais de consultar nossos direitos, da realidade angustiosa de nossa situação e do cumpliciamento de várias forças interessadas em nos menosprezar e condicionar, mesmo, até o nosso desaparecimento." (*Diário Trabalhista*, 30/04/1946)

Mas Nogueira não representava o pensamento dominante da UDN em relação à questão racial. Em 1946, Abdias já se aproximava do PTB, Partido Trabalhista Brasileiro, que ele considerava mais permeável aos "problemas e aspirações do negro brasileiro", ao qual se filiará mais tarde, e no qual permanecerá durante todo o período democrático. Mas esta não foi uma aproximação fácil.

A esse respeito é digno de nota o texto "A bancada trabalhista dá todo seu apoio às reivindicações do negro", que tinha como subtítulo "Entrevista-relâmpago na sede central do PTB — Como falaram ao *Diário Trabalhista* os deputados Segadas Viana, Manuel Benício Fontenele, Rubens de Melo Braga, Baeta Neves e Benjamin Farah". Apesar de o título sugerir que o PTB apoiava as reivindicações dos negros, a realidade era um pouco diferente, como deixava entrever o texto da matéria. O primeiro deputado, Baeta Neves, se esquiva do repórter que lhe dirige uma pergunta, encaminhando-o ao deputado Rui de Almeida. Este responde ao jornal afirmando que em suas veias corria sangue negro, alicerce da nacionalidade. Quando questionado sobre as restrições sofridas pelos negros nas Forças Armadas e na diplomacia, responde que, se aparecesse um caso concreto, ele deveria ser levado ao conhecimento da Câmara. O próximo deputado abordado, Melo Braga, diz desconhecer o "problema do negro" por ser do Paraná, onde não haveria restrições aos afro-brasileiros. O terceiro, Segadas Viana, evita o repórter com andar apressado, mas não sem deixar um recado: "Confirmo tudo o que já disse antes". O colunista trata de explicar a posição do deputado que, por várias vezes, falara em favor de causas negras. O quarto político, Benjamin Farah, não sabe o que responder e diz que falará com o repórter mais tarde. Baeta Neves, que tinha primeiramente escapado, oferece uma saída para o "problema do negro", que soa, no mínimo, cômica: "Reitero o que já tive oportunidade de dizer à imprensa sobre o assunto, isto é, que apresentarei à Câmara uma legislação especial em que fique demonstrado que em nosso país não existe de fato o preconceito de cor, raça ou religião. Com essas leis se coibirá o abuso dos mais reacionários, que ainda hoje prejudicam essa grande parcela do povo brasileiro" (*Diário Trabalhista*, 08/02/1946). Quando o repórter já se ia, um último político, o deputado Manuel Benício Fontenele, o chama e lhe diz que quando não houvesse mais ninguém para defender o negro na Câmara ele o faria.

Essa cena ilustra a subalternidade do tema para os políticos. Talvez por isso, no Teatro Experimental do Negro, havia atores, como Ruth de Souza, que defendiam uma postura autônoma do movimento em relação aos partidos políticos. Depois de uma solenidade de agradecimento ao senador Hamilton Nogueira, dizia a jovem atriz:

"Em parte não gostei da maneira como decorreu a homenagem mais do que justa ao senador Hamilton Nogueira. Estávamos reunidos para prestar uma homenagem ao defensor da raça e não a um partido. Alguns trouxeram atitudes partidárias. Falo de irmãos negros, naturalmente. Atitude realmente lamentável, pois foi quebrado o espírito de união que deve presidir a nossa luta." (*Diário Trabalhista*, 05/04/1946)

A busca de Abdias por um partido político terminaria em novembro de 1946 com a criação de um Diretório Negro no PTB (Quadro 4). O PTB decide também lançar um candidato a vereador que tivesse vínculos estreitos e liderança na comunidade negra do Rio de Janeiro.

Quadro 4
CHAMADA PARA REUNIÃO
DO DIRETÓRIO NEGRO DO PTB

EM DEFESA DOS AFRO-BRASILEIROS

Preconceito de cor e complexo de inferioridade, dados negativos da nossa evolução — reúne-se hoje novamente o Diretório Negro petebista.

Estava tardando muito que um partido político cuidasse seriamente de reparar a grande injustiça que pesa sobre a raça negra, desde os dias da abolição da escravatura. Após trabalharem vários séculos sob o regime da opressão e da ignomínia, sem ter nada que não fosse um catre pobre na atmosfera dramática da senzala, os negros saíram para a liberdade, em 1888, completamente desprevenidos para enfrentar a luta pela vida que se lhes defrontava. Não tinham instrução, não tinham meios econômicos de subsistência, não tinham educação social e profissional, enfim, não se encontravam absolutamente em condições de enfrentar, no mesmo pé de igualdade, a concorrência dos imigrantes que para cá afluíam garantidos pelas leis e com a assistência direta dos seus respectivos países de origem.

Assim desarmados e desemparados, o negro só tinha um caminho a seguir: o caminho da decadência e da degradação. Foi o que se viu. As favelas, os hospitais, as prisões e os manicômios passaram a ser os locais mais frequentados pelos descendentes da raça heroica e produtiva que alicerçou com suor e sangue a estrutura econômica do Brasil. Não fosse a notável capacidade de resistência ao sacrifício, não fosse a fertilidade espantosa do ventre da mulher negra, e talvez a estas horas estivessem quase extintos entre nós os remanescentes do povo heroico de Zumbi, Henrique Dias e Patrocínio.

Estas foram as origens do atual problema do negro brasileiro, do qual com o correr do tempo se aprofundam o preconceito e o complexo de inferioridade, que são os dados mais negativos da evolução social, baseada na miscigenação e numa nítida harmonia de raças. Devemos, assim, envidar todos os esforços para que amanhã esse problema não adquira contornos mais prejudiciais ainda, ou acentos de violência como nos Estados Unidos da América do Norte. E foi pensando acertadamente que o Partido Trabalhista Brasileiro resolveu criar o seu Diretório Negro, dando oportunidade para que os próprios interessados debatam suas questões, até mesmo no seio da Câmara Municipal, consignando em sua chapa de vereadores um lugar para a representação dessa minoria étnica. Hoje, às 18 horas, na rua Álvaro Alvim, 59, 1º andar, haverá reunião pública do Diretório Negro, para a qual estão convidados todos os interessados.

Fonte: *Diário Trabalhista*, 28/11/1946.

Os intelectuais brancos

O esforço de Abdias em aproximar-se da elite intelectual brasileira, seja para legitimar o seu movimento, seja para encontrar aliados no mundo intelectual, se evidencia na lista dos entrevistados pela coluna "Problemas e Aspirações dos Negros Brasileiros" em 1946: Rossine Camargo Guarnieri, Joaquim Ribeiro, Arthur Ramos, Rômulo de Almeida, Gentil Punget, Thales de Azevedo, Herman Munoz Garrido, Ricardo Werneck de Aguiar.

O que pensavam esses intelectuais sobre o "problema do negro"? Vejamos alguns deles.

O primeiro a ser entrevistado era também o mais próximo, Arthur Ramos, apresentado nestes termos:

> "O Prof. Arthur Ramos, como autêntico homem de nosso século, que não admite 'torres de marfim' diferenciadas da vida cotidiana da humanidade, tem participado dos movimentos pró-reivindicações democráticas e a sua atuação social entre a gente de cor lhe conferiu o título de 'amigo número 1 do negro', expressão muito comum entre a coletividade afro-brasileira." (*Diário Trabalhista*, 09/02/1946)

Questionado se existiria ou não um "problema do negro" no Brasil, termo oriundo da tradição de estudos ao qual ele se filiava, é categórico: "Não existe só um problema — respondeu-nos — mas vários problemas do negro no Brasil: sociológico, antropológico, biológico etc.".

Rossine Camargo Guarnieri compara a situação do negro nas diferentes regiões do país. São Paulo é retratada por ele como a cidade onde o preconceito contra os negros era explícito, mas também onde o ativismo negro havia feito suas maiores conquistas. Mas o poeta vê a questão racial como subordinada à luta de classes. Em sua opinião, o negro deveria se juntar aos "irmãos proletários de todas as raças", "ingressar nas organizações de massa", pois só "marchando com a classe operária" conseguiria se libertar do preconceito que o afligia. Ao final da entrevista, Guarnieri reverencia a Convenção Nacional do Negro como "o melhor que se fez num sentido orgânico" em relação aos negros nos quadros da democracia. Os "partidos de massa" deveriam inserir como reivindicações na Constituinte todos os pontos levantados pelo manifesto da Convenção.

Dois dias depois, o professor Joaquim Ribeiro reafirmava ao *Diário* que existia preconceito contra os negros; sua origem, contudo, seria social e econômica, não racial. A Abolição teria sido incompleta. Segundo o professor, a reabilitação dos negros deveria ser iniciativa do Estado, a partir de um "serviço de assistência social à família negra" e um programa que visasse à "assistência cultural ao estudante negro" (bolsas de estudo). Tanto negros como brancos são vistos por ele como sofrendo de certa patologia racial. Enquanto nos últimos ela se manifestaria pelo "preconceito racial", nos primeiros ela se configuraria num "complexo de inferioridade". "Este é o mais delicado. Se o branco, desrazoadamente ainda guarda vestígios do preconceito racial, o negro, por sua vez, também sofre de 'complexo de inferioridade' por se saber descendentes de escravos. É necessário que se faça, entre eles, forte campanha de 'higiene mental' a fim de extinguir os resquícios dessa dolorosa 'vivência' que já pertence ao passado" (*Diário Trabalhista*, 27/01/1946).

Em 28 de fevereiro o entrevistado foi Rômulo de Almeida, baiano, economista de formação e amigo de Nascimento desde as fileiras integralistas. Questionado se existiria ou não um problema do negro no Brasil, responde:

> "Opino que sim, e acho contraproducente ocultá-la ou desconhecê-la, embora esta atitude seja para muitos inspirada no desejo de que não houvesse ou no intento de contribuir para que a sociedade a esqueça. Em grande parte, o problema do preto é o problema do povo, do povo pobre. Mas está longe de ser apenas isto. Resiste também um preconceito que tem sido quiçá reforçado por alguns fatores: as correntes imigratórias provindas dos povos com sensível consciência de superioridade racial, os reflexos dos pruridos racistas e a coincidência de se sedimentarem os pretos na camada de inferior condição educacional, técnica e econômica, fato em que muitos encontram a 'evidência', um 'documento' de inferioridade da raça." (*Diário Trabalhista*, 28/02/1946)

A democracia racial negra dos anos 1940

Para Rômulo, a questão racial se confundiria, muitas vezes, com a questão social. O preconceito, por sua vez, se manifestaria de forma mais forte nas relações afetivas, sendo o casamento inter-racial um tabu para pessoas das classes mais abastadas. Entre a população mais pobre, predominantemente negra ou mestiça, esses impedimentos seriam menores.

"A solução essencial já está encaminhada pela melhor tradição brasileira, que nunca levou muito a sério o preconceito" (*Diário Trabalhista*, 28/02/1946), conclui Rômulo, conclamando os afro-brasileiros a agir de maneira mais enérgica quando fossem vítimas de preconceito.

A entrevista de Thales de Azevedo, outro baiano, ganhou mais destaque: "A discriminação de cor é fato infelizmente verdadeiro no Brasil". Depois de distinguir, como o fizera anteriormente o antropólogo Franklin Frazier (1942), a "discriminação de cor" do "preconceito racial", Thales afirmava que havia "discriminação de cor" nos mais diversos âmbitos da sociedade baiana, como no trabalho, na educação e no lazer, ainda que, contra os menos escuros, a discriminação fosse mais branda.[14] Também nos relacionamentos afetivos das classes altas haveria a tendência a não se aceitar casamentos ou uniões entre cônjuges de cores muito diferentes. Para Thales,

> "Em resumo, a discriminação de cor é fato infelizmente verdadeiro no Brasil, embora sem rancores nem radicalismos. Para superá-la, como é necessário, devemos es-

---

[14] Tal interpretação representou um passo importante para contestar a afirmação de Pierson de que o preconceito de cor era simplesmente de classe, pensamento do qual liberais e socialistas se serviram fartamente por muito tempo. Note-se também que tanto Abdias quanto os intelectuais brancos do Sudeste falam em "negros", incorporando sub-repticiamente os mulatos nesse grupo, enquanto outros falam em "pretos" e "pessoas de cor". A mobilização por direitos raciais no Brasil será feita reinvindicando "negros" como denominação de identificação política. Livio Sansone (2004) documenta a mudança geracional no emprego dos termos "negro" e "preto".

forçar-nos por elevar os padrões econômicos, educacionais e biológicos de todo o nosso povo não fazendo separações em grupos de 'Henriques' e de brancos de tão precária pobreza como somos nós, com poucas exceções. Também é preciso resistir dedicadamente às tentativas de incitamento à luta de classes que agentes políticos e pesquisadores de temas afro-brasileiros andam a provocar sob os mais variados disfarces." (*Diário Trabalhista*, 10/04/1946)

E o redator finaliza sua matéria de maneira muito parecida, ressaltando as palavras do "renomado acadêmico e cientista" sobre a existência de "discriminação de cor" na Bahia. Ante o consenso científico e popular sobre a inexistência desse tipo de problema "nas terras do Senhor Bonfim", arremata desafiadoramente: "Porém agora, o que dizer em face desta tremenda denúncia do professor Thales de Azevedo? Que respondam os negros, brancos ou 'brancos da Bahia'..." (*Diário Trabalhista*, 10/04/1946).

O último intelectual branco entrevistado pela coluna, em 1946, foi Ricardo Werneck de Aguiar, responsável pela tradução da peça de Eugene O'Neill, *O imperador Jones*, encenada pelo TEN no ano anterior. Quando questionado sobre a existência ou não de um problema do negro no Brasil, a resposta de Aguiar foi de que o problema do negro estava vinculado ao "grande problema humano universal". O negro era uma criatura humana e não membro de uma raça. O problema do negro seria, antes de tudo, um capítulo do grande problema social. O tradutor acreditava na existência do preconceito de cor, resquício da sociedade escravista, patriarcal e agrícola, que fora responsável pela "desvalorização do trabalho", que atingia os indivíduos de todas as classes no Brasil.

Ainda de acordo com Aguiar, as soluções para esses problemas caberiam a economistas, sociólogos e ao Estado. Aguiar concordava com a existência de restrições deliberadas a negros em determinadas áreas, como a carreira militar ou diplomática, mas discordava de que esse fato devesse se tornar motivo de reivindicação dos afro-brasileiros. O tradutor acreditava, sim, "na valorização do trabalho e do trabalhador [...] através da união, disciplina e luta das classes operárias em prol da melhoria dos seus padrões de vida" (*Diário Trabalhista*, 16/08/1946). Questionado a respeito dos movimentos negros brasileiros e da campanha pela Segunda Abolição, o tradutor afirmava que o movimento vinha sendo bem conduzido, pois se processava mais no terreno cultural e artístico, não estabelecendo "confusões" nem criando questões alheias ao quadro geral dos nossos problemas raciais.

O NASCIMENTO DA DEMOCRACIA RACIAL NEGRA

Como vimos, foram raros os momentos, em 1946, em que o protesto negro atingiu graus de radicalidade que pusessem em risco ideias bem consolidadas sobre a harmonia racial brasileira e o caráter mestiço e miscigenado do povo brasileiro. Encontramos esses raros momentos em desabafos de homens como Pompílio da Hora, que enfatizava a desigualdade social e política existente entre negros e brancos e apontava para o caráter subordinado dos negros na democracia brasileira; ou em Abdias do Nascimento, quando duvidava de nossa "democracia de cor", como na passagem abaixo:

> "A fictícia igualdade social de todos os brasileiros, a nossa decantada *democracia de cor*, tão engalanada de lantejoulas e joias de ouropel, não resistiu à análise fria e imparcial da ciência. A sociologia e a antropologia falaram através de autoridades como Gilberto Freyre e Arthur Ramos, denunciando os atentados criminosos sofridos pelos negros em seu patrimônio espiritual e cultural. Muitos outros observadores e pesquisadores ergueram sua voz, entre os quais se destaca o sincero e desassombrado jornalista R. Magalhães Jr. condenando os processos ignóbeis forjados para ainda uma vez mais escravizar os descendentes do povo africano." (*Diário Trabalhista*, 09/03/1946)

Mas, mesmo nesses momentos, a autoridade intelectual de figuras como Gilberto Freyre ou Arthur Ramos, que lutavam pela "democracia racial", era utilizada para atenuar as posições mais radicais.

Vale atentar para o fato de que muitas das ideias-chave para a formação da identidade afro-brasileira já vinham circulando intensamente entre ativistas e intelectuais negros brasileiros no período pós-Abolição. Algumas, insistentemente veiculadas nos anos 1930, merecem destaque porque permanecem importantes até hoje. Vamos a elas.

A primeira delas foi magistralmente exposta por Mário de Andrade (1938) num pequeno artigo, intitulado "A superstição da cor", no qual argumenta que a cor da pele seria uma característica irrelevante dos seres humanos não fosse a cor preta objeto de intensa superstição nas civilizações humanas, sempre associada à escuridão e ao mal. Em consequência, os homens pretos sofrem pela ignorância e superstição associadas à sua cor. Somente a educação dos povos poderia pôr um fim a tal superstição, já que a cor é um simples acidente na condição humana. Essa ideia vocalizada por Mário é ainda influente no cotidiano e no senso comum brasileiros, mas, nos anos 1940, tinha muito mais vigor e curso, como atesta o ditado "a cor é apenas um acidente".

Outra ideia muito influente foi expressa por Donald Pierson (1942), em sua versão liberal. A classe, não a raça, é a categoria que explica o "preconceito de cor" existente no Brasil. Isso significa, em última instância, que o preconceito de que os negros se ressentem se deve a diferenças de oportunidades econômicas e culturais entre brancos e negros. Em sua versão marxista, que viria a ser expressa pela primeira vez por Costa Pinto em 1953, é a exploração capitalista o principal problema que desafia os negros brasileiros, o preconceito de cor sendo apenas a sua face alienada. Por isso mesmo, para os marxistas, somente uma frente comum dos explorados, brancos e negros, poderia fazer face à situação a que os negros (vale dizer, a grande parcela do povo brasileiro) estavam sujeitos. Praticamente todos os entrevistados por Abdias,

A democracia racial negra dos anos 1940

em 1946, repetiram ou se referiram a esse argumento, qualificando-o ou desqualificando-o.

A natureza mestiça do povo brasileiro é a terceira ideia-chave, quase perene, nos debates e nos discursos de negritude dos anos 1940. Ela provavelmente vem das lutas pela Independência, sendo difícil apontar um autor exemplar que a tenha expressado. Poderíamos, entretanto, citar Von Martius ([1838] 1956). No meio negro, essa ideia adquiriu um novo contorno no começo do século XX, quando autores mulatos, como Manuel Querino, passaram a se referir ao mulato como o tipo genuinamente brasileiro. Uma importante variante dessa ideia, como vimos, já se fazia presente nas entrevistas de 1946, enunciada por Luís Lobato, o professor negro do Rio de Janeiro, que definiu o povo brasileiro como negro, algo que seria retomado e plenamente desenvolvido, em seus desdobramentos políticos, por Guerreiro Ramos apenas nos anos 1950 em sua *Introdução crítica à sociologia brasileira*.

Já outras tantas ideias-chave, como as duas que se seguem, são contemporâneas do material que examinamos: a da "Segunda Abolição", que floresceu durante a Frente Negra Brasileira, e a do elogio à cultura africana, como tendo qualidades emocionais e artísticas distintas e superiores, que devemos à influência da negritude francesa e dos antropólogos culturalistas.

A Segunda Abolição é a um só tempo diagnóstico e programa de ação. A Abolição de 1888 teria deixado os ex-escravos e o povo negro em geral sem nenhuma proteção do Estado, ao mesmo tempo livres e despossuídos, escorraçados do mercado de trabalho pelos imigrantes europeus, que os substituíram, caindo facilmente na pobreza e na imoralidade. A Segunda Abolição seria o momento de redenção e de integração dos negros à nação brasileira, através da educação e da restauração moral. Segundo Karin Kössling (2007), tal ideia foi elaborada primeiramente pelos integralistas paulistas antes de ganhar a imaginação dos ativistas negros dos anos 1930 e 1940.

Já o elogio à herança africana no Brasil teve como precursores Nina Rodrigues e Manuel Querino, tendo encontrado os seus principais porta-vozes, entretanto, nos estudiosos dos costumes africanos, do candomblé e da aculturação negra no Brasil. Paralelamente a esses, mais bem situados nos meios acadêmicos, intelectuais negros como Ironides Rodrigues, um dos entrevistados de 1946, difundiram as ideias dos modernistas europeus e dos militantes da negritude sobre a emoção, a beleza e o refinamento estético da arte e das civilizações africanas. No entanto, há de se precisar que a influência dos modernistas europeus chegou aqui bem antes, em 1920, que a dos ativistas da negritude francesa, que somente depois da Segunda Guerra Mundial passou a ser relevante. Se a primeira influência foi decisiva para o modernismo brasileiro (branco), os ecos da segunda limitaram-se ao meio negro.

Vimos, entretanto, que todas as ideias-chave aqui mencionadas reverberaram intensamente nas entrevistas que analisamos. Por isso mesmo, não temos dúvidas ao sugerir que elas foram, na verdade, a matéria-prima para o futuro discurso negro sobre a democracia racial.

Até os 1940, elas estavam agrupadas em, pelo menos, duas constelações discursivas. A primeira, muito influente na Bahia e no Norte do Brasil em geral, amalgamava a concepção do Brasil como nação mulata e a valorização da herança africana como folclore afro-brasileiro, assim como a negação do preconceito de raça no Brasil. A segunda, desenvolvida principalmente pelo movimento negro em São Paulo, enfatizava a Segunda Abolição, a necessidade dos negros se livrarem das superstições e dos costumes africanos, trabalhando unidos pela redenção e soerguimento moral do povo negro. O discurso sobre o preconceito de cor era ambíguo. Muitas vezes era apenas a negação do racismo dos brancos e a afirmação de que o preconceito era alimentado pelos mulatos e mestiços claros. Ao mesmo tempo, foi em São Paulo que primeiro se desenvolveu, na política, o sentimento de orgulho pela pertença à raça negra.

Como essas constelações foram suplantadas em meados dos anos 1940? Muitos intelectuais e ativistas estiveram na prisão durante o Estado Novo, principalmente integralistas e comunistas. Foi na prisão, por exemplo, que Abdias se familiarizou com algumas formulações decisivas para a reconstrução democrática de

1945 e 1946; e foi nessa conjuntura de redemocratização que Abdias do Nascimento, Oswaldo Camargo, Sebastião Rodrigues Alves, Ironides Rodrigues e outros, também ativos na Frente Negra Brasileira, como Francisco Lucrécio e José Correia Leite, se reorganizaram para influenciar a redação da nova Constituição brasileira. O fato político inusitado era a presença ativa do movimento negro no Rio de Janeiro, que antes se limitara quase exclusivamente a São Paulo. Qual o teor do novo discurso negro?

Ainda que, em 1946, a Segunda Abolição fosse central à mobilização dos negros, novas ideias relativas à democracia e à injustiça raciais foram desenvolvidas. A democracia norte-americana, sempre vista como modelo, era encarada como incompleta e insuficiente pela unanimidade desses ativistas e intelectuais, pois não garantia plena igualdade de direitos para os negros. Para alguns, como o advogado negro Pompílio da Hora, também a democracia no Brasil estava truncada e limitada, posto que as leis não eram cumpridas.

Mas essa crítica radical às desigualdades raciais teve como consequência apenas a proposição de maior universalidade das leis. A totalidade dos intelectuais brancos e negros entrevistados por Abdias, mesmo reconhecendo os direitos dos "homens de cor mais esclarecidos" a se organizarem politicamente, era contrária à criação de um Partido Negro. De modo geral, todos advogavam que o Estado brasileiro deveria melhorar e universalizar a educação e a saúde públicas, assim como apoiar fortemente a valorização da cultura afro-brasileira.

Além da resistência à criação de um partido político ou mesmo de diretórios partidários negros, também foi rechaçada a implantação de políticas públicas, como bolsas de estudo, que privilegiassem negros em relação a brancos. Tal resistência vinha tanto da esquerda, principalmente de membros ou simpatizantes do Partido Comunista Brasileiro, que assumiam como quase dogma a indivisibilidade organizacional da classe operária, quanto dos conservadores, para ao quais o negro sofria de inferioridade se não biológica, ao menos cultural, e seria responsável pela sua própria sorte.

A resposta dos colunistas liderados por Abdias foi jogar luz sobre as relações raciais em outras regiões do país, além do Rio de Janeiro e São Paulo. Em 12 de outubro, a manchete da coluna "Problemas e Aspirações do Negro Brasileiro" fala em "O Negro em marcha" e "O movimento negro em todo Brasil", trazendo notícias de Pernambuco, Rio Grande do Sul e Alagoas, além de São Paulo. Do mesmo modo, ideias consensuais, legitimadas pelas ciências sociais, sobre a inexistência do preconceito racial no Brasil, eram sorrateiramente minadas por declarações de pessoas do povo, entrevistadas pela coluna.

Mas, na maioria das vezes, Abdias e seus companheiros estavam na defensiva, tentando convencer a opinião pública de que havia realmente um "problema do negro" no Brasil, e de que eles não o estavam criando do nada. Três pontos eram regularmente citados como compondo o "problema do negro": primeiro, a alienação econômica e social dos negros no pós-Abolição; segundo, o preconceito de cor e a inaceitável discriminação dos negros no comércio, nas Forças Armadas e no Itamaraty; e, terceiro, o sentimento de inferioridade dos próprios negros.

Os remédios para o "problema do negro" seriam, em primeiro lugar, a mobilização dos próprios negros e sua representação política autônoma no sistema eleitoral, como é expresso no "Manifesto à Nação Brasileira"; e, em segundo lugar, a inovação cultural, assentada num projeto de desenvolver uma moderna cultura negra, tanto popular quanto erudita, ao invés de tratar a cultura negra como folclore ou objeto dos estudos antropológicos. O Teatro Experimental do Negro, a Orquestra Afro-Brasileira, de Abgail de Moura, e o Centro de Cultura Afro-Brasileiro, de Solano Trindade, eram as melhores expressões dessa vontade, assim como o eram os jornais negros de São Paulo, como *Alvorada* e *Senzala*, e a coluna de Abdias no *Diário Trabalhista*, depois transformada na revista mensal *Quilombo*.

Representar-se no sistema político, entretanto, era realmente difícil. O grande desafio consistia justamente em construir alianças políticas no Brasil sem aceitar a proteção paternalista dos brancos. Depois do rompimento com os comunistas que, frente a um Tea-

A democracia racial negra dos anos 1940

tro Negro preferiam um Teatro Popular, voltado ao povo em geral, a estratégia de Abdias foi aproximar-se do Partido Trabalhista Brasileiro (PTB). Primeiro, como vimos, o grupo do TEN encontrou no senador branco Hamilton Nogueira um protetor, mas, no final de 1946, Abdias já foi capaz de criar, na Assembleia Municipal do Rio de Janeiro, um Diretório Negro do PTB.

Em termos ideológicos, todos os esforços do movimento concentraram-se em diferenciar a situação dos negros brasileiros da dos norte-americanos, buscando, assim, afirmar a especificidade do preconceito racial no Brasil, ao invés de negá-lo. Não era uma tarefa fácil posto que caberia à ciência social, e não à política, fazer o diagnóstico — e o movimento negro não contava com cientistas sociais em seus quadros. Os líderes negros estavam distantes não apenas das posições universitárias, mas também das posições sociais de prestígio; eram, pelo que transparece na coluna do *Diário Trabalhista*, contadores, delegados de polícia, pequenos servidores públicos, estudantes e, quando muito, profissionais liberais.

Abdias, entretanto, construiu uma importante rede de relações pessoais nos meios artísticos, acadêmicos e intelectuais do Brasil. Alguns desses homens foram de grande importância para o movimento, à medida que emprestavam o seu prestígio para legitimar os pleitos dos ativistas negros, a começar pela afirmação de um "problema do negro", como fez Arthur Ramos, ou, como fez Thales de Azevedo, ao afirmar a discriminação racial no comércio e nos clubes sociais da Bahia, vista então como a cidade de maior integração racial do Brasil.

A necessidade de contestar Donald Pierson, pioneiro dos estudos de relações raciais no Brasil, que afirmara em estudo de 1942 não haver preconceito racial no país, era tanta entre os líderes negros que não apenas acadêmicos brancos, mas quase trinta personalidades negras, profissionais liberais ou gente simples do povo, foram mobilizados pela coluna de Abdias para testemunhar sobre a atualidade da discriminação racial em várias regiões do Brasil e não apenas em São Paulo, como era voz corrente.

Seria ocioso lembrar a grande reação à mobilização política dos negros vinda do *establishment* conservador. O jornal *O Globo*, por exemplo, nunca aceitou sequer a existência do Teatro Experimental do Negro, visto como um exemplo de racismo às avessas.

Mas os argumentos também variavam. Alguns arguíam que a situação dos negros em São Paulo, estado de origem de grande parte dos líderes negros, não podia ser generalizada para o restante do país; outros argumentavam que a discriminação limitava-se a algumas poucas instituições; havia também quem sugerisse que a natureza mestiça do povo brasileiro não permitia mobilizações raciais, enquanto outros advertiam que tal mobilização terminaria por criar quistos raciais no Brasil; havia até mesmo aqueles para quem inexistiria, no Brasil, um "problema negro", mas um "problema do povo brasileiro".

Abdias do Nascimento e seus camaradas foram capazes, entretanto, de forjar no Brasil dos anos 1940 um movimento negro em aliança com artistas e intelectuais brancos, que lhes abriram as portas dos partidos políticos e da vida cultural brasileira. Eles tiveram uma enorme influência no sentido de livrar o movimento negro do pós-guerra do ranço puritano e pequeno-burguês que caracterizou a Frente Negra Brasileira. A luta contra o preconceito racial, contudo, continuou a ser a bandeira a unir os negros brasileiros e o termo "negro" foi mantido para nomear a identidade grupal, ainda que a palavra "afro-brasileiro", designando tanto a cultura quanto as pessoas, definitivamente fosse incorporada ao vocabulário da mobilização negra no Brasil. A autodeterminação política, porém, limitou-se a iniciativas culturais e educacionais e à formação do Diretório Negro do PTB.

"Democracia", significando igualdades de direitos e de oportunidades, foi, em 1946, um ideal que não se realizou. Para um país que saía de uma ditadura, em um mundo em que o fascismo acabara de ser vencido, mas em que o racismo contra os negros nos Estados Unidos tornara-se ainda mais visível, a palavra "democracia" ganhava múltiplos significados que tanto liberais quanto comunistas procuravam fixar. O argumento de que a democracia norte-americana era imperfeita por conta de seu viés racial, ao contrário da emergente democracia brasileira, era uma ideia sedutora para todos, inclusive para os negros.

A democracia racial negra dos anos 1940

O protesto negro, em 1946, estava no lugar adequado e na hora certa, mas um sólido consenso nacional sobre a harmonia racial como objetivo político fazia com que a justiça racial fosse pensada como decorrente das regras democráticas. Longe de ser uma variante da supremacia branca, a democracia racial era um construto utópico, nascido da colaboração tensa entre radicais negros e progressistas brancos. No final da década, em 1951, para ser preciso, com a promulgação da Lei Afonso Arinos, quase todas as demandas do Manifesto de 1946 tinham sido atendidas. A autonomia política dos negros, assim como o entendimento da democracia como respeito integral à cidadania e aos direitos individuais teriam, entretanto, que esperar uma nova ruptura democrática e uma nova redemocratização para se tornarem realidade. Ironicamente, para que a democracia pudesse existir seria preciso que antes a "democracia racial" fosse denunciada como mito e ilusão.

É justamente para o amadurecimento do pensamento de Abdias do Nascimento que dedico o capítulo seguinte.

5.
RESISTÊNCIA, REVOLTA, QUILOMBO[1]

Vimos no capítulo 3 que a modernidade negra é plural, varia de acordo com as diferentes formações nacionais. Isso significa, em termos concretos, que a história de cada Estado-nação do Ocidente ou de origem ocidental (fruto da colonização europeia) é, ao mesmo tempo, uma história particular da modernidade negra.

No entanto, para explicar essas diversas formações podemos recorrer a um conjunto fixo de condicionantes históricos, que funcionam como se fossem, numa análise estatística, variáveis independentes. Além dos fatores demográficos, econômicos, sociais ou políticos, pode-se destacar uma ordem particular de condições, mais propriamente ideológicos ou intelectuais, que são as tradições e constelações de ideias. Tradições essas tão intimamente interconectadas por influências recíprocas que apenas podemos agrupar pelas grandes línguas de expressão colonial: o português, o espanhol, o inglês e o francês.

Podemos assim, identificar três grandes zonas de pensamento, a ibero-afro-americana, a anglo-afro-americana e a franco-afro-americana, que funcionaram como verdadeiros "arquivos" de onde foram sacadas ideias para forjar identidades raciais e ideologias de integração na modernidade ocidental. Eu diria que os intelectuais negros circularam entre essas três zonas.

Em capítulo anterior, procurei explorar algumas construções ideológicas que floresceram nessas zonas, dando origem a certos padrões particulares. Foi assim que explorei a ideia de *raças his-*

---

[1] Publicado originalmente como "Resistência e revolta nos anos 1960: Abdias do Nascimento" em *Revista USP*, n° 68, dezembro-fevereiro de 2005-2006: 156-67.

tóricas, desenvolvida por Du Bois, nos Estados Unidos, a partir das noções de *Kultur*, do romantismo alemão, e *culture*, da antropologia cultural de Boas. Detive-me também em vários momentos sobre a noção de *négritude*, criação de Aimé Césaire e Léopold Senghor, reelaborada por Guerreiro Ramos e Abdias do Nascimento; assim como a apropriação da ideologia da *democracia racial* e das ideias de Gilberto Freyre e de Arthur Ramos pelos intelectuais negros brasileiros.

Há, entretanto, duas noções, oriundas do mundo francófono, ambas bastante desenvolvidas por Albert Camus, que encontraram eco nos escritos de Abdias do Nascimento dos 1960 e que passaram despercebidas pela literatura especializada até o momento. Refiro-me às noções de *resistência* e de *revolta*, bastante presentes nas ideologias que informaram as lutas de descolonização da África francesa.

Apesar de as atas do I Congresso do Negro Brasileiro terem sido publicadas em livro, em 1968, com o título de *O negro revoltado*, título também do ensaio introdutório, escrito por Abdias, nenhuma curiosidade despertaram o título ou as inúmeras citações de *O homem revoltado*, de Camus.[2]

Neste capítulo, procuro jogar alguma luz sobre o porquê da utilização de tais conceitos e verificar a sua eventual influência na obra posterior de Abdias, assim como na ideologia dos futuros movimentos negros brasileiros.

RÉSISTANCE E REVOLTA

Em que ano Abdias do Nascimento leu *O homem revoltado* é difícil de estabelecer. Em entrevista a Gérard Police (2000), Abdias sugere ter escrito *O negro revoltado* logo depois de Albert Camus ter escrito o *L'homme révolté*; mas isto é inverossímil, pois

---

[2] Não descobri a data dessa edição, mas na quarta capa há uma notícia biográfica de Camus em que se registra sua morte em janeiro de 1960.

o ensaio é datado de agosto de 1967 e o livro de Camus, publicado em 1951.[3] Ademais, Abdias não lia francês e não havia tradução em português ou espanhol antes de 1955. Em comunicação pessoal, disse-me ele que leu o texto de Camus, pela primeira vez, em espanhol, numa edição que lhe fora presenteada por seu amigo Efraim Bó, comprada no México.[4] Essa informação é congruente com a versão das citações de Camus em O negro revoltado.[5] Mas por que ao ler El hombre rebelde, como foi traduzido para o espanhol, Abdias evita falar de negro rebelde? Isso sugere que Abdias ou já tinha conhecimento da tradução portuguesa ou conhecia o original, pois, ademais, o livro é citado sempre por Abdias como L'homme révolté. O decisivo, entretanto, para arriscar uma datação, é o fato de o conceito de revolta não ser central no discurso de Abdias antes d'O negro revoltado. Parece mais prudente, pois, acreditar que Abdias tomou conhecimento da "revolta" depois de 1966, talvez pouco antes de escrever o seu ensaio.

---

[3] "E o Camus escreveu, acho que foi depois dessa visita [ao Brasil, em 1949], ele escreveu O homem revoltado, e eu escrevi logo O negro revoltado, você pode ver que faço várias referências, a cada capítulo ponho uma sentença do Camus" (Police, 2000, v. II: 181).

[4] Efaim Bó, Gofredo Iommi, Juan Raul Young e Napoleão Lopes Filho formavam com Abdias a Santa Hermandad Orquídea, um grupo de poetas argentinos e brasileiros que percorreu boa parte da América do Sul em boemia, nos anos 1940. Ver Police (2000).

[5] As citações feitas por Abdias não correspondem à tradução portuguesa. Por exemplo, coteje-se a seguinte citação feita por Abdias, "A revolta nasce do espetáculo da sem-razão, ante uma condição injusta e incompreensível" (Nascimento, 1982: 74), com o original francês, "La révolte naît du spectacle de la déraison, devant une condition injuste et incompréhensible" (Camus, 1951: 23), e ver-se-á que muito provavelmente a palavra "sem-razão" parece ser uma tradução literal do francês "déraison" ou do espanhol "sinrazón". Enquanto a primeira edição em espanhol de L'homme revolté data da segunda metade dos anos 1950, a versão portuguesa aparece em algum ano da década de 1960 e utiliza a palavra "insensatez" para traduzir "déraison".

Resistência, revolta, quilombo

Vale ressaltar, inicialmente, que a noção de "revolta", significando um profundo sentimento subjetivo de injustiça que não encontra expressão política coletiva, ou seja, que não se transforma em "rebeldia" ou "combate", é elemento constitutivo do repertório das ideias que forjaram historicamente a identidade negra no Brasil. Abdias tinha íntimo contato com esse mundo de ideias, como bem o demonstra Macedo (2005) na sua exposição dos escritos de Abdias no ano de 1946.[6] O distintivo da *revolta* que Abdias aprende em Camus, entretanto, é que, em torno dela, poderá organizar discursivamente a resistência moral e política às injustiças vividas pelo negro brasileiro.

O fato é que a leitura de *El hombre rebelde* foi decisiva para o desenvolvimento posterior do pensamento político de Abdias. Mas não todo o livro, frise-se logo de início. Como veremos adiante, foram a Introdução e a Parte I, justamente aquela intitulada "O homem revoltado", que prenderam a atenção e fascinaram Abdias. O restante do ensaio não pareceu lhe interessar; parte justamente na qual Camus se pergunta por que os ideais se pervertem, do porquê da rebeldia, uma vez no poder, se transformar em opressão, ou seja, o cerne da argumentação de Camus, que provoca a sua ruptura com Sartre e os comunistas, com Breton e os surrealistas. Apesar de haver um paralelo entre as divergências de Camus e de Abdias com o comunismo francês e brasileiro, respectivamente, não parece ter sido essa a razão principal da atração que o primeiro exerceu sobre o segundo.[7] Também não parece haver relação

---

[6] Refiro-me, aqui, ao capítulo 3 da dissertação de mestrado de Márcio Macedo, "Abdias do Nascimento: a trajetória de um negro revoltado (1914-1968)", Departamento de Sociologia da USP, 2005.

[7] Evidência adicional de que a polêmica entre Camus e Sartre não interessou a Abdias é o fato de que, ao distinguir *ressentimento* de *revolta*, ao invés de seguir Camus, Abdias prefere escrever: "Com Sartre, acreditamos que ela [a revolta] vai mais longe: '[...] a revolta é que é o âmago da liberdade, pelo que ela apenas se realiza com o engajamento na revolta'" (Nascimento, 1982: 66).

entre a guerra de libertação da Argélia e tal fascínio, a não ser indiretamente, pela via das ideias, posto que, como se sabe, não foi Camus quem abraçou a causa argelina, mas Sartre, o aliado dos comunistas.[8]

Foram os conceitos de *résistance* e de *révolte* que galvanizaram a atenção de Abdias, os mesmos que já haviam servido de ponte entre o pensamento de juventude (*Peau noire, masques blancs*) e de maturidade (*Les damnés de la terre*) de Frantz Fanon, segundo aponta corretamente Dennis McEnnerney (2003).

McEnnerney é convincente ao demonstrar que o conceito de *résistance*, tal como desenvolvido pelos *partisans* franceses, tem o significado de "opor-se a pressões moralmente questionáveis e à sedução da colaboração política com os opressores", refugiando-se em suas forças interiores. Foi a partir desse conceito, desenvolvido nos editoriais do jornal clandestino *Combat* e, mais tarde, exposto nas *Lettres à un ami allemand*, que Camus pôde escrever, em *O homem revoltado*:

> "O que fora a princípio uma resistência irredutível do homem converte-se no homem integral que com essa resistência se identifica e nela se resume. [...] A consciência nasce com a revolta." (Camus, s/d: 27)

Foram esses conceitos, mais que os de *raça negra, democracia racial* ou *negritude*, que operaram a mudança radical do pensamento de Abdias e que se expressam no pequeno ensaio introdutório à edição das atas do I Congresso do Negro Brasileiro, realizado em 1950, mas só publicadas em 1968, pouco antes de Abdias partir para o exílio. Esses conceitos rearticulam a sua inter-

---

[8] Sartre passou os meses de agosto e setembro de 1960 no Brasil e aproveitou para defender as revoluções cubana e argelina; mas não parece ter se encontrado com Abdias. Seu interesse em relação aos negros brasileiros concentrou-se sobre sua cultura e religiosidade, tendo visitado, guiado por Zélia Gattai e Jorge Amado, assim como Vivaldo da Costa Lima, candomblés, xangôs e umbandas.

Resistência, revolta, quilombo

pretação da história brasileira enquanto resistência continuada e prolongada dos negros às discriminações raciais e às formas alienantes da cultura embranquecida de origem europeia.

Tal interpretação substituirá definitivamente aquela de um país mestiço e sincrético ao qual os negros devem se integrar através da educação formal e da edificação de uma personalidade não ressentida e não alienada. Marcará também o amadurecimento da sua fase mais exclusivamente artística, centrada sobre a ideia de *négritude*, e que dera ainda o tom ao seu discurso na "Carta Aberta ao I Festival Mundial de Artes Negras" (Nascimento, 2002: 321-32), reunido em Dakar, escrita em março de 1966. Mas estou me adiantando, pois tratarei da evolução do pensamento de Abdias apenas no próximo item. Voltemos a *O negro revoltado*, escrito em 1967.

A ruptura a que me refiro é expressa por Abdias nos seguintes termos:

> "Que valor invoca a revolta do negro? Seu valor de Homem, seu valor de Negro, seu valor de cidadão brasileiro. Quando a Abolição da escravatura em 1888 e a Constituição da República em 1889 asseguram teoricamente que o ex-escravo é um cidadão brasileiro com todos os direitos, um cidadão igual ao cidadão branco, mas, na prática, fabrica um cidadão de segunda classe já que não forneceu ao negro os instrumentos e meios de usar as franquias legais — atingem profundamente sua condição de homem e plantam nele o germe da revolta. As oligarquias republicanas, responsáveis por essa abolição de fachada, atiraram os quase cinquenta por cento da população do país — os escravos e seus descendentes — à morte lenta da história, dos guetos, do mocambo, da favela, do analfabetismo, da doença, do crime, da prostituição." (Nascimento, 1982: 93-4)

Abdias cita sete vezes o ensaio de Camus. Todas as citações são retiradas da Introdução e da Parte I de *L'homme révolté*. São duas epígrafes gerais,[9] outras quatro que enunciam diferentes seções do ensaio e uma citação final.[10] As seções são as seguintes: (a) *Discriminação militante*: "O espírito da revolta não é possível senão nos grupos em que uma igualdade teórica encobre grandes desigualdades de fato" (Nascimento, 1982: 68); (b) *Preconceito e desemprego*: "A revolta nasce do espetáculo da sem-razão, ante uma condição injusta e incompreensível" (Nascimento, 1982: 74); (c) *A difícil luta antiga*: "A consciência nasce com a revolta" (Nascimento, 1982: 76); e (d) *Conferência Nacional do Negro*: "A revolta é a recusa do homem a ser tratado como coisa e a ficar reduzido à simples história" (Nascimento, 1982: 88).

Vejamos, agora, como Abdias do Nascimento chegou a reatualizar seu pensamento a partir dos conceitos centrais de *resistência* e de *revolta*.

A EVOLUÇÃO DO PENSAMENTO DE ABDIAS NOS ANOS 1950 E 1960

Como, nos anos 1950, reagiam os intelectuais negros brasileiros às ideias provenientes das zonas anglo e franco-afro-americanas?

Tomemos, primeiro, a ideia do negro como uma raça histórica, tal como desenvolvida por Du Bois.[11] Tal formulação, intro-

---

[9] "O que é um homem revoltado? Um homem que diz não. Mas ao negar-se não renuncia: é também um homem que diz sim desde seu primeiro movimento" (Nascimento, 1982: 57) ["Qu'est-ce qu'un homme révolté? Un homme qui dit non. Mais s'il refuse, il ne renonce pas : c'est aussi un homme qui dit oui, dès son premier mouvement" (Camus, 1951: 27)] e "Eu me revolto, logo nós somos" (Nascimento, 1982: 59) ["Je me révolte, donc nous sommes" (Camus, 1951: 38)].

[10] "[...] la révolte est profondément positive puisqu'elle révèle ce qui, en l'homme, est toujours à défendre" (Camus, 1951: 34).

[11] "But while race differences have followed mainly physical race lines, yet no mere physical distinctions would really define or explain the deeper

duzida no Brasil pela imprensa negra paulista a partir dos anos 1925, ajudou os negros a mudar a maneira como se representavam publicamente, levando-os a abandonar expressões como "classe de gente de cor" ou "classe de homens pretos" para falar de "raça negra".

Mas a ideia de uma raça ou cultura negra tinha conotações pan-africanistas e afronacionalistas que serão recusadas de imediato. Também a ideia central de Du Bois de uma dupla consciência (pertencer, ao mesmo tempo, à nação norte-americana e à raça ou cultura africana) foi rechaçada com veemência. Ao contrário, prevaleceu o ideal de uma completa integração à cultura e à nação brasileiras.

Tal rechaço foi tão forte que se pode mesmo dizer, correndo o risco de uma generalização apressada, que não foi o conceito de raça de Du Bois o acolhido entre 1925 e 1930 no Brasil, mas que simplesmente foi o pensamento racista europeu dos anos 1920 e 1930 aquele que foi integrado ao discurso dos intelectuais negros brasileiros, muito embora com sinal invertido.

Ao lado de Abdias, entre os principais intelectuais negros brasileiros nos 1950 encontra-se Guerreiro Ramos. Ainda que suas ideias não fossem completamente compartilhadas, os dois mantiveram estreita colaboração e os argumentos do sociólogo foram muitas vezes incorporados pelo ativista. Mas o Abdias do pós-guerra conhecia talvez melhor que o amigo as diversas tendências do pensamento negro brasileiro, um pensamento que se assentava sobre um enorme leque de ideias, num espectro que ia da ênfase

---

differences — the cohesiveness and continuity of these groups. The deeper differences are spiritual, psychical, differences undoubtedly based on the physical, but infinitely transcending them. The forces that bind together [the Teuton] nations are, then, first, their race identity and common blood; secondly, and more important, a common history, common laws and religion, similar habits of thought and a conscious striving together for certain ideals of life. The whole process which has brought about these race differentiations has been a growth, and the great characteristic of this growth has been the differentiation of spiritual and mental differences between great races of mankind and the integration of physical differences" (Du Bois, 1986: 818-9).

monocórdia na reconstrução moral do negro (supostamente destroçado pela escravidão) até à reivindicação do negro enquanto povo (brasileiro) e não raça. Citarei, além destas, apenas algumas outras "ideias-mote": o negro como trabalhador e produtor da riqueza material do Brasil; o negro como colonizador e construtor cultural; o negro como injustiçado, preso à sua revolta subjetiva; o negro como alegria e vida, sobrepujando as injustiças e a dor; o negro como produtor de uma cultura original; o negro como guerreiro defensor da pátria (Henrique Dias[12]) e da liberdade (quilombo dos Palmares). Difícil, se não impossível, traçar a origem de todas essas ideias. Algumas delas percorreram livremente as Américas.

No entanto, uma primeira observação, válida para os intelectuais negros brasileiros, é que tinham circulação internacional praticamente nula antes de 1968. Tomemos como exemplo Guerreiro, o mais formalmente educado de todos, mas que nunca saíra do Brasil, e cujo contato com o mundo norte-americano e europeu se dava pela leitura de livros e jornais, que o domínio de línguas estrangeiras lhe permitia. Abdias, se excetuarmos uma rápida excursão boêmia pela América Latina e duas idas a Cuba, em 1961 e 1963, também não saíra do Brasil e seu contato com as ideias anticolonialistas, pan-africanistas ou afrocêntricas dava-se por intermédio dos amigos mais próximos.

Entretanto, ambos mantiveram, nos 1950, contato com intelectuais estrangeiros, principalmente norte-americanos e franceses, que passavam pelo Brasil. O jornal negro *Quilombo* e o Teatro Experimental do Negro eram as duas instituições que permitiam e estreitavam os laços com os intelectuais estrangeiros. Foi assim, por exemplo, que Abdias conheceu Camus em 1949, quando este visitou o TEN e assistiu a um ensaio de sua peça *Calígula* (Nascimento, 1950: 11).

Todavia, o núcleo erudito da formação intelectual de Abdias, à época desse primeiro encontro, era quase inteiramente domina-

---

[12] Henrique Dias, filho de escravos, foi comandante do batalhão negro que lutou na guerra contra os holandeses, em Pernambuco, em 1648-1649.

Resistência, revolta, quilombo

do pela matriz de pensamento racial brasileiro, tal como expressa por Silvio Romero, Nina Rodrigues, Alberto Torres, Oliveira Vianna, Gilberto Freyre e Arthur Ramos.

Só depois de 1953, quando o TEN rompe parcialmente com a intelectualidade acadêmica, Guerreiro Ramos desenvolverá um pensamento original e crítico, bebendo mais intensamente do repertório de ideias que nutriam a identidade negra brasileira, como a "ideia-mote" de que o negro, no Brasil, é povo,[13] mas refinando-a a partir de uma reflexão mais sistemática, aprendida em autores estrangeiros, no caso particular, nos intelectuais da descolonização, como Frantz Fanon, e tornando-se mais aberto às ideias da negritude.[14]

Nos 1950, Guerreiro Ramos e Abdias do Nascimento falarão ocasionalmente de raça negra; mas é a ideia de *cultura negra*, tal como utilizada pelos autores da *négritude*, que os influencia mais. Não sem críticas e nunca integralmente, pois eles preferiram falar em *cultura afro-brasileira*, rechaçando o afrocentrismo e o pan-africanismo da *négritude*. Ao contrário, a negritude brasileira terá a característica peculiar de ser fusionada à *democracia racial*.

Um texto de Guerreiro Ramos, publicado originalmente no jornal *Quilombo*, dirigido por Abdias do Nascimento, ilustra o que venho de dizer:

> "O Brasil deve assumir no mundo a liderança da política de democracia racial. Porque é o único país do orbe que oferece uma solução satisfatória do problema racial. Com respeito aos homens de cor, oferece-lhes a sociedade brasileira praticamente todas as franquias. E

---

[13] Vimos, no capítulo anterior, que o professor Luís Lobato afirmava que "o negro é povo no Brasil".

[14] Para uma análise recente da evolução do pensamento de Guerreiro Ramos, ver Barbosa (2015) e Oliveira (1995). No capítulo 7, argumentarei que, apesar de provavelmente conhecer o pensamento de Fanon, Guerreiro guardou alguma distância de suas conclusões mais revolucionárias.

se há um problema dos homens de cor em nosso país, ele consiste eminentemente em exercitá-los, pela cultura e pela educação, para usar aquelas franquias. [...] No momento em que lançamos na vida nacional o mito da negritude, fazemos questão de proclamá-la com toda clareza. A negritude não é um fermento de ódio. Não é um cisma. É uma subjetividade. Uma vivência. Um elemento passional que se acha inserido nas categorias clássicas da sociedade brasileira e que as enriquece de substância humana. [...] A negritude, com seu sortilégio, sempre esteve presente nesta cultura, exuberante de entusiasmo, ingenuidade, paixão, sensualidade, mistério, embora só hoje por efeito de uma pressão universal esteja emergindo para a lúcida consciência de sua fisionomia." (Guerreiro Ramos, 1950: 11)

Tal concepção será paulatinamente modificada por Guerreiro à medida que ele precisa fazer face às interpretações acadêmicas sobre o seu próprio pensamento e sobre o Teatro Experimental do Negro, principalmente àquela avançada por Costa Pinto (1953), bem assim na medida em que avança a luta anticolonialista na África dos anos 1960. A assunção de uma identidade não colonizada, negra, será então considerada a condição preliminar para a construção de uma identidade brasileira não alienada.

"O brasileiro, em geral, e, especialmente, o letrado, adere psicologicamente a um padrão estético europeu e vê os acidentes étnicos do país e a si próprio, do ponto de vista deste. Isto é verdade, tanto em referência ao brasileiro de cor como ao claro. Este fato de nossa psicologia coletiva é, do ponto de vista da ciência social, de caráter patológico, exatamente porque traduz a adoção de critério artificial, estranho à vida, para a avaliação da beleza humana. Trata-se, aqui, de um caso de alienação que consiste em renunciar à indução de critérios locais ou regionais de julgamento do belo, por subserviência inconsciente a um prestígio exterior." (Guerreiro Ramos, 1995: 194-5)

"A partir desta situação vital, o problema efetivo do negro no Brasil é essencialmente psicológico e secundariamente econômico. Explico-me: [...] O negro é povo, no Brasil. Não é um componente estranho de nossa demografia. Ao contrário, é a sua mais importante matriz demográfica. Esse fato tem de ser erigido à categoria de valor, como o exige a nossa dignidade e o nosso orgulho de povo independente." (Guerreiro Ramos, 1995: 200)

É certo que, para Abdias do Nascimento, principalmente em suas peças teatrais, a negritude tem uma expressão mais próxima do pan-africanismo, como sugere Bastide (1983) e ressalta Macedo (2005). No entanto, essa negritude de Abdias não se expressa em discurso ou projeto político de ruptura com a *democracia racial* até 1964, quando a tese de Florestan Fernandes sobre *A integração do negro na sociedade de classes* é entusiasticamente recebida pelos ativistas negros. Verdade que com a morte de Arthur Ramos no final de 1949 e com o afastamento crescente de Gilberto Freyre dos meios políticos negros a denúncia da democracia racial como um ideal que raramente se cumpria passou a aparecer mais constantemente nos meios políticos negros de São Paulo e do Rio. Faltava, entretanto, para a ruptura definitiva o endosso de cientistas sociais bem posicionados no mundo acadêmico. De 1964 até pelo menos 1966, data da "Carta Aberta ao I Festival Mundial de Artes Negras", Abdias passa a construir o seu discurso político, afastando-se do ideal de democracia racial, denunciado como ficção ou mito, e assumindo integralmente o discurso da negritude:

"Sem nenhum contato, desligados materialmente, ignorando o que se fazia fora de nosso país, mantivemo-nos fiéis ao apelo telúrico, ao chamado primitivo. Ao fermento africano, à negritude, enfim, a qual, já o disse alguém, antes de um tema ou uma abstração conceitual, é o nosso *jeito* de sermos homens, nossa ótica do mundo que nos rodeia. E tudo o que *jeito* e ótica têm de mais profundo e intocável. Por isso, segundo o poeta, nos reconhecemos mais pelo olhar que pelo idioma." (Nascimento, 2002: 331)

Todavia, será apenas a partir do contato com o texto de Camus e da absorção dos seus conceitos que Abdias começará a articular um discurso político original, de maturidade. *O negro revoltado*, de 1967, é a primeira pedra desse discurso de maturidade, que evoluirá em direção a uma ideologia de libertação dos negros brasileiros — o *quilombismo*.

No quilombismo, forjado durante o exílio norte-americano, Abdias concilia os conceitos eruditos de *revolta* e *resistência* com os conceitos nativos de *revolta* e de *quilombo*, recriando assim, no plano da política de identidade, um passado heroico para o povo negro brasileiro e um futuro de luta. Para entendê-lo, todavia, é preciso lembrar a sua intensa circulação internacional depois de 1968.[15] Como ele mesmo lembra:

---

[15] Uma rápida lista de lugares e atividades desenvolvidas por Abdias do Nascimento durante seu exílio:

1968 — Exposição na Harlem Art Gallery; na Cript Gallery da Columbia University; *Visiting Lecturer* na Yale School of Drama; e exposição na School of Art and Architecture da Yale University;

1969 — *Visiting Fellow* na Wesleyan University, em Connecticut; participação no seminário "Humanidade em Revolta"; *Associate Professor* no Centro de Estudos e Pesquisa Porto-Riquenhos na State University de Nova York;

1973 — Participação na conferência preparatória do VI Congresso Pan-Africanista da Jamaica;

1974 — Participação no VI Congresso Pan-Africanista em Dar-es-Salaam, na Tanzânia;

1976 — Participação no seminário "Alternativas Africanas", organizado pela União dos Escritores dos Povos Africanos em Dakar; conferências em

"Ironicamente, pode-se afirmar ter sido a 'revolução' [o golpe militar de 1964], contrariando seus próprios desígnios, que dinamizou a participação do negro brasileiro nos foros internacionais do mundo africano." (Nascimento, 1982: 12)

Sem pretender esmiuçar tal discurso de maturidade, mas apenas para dar ao leitor uma ideia de como os conceitos de *resistência* e de *revolta* são rearticulados à velha intuição do *quilombo* enquanto símbolo e síntese da experiência africana no Brasil, finalizo por esboçá-lo em linhas gerais.

O QUILOMBISMO

Após o endurecimento do regime militar, em 1968, Guerreiro e Abdias partiram para o exílio norte-americano. Na América do Norte, Guerreiro fará uma carreira muito bem-sucedida como sociólogo das organizações e não retomará jamais seus escritos sobre as relações raciais brasileiras. Abdias, ao contrário, se tornará, nos anos subsequentes, o principal líder da reconstrução do movimento negro brasileiro. O exílio norte-americano será decisivo para o futuro da sua ideologia política, enriquecida pelo contato íntimo com formulações que circulavam no mundo anglo-afro-americano. As ideias de *raça*, o *birracialismo*, o *multiculturalismo* e o *afrocentrismo*, tal como desenvolvido por um de seus melhores amigos, Molefi K. Asante (1987), penetrarão definitivamente no seu vocabulário político e entrarão na agenda do movimento negro brasileiro, que se reorganiza a partir dos anos 1970.

Washington e orador da grande concentração organizada pelo Partido Revolucionário dos Povos Africanos;

1977 — Professor visitante na Universidade de Ifé, na Nigéria, e participação no II Festival Mundial de Arte e Cultura Negro-Africanas.

Essas ideias anglo-saxônicas serão, entretanto, integradas à velha matriz da identidade negra brasileira, à negritude brasileira, com suas inclinações nacional-populistas, seu anticolonialismo e anti-imperialismo; agora potenciadas pela noção camusiana de *resistência*.

As razões para tal desenvolvimento serão parcialmente anunciadas pelo próprio Abdias:

> "Observando as vicissitudes dessas tentativas [referia-se à Kwanzaa], às vezes fracassadas, de restituir uma base autônoma de identidade comunitária para resistir à sua absorção pelos padrões europeus majoritários nos Estados Unidos, melhor pude compreender o vasto tesouro, não só cultural, como também político, que constitui nossa herança religiosa afro-brasileira. Embora todo o trabalho cultural/político do TEN testemunhe essa consciência, já existente desde a década de 40, ela se agudizou diante desse patético quadro de destituição cultural do afro-norte-americano." (Nascimento, 1982: 20)

Tomarei um texto de Abdias, publicado como apêndice a *O negro revoltado*, na sua segunda edição, para exemplificar o que venho de dizer sobre a evolução do seu pensamento. Trata-se de "Uma mensagem do quilombismo", conferência pronunciada por ele em 1980 na Câmara dos Deputados dos Estados Unidos, em Washington.

Logo de início, Abdias anuncia à plateia afro-americana a herança de que ele é portador: o *quilombo*.

> "Existe outra condição da vida africana que nunca se modificou durante a história do meu povo: nossa *resistência* contra a opressão e nossa vitalidade e força criativas. Trouxemos conosco, desde a África, a força do nosso espírito, das nossas instituições socioeconômicas e políticas, de nossa religião, arte e cultura. É essa a es-

sência do nosso conceito de *quilombo*." (Nascimento, 1982: 26, grifos meus)

O quilombismo de Abdias do Nascimento assenta-se, todavia, sobre o elemento basilar da identidade afro-brasileira que é a ideia de que o Brasil foi construído pelo trabalho dos africanos, negros e mulatos. Vinda do movimento abolicionista, ela pode ser encontrada em Manuel Querino e nos pioneiros da identidade negra brasileira:

> "Nossos ancestrais nos legaram outra herança: a construção de um país chamado Brasil, erigido por africanos e somente por africanos. Um país com um território enorme, a metade da América do Sul; um país maior do que o território continental dos Estados Unidos. A tarefa de construir a estrutura econômica e material desse país significou o holocausto de milhões de vidas africanas." (Nascimento, 1982: 25)

Os demais elementos do quilombismo são mais bem explicados pela conjuntura política dos anos 1970 e pela internacionalização da luta negra em conexão com alguns grandes movimentos sociais internacionais: o restabelecimento da democracia na América Latina e a defesa dos direitos humanos ameaçados pelas ditaduras instaladas na década dos 1960, a luta contra o *apartheid* e contra as desigualdades raciais e o movimento feminista.

Vamos rapidamente a eles. Comecemos pelo feminismo. A ideia aceita internacionalmente do Brasil como uma nação mestiça, e da mestiçagem como uma solução para o racismo, é denunciada por Abdias do Nascimento a partir da categoria jurídico-moral de *estupro*:

> "O senhor colonial português não se casava com a mulher africana, conforme implica o *slogan* convencional do intercasamento: estuprava-a. [...] disso resultando o fenômeno cruel de sua prostituição forçada em nossa

sociedade. Semelhante à violência policial que se pratica normalmente contra a comunidade negra, a violência sexual é também outro elemento do estado de terror sistematicamente imposto sobre nós, para reforçar em nós o sentimento de nossa própria impotência e inferioridade." (Nascimento, 1982: 29)

Outras categorias, essas muito caras ao movimento internacional de defesa dos direitos humanos, como *genocídio* e *violência*, são também acionadas por Abdias, ao tempo em que lhe servem para reforçar ideias já consolidadas, como a máxima de Guerreiro de que *negro* é o povo brasileiro:

"Já que o ex-escravo se tornara cidadão, *o Brasil se tornava inegavelmente um país negro*; circunstância que a elite dominante branca não podia tolerar. As teorias científicas da época diziam que o negro 'permaneceria para sempre como motivo básico da nossa inferioridade como povo'. Era necessário acabar com ele. A literatura política daquele tempo é muito explícita neste sentido. E assim começa o *genocídio*, nesse século, do povo negro do Brasil, de duas maneiras: através da liquidação física, inanição, doença não atendida, e brutalidade policial; mais sutil é a operação da miscigenação compulsória. Esta política demográfica, pregada como ideal social pelas camadas dominantes, dita que o cidadão brasileiro atinge os direitos civis e humanos, a ascensão na escala socioeconômica, enfim, a sobrevivência física e econômica, somente na medida em que ele atinja as características do branco, na cor da pele, nos traços somáticos e no comportamento social, não importando sua competência profissional, seu caráter ou inteligência." (Nascimento, 1982: 27, grifos meus)

Entretanto, é novo o argumento introduzido por Abdias com nítido fim político de que o Brasil é o maior país negro do mundo, depois da Nigéria. A autoridade decorrente da demografia fará com que os negros brasileiros se apresentem, internacionalmente, pela voz de Abdias, à maneira dos sul-africanos, como uma maioria negra explorada por uma minoria branca ou embranquecida. Para isso é preciso que a *democracia racial* seja denunciada, não apenas como mito, mas como ideologia racista:

> "O supremacismo branco no Brasil criou instrumentos de dominação racial muito sutis e sofisticados para mascarar esse processo genocida. O mais efetivo deles se constitui no mito da 'democracia racial'. Aqui temos talvez a mais importante diferença entre os sistemas de dominação anglo-americano e luso- (ou hispano-) americano. O mito da 'democracia racial' mantém uma fachada despistadora que oculta e disfarça a realidade de um racismo tão violento e tão destrutivo quanto aquele dos Estados Unidos ou da África do Sul." (Nascimento, 1982: 28)

Também em sintonia com o movimento internacional de defesa dos direitos humanos, as desigualdades sociais no país serão apresentadas como *racismo*. Mas não apenas isso, as desigualdades sociais são também utilizadas por Abdias para retomar as antigas bandeiras anti-imperialistas, agora renovadas pelas ideias da nova esquerda brasileira e latino-americana:

> "A ditadura [militar brasileira] articulou também uma política econômica de industrialização forçada dentro do sistema capitalista-monopolista mundial, entregando a economia do país ao capital estrangeiro multinacional e transformando o Brasil num poder *subimperialista*, que se expande em busca dos mercados das economias mais fracas da África e do resto da América Latina. Tal política econômica resultou, inclusive, numa escandalosa concentração racial da renda nas mãos de uma minúscula elite minoritária, constituída de somente 5%

da população do país. Esses 5% absorveram 27,7% do ingresso nacional em 1960; até 1976, essa proporção havia aumentado para quase 40%. No outro extremo, a metade mais pobre do nosso povo, sendo a imensa maioria de descendentes africanos, obteve 17,7% em 1960; em 1976, sua parcela havia diminuído para quase 11,8%." (Nascimento, 1982: 31, grifo meu)

De real e completamente novo, portanto, Abdias trará ao Brasil o discurso afrocêntrico. É certamente dele que decorrem os pontos mais virulentos do discurso quilombista: a denúncia do genocídio físico e cultural que estariam sofrendo os negros brasileiros, e a apresentação internacional da *democracia racial* como discurso supremacista branco.

Procurei demonstrar até aqui que existe mais continuidade que ruptura no pensamento de Abdias do Nascimento entre 1968 e 1980. Tal continuidade, a meu ver, foi garantida pela incorporação que faz dos conceitos de *resistência* e *revolta*, desenvolvidos no mundo intelectual francês, e dos quais ele toma plena consciência apenas depois da leitura de O *homem revoltado* de Albert Camus, em algum momento entre março de 1966 e agosto de 1967. É bem verdade que tais conceitos já estão presentes em estado latente em muitos escritos de sua fase anterior, de meados dos anos 1950 ou meados de 1960, quando estreita suas afinidades com a *négritude*. É também verdadeiro que sua visão das religiões afro-brasileiras já estava marcada, e de há muito, pela mesma concepção de resistência, tal como Roger Bastide (1945, 1961) a empregava.

Meu argumento principal, todavia, é de que se houve ruptura no pensamento de Abdias, e houve várias, a maior delas, a que marca realmente um ponto de inflexão com sua ideologia política dos anos 1950, deu-se quando passa a narrar a história do negro brasileiro como uma história de resistência cultural e de revoltas políticas. Meu argumento, portanto, revalida a posição do próprio Abdias, que sempre negou que o exílio norte-americano tivesse feito dele um militante diferente daquele que deixou o Brasil.

Resistência, revolta, quilombo

No entanto, é forçoso reconhecer que, se é verdade que muitos ignoram essa última fase de Abdias antes do exílio, e daí rapidamente comparam o Abdias dos anos 1950 ao Abdias dos 1980, atribuindo a sua mudança à incorporação de valores negros norte-americanos, é também verdade que o quilombismo marca uma nova ruptura, a qual pode ser sintetizada pela centralidade que passa a ter o afrocentrismo em seu pensamento.

A seguir, procurarei num breve capítulo sintetizar o modo como o protesto e o movimento social negro mais geral mobilizaram-se em termos retóricos, ao longo dos anos, em busca de cidadania plena.

6.
OS NEGROS EM BUSCA DA CIDADANIA[1]

Se na Europa o nascimento num determinado território e o compartilhamento de certos traços culturais, como uma língua comum, foram condições de primeira hora para a generalização da cidadania no interior dos Estados-nação, nas Américas as etnias e, posteriormente, a racionalização e a percepção delas como raças passaram a ser justificativas para garantir a negação desses direitos de cidadania e permitir a continuidade da escravidão ou do servilismo como modo de produção e como relação de trabalho. Aqui, como desenvolvi no capítulo 2, a solidariedade social, ou seja, a promessa aberta de integração racial e étnica pela via da aculturação, substituiu o ideal de igualdade social para as massas, uma vez abolida a escravidão e instituída a República como forma de governo.

Vimos também que o processo de construção da cidadania nos países americanos passou por duas etapas: primeiro, a abolição da escravidão; segundo, a construção de um sentimento nacional que incluiu toda a sua população. Só assim os direitos civis, políticos e sociais poderiam vir a ser generalizados para um corpo nacional, seja ele ou não multicultural.

As classes sociais[2] são fundamentais nas sociedades modernas porque nessas últimas já não existem os coletivos institucionaliza-

---

[1] Parte deste capítulo foi publicado originalmente em "Cidadania e retóricas negras de inclusão social", *Lua Nova*, n° 85, 2012: 13-40.

[2] Como vimos no capítulo 1, para uma importante tradição da sociologia não faz sentido falar de classes sociais antes da Idade Moderna. Weber, por exemplo, reserva o conceito para sociedades em que se formam mercados, ou seja, em que indivíduos interajam livremente. A tradição marxista,

dos que monopolizam privilégios, como na Antiguidade ou na Idade Média. Nas sociedades modernas, toda e qualquer mobilização coletiva, fechamento de oportunidades ou monopolização de recursos, deve ser organizada por indivíduos que atuam livremente, como iguais, em mercados. As classes, enquanto coletivos, formam-se e desfazem-se a depender de conjunturas políticas, mas, enquanto estruturas, são permanentes pois a organização de coletivos sociais é dada pela estrutura socioeconômica e pelo funcionamento dos mercados. Vistas como possibilidade de acesso ao mercado de bens e serviços, as classes atuam permanentemente, ao definir as chances individuais através da posse de capitais e de seus marcadores (Bourdieu, 1979). A propriedade de ativos financeiros e de imóveis, o domínio da norma culta da língua materna, de línguas universais, de códigos da cultura erudita, a posse do conhecimento científico e de credenciais escolares etc. constituem, pois, elementos permanentes de classificação social e de distinção a relativizar a equalização dos indivíduos em cidadãos.

Nas Américas, as classes sociais seguem historicamente um recorte muito próximo ao dos povos que aqui se encontram (e se mesclam) e que são referidos como raças. A mestiçagem pode confundir essas fronteiras ou acentuá-las (Munanga, 1999). O decisivo para esse jogo classificatório é o modo como se constitui a cidadania, ou seja, a igualdade de direitos entre os indivíduos que compõem a nação. Como as hierarquias sociais se mantêm e se reproduzem no contexto ideológico republicano?

Sigo aqui, de certo modo, as sugestões de Dumont (1960), desenvolvidas para o Brasil por DaMatta (1990), segundo as quais a manutenção de uma certa hierarquia social impediu que se desenvolvesse explicitamente entre nós uma rígida hierarquia racial. Ou seja, a subcidadania da maioria dos negros e mestiços evitou

---

ao contrário, utiliza o termo para todas as épocas históricas, pois está interessada em explicar como se formam coletivos políticos a partir da teoria geral de que o plano fenomênico das relações sociais está determinado por fundamentos de estrutura econômica, ou seja, pela posição objetiva dos sujeitos numa determinada formação social.

por muito tempo que as raízes raciais da hierarquia social fossem visíveis.

A mobilização dos negros brasileiros em busca da ampliação de sua cidadania, através de diferentes períodos históricos, utilizou-se de elementos retóricos recorrentes. Vejamos.

No Brasil, como em outras partes das Américas, o processo de abolição proporcionou uma onda de reflexão erudita, pseudocientífica, em torno do conceito de raça, cujo resultado foi criar justificativas para a continuada desigualdade social entre europeus e não europeus. Os primeiros reivindicavam para si a igualdade cidadã e os direitos políticos, enquanto aos segundos ficavam reservadas as posições subalternas. Como bem observou Dumont (1960), as sociedades modernas americanas elegeram o racismo como justificativa natural para a hierarquia social que permaneceria nas repúblicas liberais.

Diferentemente do que se passou nos Estados Unidos, no entanto, a raça no Brasil não criou para os indivíduos, principalmente os mestiços, obstáculos intransponíveis. Várias explicações foram dadas para tal diferença, que não cabe aqui resenhar. O fato é que a noção mais antiga de "cor", em torno da qual, na Europa, desde a Antiguidade, se diferenciaram povos e indivíduos, continuou a ter mais importância que as explicações pseudocientíficas baseadas em raça. Ainda que as classificações de cor tivessem sofrido uma espécie de releitura racista erudita e permanecessem doravante com tal substrato, não se desenvolveu no Brasil nem uma classificação racial bipolar, nem emergiram regras classificatórias precisas (Harris, 1956). As circunstâncias e situações sociais permitiriam a manipulação das classificações de cor (Azevedo, 1963).

Tal desenvolvimento estava em homologia com a impossibilidade demográfica e política de se criar uma nação totalmente branca, pelo que quero dizer uma nação apenas com descendentes de europeus não miscigenados e recém-imigrados. A impossibilidade demográfica estava na baixa atratividade do Brasil para as correntes imigratórias europeias do final do século XIX e começo do XX; a impossibilidade política residia na centralidade social e

Os negros em busca da cidadania

econômica que ganhou parte da população brasileira de origem mestiça, que se autodeclarava branca.

Aqui, talvez valha a pena retomar, ainda que em traços rápidos, as diferenças dos sistemas de classificação racial vigentes nos Estados Unidos, na Europa e no Brasil, de modo a evitar mal-entendidos e excesso de polissemia. O sistema norte-americano utiliza a regra de hipodescendência, ou seja, descendência traçada a partir do cônjuge socialmente inferiorizado, para traçar os limites dos grupos raciais, que são referidos abertamente como *raças*. O sistema europeu contemporâneo, desde o fim da Segunda Guerra Mundial, rechaça o termo "raça" e classifica os indivíduos, seja em termos culturais, *etnias* propriamente ditas, ou a partir da *cor da pele*, sem referência a descendência biológica. O sistema brasileiro também recusava o termo "raça" até recentemente, preferindo o de "cor", e também não tem uma regra clara de classificação por descendência, mas utiliza outras marcas corporais, tais como cabelo, formato do nariz e dos lábios, para classificar os indivíduos em grupos. Se o termo "raça" era tabu até há pouco, hoje em dia usa-se correntemente o par "raça/cor" em recenseamentos e pesquisas de opinião, assim como no dia a dia se os utiliza como termos intercambiáveis. Pode-se, portanto, dizer, *grosso modo*, que o sistema estadunidense é o mais fechado de todos, posto que delimita com precisão os grupos de descendência; o sistema europeu é um pouco mais aberto, posto que o critério único de cor da pele permite maior trânsito entre os grupos, ainda que a categoria de pele "escura" possa dar origem a uma espécie de purgatório racial; finalmente, pode-se dizer que o sistema brasileiro, utilizando uma pluralidade de marcas físicas, possibilita a formação de vários grupos raciais entre o branco e o negro.

Por isso mesmo, esse é o sistema que pode tratar a mistura racial como processo, pois é o único que tem os elementos para demarcar as etapas de tal transformação. De fato, a jovem nação republicana adotaria, no auge da moda intelectual do racismo, o discurso do branqueamento gradual de toda a sua população, promovendo a imigração e aceitando a mestiçagem como algo necessário e virtuoso (Skidmore, 1974; Ventura, 1991; Schwarcz, 1993).

Mas a crença no branqueamento era apenas uma das possibilidades abertas pela matriz ideológica que conformou o nascimento da jovem nação sul-americana. Essa matriz é enunciada pela primeira vez, de modo erudito, no Segundo Império, por Carl Friedrich Von Martius, em ensaio de 1838 para o Instituto Histórico e Geográfico Brasileiro. Von Martius chama a atenção para o fato de que a história do Brasil deveria ser escrita levando em consideração que seu povo seria formado pela mistura de três raças — "a cor de cobre ou americana, a branca ou caucasiana, a preta ou etiópica" (Von Martius, [1838] 1956, p. 42).

Três variantes possíveis dessa matriz conheceram desdobramentos importantes para a formação racial negra no Brasil: o embranquecimento, o mulatismo e a negritude.

O embranquecimento da população brasileira surge como corolário da superioridade da raça branca e da civilização europeia, mas como negação das teorias racistas que teorizavam a mestiçagem como degenerescência. Constitui-se, portanto, no primeiro vértice da matriz enunciado por Von Martius, ao pregar que não apenas que o povo conquistador imporia a sua língua e a sua civilização, mas também os seus atributos e qualidades raciais sobre os povos colonizados. Talvez a versão mais bem-acabada dessa versão otimista do embranquecimento esteja na tese apresentada por João Baptista de Lacerda (1911) ao Congresso da Universal das Raças, em Londres, em 1911. Segundo essa formulação, a raça negra seria absorvida paulatinamente através da miscigenação, gerando um estoque de mulatos eugênicos, assim como, por fim, através de sucessivos intercruzamentos, esses últimos também acabariam por ser incorporados ao grupo branco. É importante notar, entretanto, algumas outras versões da mesma tese: uma mais pessimista — que entendia ser necessária a substituição da raça negra, via intensificação da emigração europeia, expulsão dos africanos libertos e maior mortalidade natural da raça negra — e outra mais otimista — que encarava o embranquecimento como um processo mais geral, que compreendia não apenas miscigenação, mas também a aculturação e assimilação social de negros e indígenas à cultura luso-brasileira. Em suas três variantes, o embranquecimento

Os negros em busca da cidadania

é uma ideologia de longa duração, e que limita os avanços da cidadania no Brasil.

A segunda variante surge como um desdobramento mais radical e mais afinado com a proposta racialista de Von Martius. Nessa variante, como resultado da mestiçagem entre indígenas, brancos e negros formara-se no Brasil uma meta-raça. A construção do imaginário de uma nação mestiça, que incluiria a totalidade dos indivíduos livres, foi intensificada pelo movimento abolicionista, e se aprofundou durante o período republicano. Essa formulação talvez se constitua no veio mais refinado do pensamento social brasileiro, e encontra seus expoentes, em termos de enunciação, em Joaquim Nabuco e Gilberto Freyre. Segundo esse pensamento, a liberdade, conquistada pela abolição da escravidão, transmuta-se imediatamente em cidadania, na ausência de preconceitos de raça. As desigualdades sociais remanescentes passam a se ancorar na ordem econômica e cultural das classes sociais. Cabe ao Estado incorporar e regular através de políticas sociais o acesso dos cidadãos ao pleno gozo de seus direitos, e promover desse modo a justiça, a educação, a saúde e a seguridade social de todos. O Estado é o único ente civilizador e promotor da harmonia social (Vianna e Carvalho, 2000). Não há lugar, nesse pensamento, para a teoria de Marshall do desenvolvimento da cidadania pelas conquistas de direitos. Essa variante da matriz vonmartiana seria chamada por alguns intelectuais de mulatismo, ou seja, uma forma de conceber a nação brasileira segundo a qual o mulato seria o brasileiro típico, mais que o branco oriundo da emigração europeia ou da mistura com os descendentes de portugueses. Este tipo de caracterização esteve presente nos escritos de muitos intelectuais paulistas dos anos 1930 e 1940 (Duarte, 1947; Bastide, 1961). Como se pode imaginar, subjacente à acusação de mulatismo está a crença no papel de liderança que a cultura europeia — e não a afro--indo-luso-brasileira — deve exercer sobre a nação brasileira.

Enfim, a terceira variante é a negritude brasileira (Bastide, 1961a; Munanga, 1986). Apesar de muito influente no meio negro, e talvez *pour cause*, tal variante não encontrou grande apelo nos meios intelectuais, ficando quase que restrita ao enunciado de

Guerreiro Ramos (1957). A negritude, como bem caracterizou Bastide, consiste numa radicalização do mulatismo, ao enxergar como negros todos os afrodescendentes e propor que, no Brasil, o povo é negro; ou seja, segundo tal enunciado, não faz sentido pensar o negro enquanto etnia separada, posto que ele é o esteio demográfico da nacionalidade. Por seu turno, a designação do povo como *negro*, e não *mulato* ou *mestiço*, consiste propositadamente na busca por valorizar o elemento mais estigmatizado da formação nacional, revertendo a visão colonialista europeia, introjetada pelas elites nacionais, do Brasil enquanto país branco e de sua cultura como prolongamento da portuguesa.

São essas três vertentes — o embranquecimento, o mulatismo e a negritude — que delimitam o espaço ideológico-racial em que vicejam algumas estratégias discursivas negras para a luta pela ampliação da cidadania.

Retóricas negras e a recorrência de seus temas discursivos

Quatro retóricas de inclusão podem ser distinguidas nesse longo período de mobilização negra. A primeira delas foi caracterizada por Bastide (1983a: 150) como *puritanismo*. Trata-se do discurso sobre a moral — comportamentos, atitudes e valores — adequada à convivência numa sociedade burguesa. Bastide disse ter preferido chamá-lo assim "porque a moralidade é essencialmente subjetiva, ao passo que o puritanismo dá atenção antes de mais nada ao que se vê, às manifestações exteriores e que podem classificar um ser no interior de um grupo". No entanto, e sendo mais preciso, trata-se de um discurso sobre a moral adequada à integração social dos negros nas classes médias urbanas. Numa sociedade em que não era legalmente permitida a discriminação com base na raça ou na cor, a situação de inferioridade e de subalternidade social do negro não poderia ser regulada apenas através dela; muito ao contrário, quando tal discriminação ocorresse, teria que ser discreta e de preferência passível de ser atribuída à operação de mecanismos de classificação social. Era, portanto, através dos mecanismos de formação e de reprodução das classes — a escolaridade formal, as boas maneiras, a moral, a religião, o domínio da língua culta etc. — que as discriminações sociais poderiam ser mais eficientemente exercidas e, mais que isso, que os negros poderiam se reproduzir espontaneamente enquanto classe (Hasenbalg, 1979). Está aí a sabedoria da imprensa negra de então em alcunhar a população negra de "classe dos homens de cor" antes de adotar a designação de "raça negra".

O puritanismo, portanto, foi a primeira tentativa, depois do abolicionismo — ou seja, depois da conquista da cidadania formal — de ampliar os direitos efetivos do povo negro através de uma forma comunitária de solidariedade: a racial, que, como vimos, desloca-se paulatinamente da cor para a raça, à medida que avançam, no Brasil, ideologias políticas racistas como o fascismo. Engana-se, pois, quem enxerga no puritanismo uma simples introjeção pela classe média negra da ideologia do embranquecimento. A recusa do pan-africanismo, assim como das práticas culturais afro-brasileiras que medram nos meios populares negros, devem ser lidas como enquadramento à lógica de identificação e de reprodução das classes, como negação e tentativa de desconstrução do *habitus* de classe das camadas populares. É claro, porém, que um dos pressupostos do puritanismo é a prevalência das ideias sobre as práticas culturais africanas e suas ramificações brasileiras, tidas como inferiores. No entanto, convém chamar a atenção para o fato de que os códigos da alta cultura europeia — expressos nas maneiras de vestir, falar ou se comportar — permanecem como marcadores de distinção das classes altas, mesmo quando a chamada "cultura negra" passa a ser aceita em sua plenitude.

O puritanismo é uma estratégia de elevação de status social de um grupo através da formação de uma comunidade racial — ou seja, de uma origem de raça comum — através do exercício da solidariedade e da liderança. Alguns dos temas discursivos (que os sociólogos norte-americanos chamam de *frames*) que aparecem na retórica do puritanismo foram tomados de empréstimo do movimento abolicionista e iriam reaparecer em todas as mobilizações negras do século XX: o papel colonizador do negro no Brasil, o negro como criador da riqueza nacional, o talento do mulato, o mestiço como o tipo mais brasileiro (somos todos mestiços, até mesmo os portugueses), a abolição como abandono e desproteção, a ausência do preconceito de raça no Brasil, mas a continuidade do preconceito de cor.

No tempo em que o puritanismo da Frente Negra Brasileira atingia seu ápice, em 1937, esse já era, entretanto, um discurso embolorado. Isso porque, desde os anos 1920, os modernistas brasileiros encontravam inspiração para o seu vanguardismo na cultura popular negra e mestiça, buscando ali a alma do Brasil. Os festejos populares, as danças, o folclore, todas essas manifestações serviam de referência para a construção de uma nova estética de autenticidade, surgida na cola dos movimentos artísticos europeus, que, do dadaísmo ao surrealismo, descobriram a arte primitiva, africana e oriental. Tal descoberta, no Brasil, caminhou passo a passo com o estudo dos africanismos pela antropologia cultural (Ramos, 1937; Herskovits, 1943), principalmente dos candomblés jejes-nagôs, que transformam a Bahia, primeiro em laboratório, depois numa espécie de Roma negra (Lima, 1964), local de origem espiritual para reconstrução das tradições africanas no Brasil.

Toda a força do renascimento artístico e espiritual modernista teve enormes consequências para os discursos reivindicatórios negros: nuançou seu projeto de classe, assentado em marcadores de status pequeno-burgueses e europeus, àquela altura (anos 1920 e 1930) já sob à crítica de inautenticidade, brandida pelas vanguardas artísticas e intelectuais. Dois outros temas seriam acrescentados, portanto, nos anos 1940, à retórica negra: o povo, no Brasil, é negro; e a cor, simples aparência. Eles seriam acionados, principalmente, no discurso da democracia racial, que passaria a dominar a política cultural e ideológica do Estado Novo.

Já me referi anteriormente à democracia racial, mas é preciso aqui, sinteticamente, retomar as suas origens e especificar a sua vertente negra. As origens das ideias ali consteladas têm fontes diversas, algumas eruditas, outras populares, reunidas sob a motivação política mais profunda que a animou. A fonte erudita pode

Os negros em busca da cidadania

ser encontrada na inspiração hispanista (Diaz Quiñones, 2006), que tomou conta dos intelectuais latino-americanos no começo do século XX, à procura da especificidade da civilização ibérica, seja em termos dos seus contatos com outros povos, seja da sua forma de governar, seja da sua cultura. A fonte popular vem da campanha abolicionista, que desemboca num movimento social de certa pujança ao ganhar as ruas (Alonso, 2015), mas que teria sua maior legitimação intelectual nos escritos de Castro Alves, Rui Barbosa e Joaquim Nabuco. A fonte política pode ser encontrada em vários intelectuais, alguns de corte mais racialista, como Cassiano Ricardo (Campos, 2005), outros mais culturalistas, como Arthur Ramos ou Gilberto Freyre.

Já se encontra em Oliveira Lima (1911) o argumento, mais tarde retomado por Gilberto Freyre (1933, 1936),[3] de que, no Brasil Colônia, a aristocracia portuguesa era muito mais aberta ao contato com as classes populares, incorporando com frequência não só bastardos, mas pardos de talento, "não constituindo o sangue negro um obstáculo insuperável nem sequer à mercê e graças régias" (Oliveira Lima, 1922: 32). Essa democracia de que fala Oliveira Lima, ou seja, a falta de rigidez nas classificações de classes ou de raças, seria alçada por Freyre à singularidade da colonização portuguesa, embrião de uma democracia social e étnica, mais profunda e humana que a democracia liberal anglo-saxônica ou francesa, posto que permitiria a incorporação e a mobilidade social de diversas raças nas novas nações oriundas da expansão europeia. Tal singularidade da democracia na América portuguesa seria chamada também de democracia racial por outros, como Cassiano Ricardo; no entanto, nesse como em outros autores, a concepção de uma democracia autoritária, baseada numa clara hierarquia sob o comando europeu ou branco é mantida intacta, tal como fora anunciada em 1838 por Von Martius.

A simpatia despertada por *Casa-grande & senzala* está justamente em que, nele, a hierarquia racial cede lugar ao que Benza-

---

[3] A influência de Oliveira Lima sobre Gilberto Freyre foi analisada por Gomes (2001).

quen de Araújo (1994) chamou de "antagonismos em equilíbrio". Ou seja, são as relações de poder entre senhores e escravos, homens e mulheres, adultos e crianças, que determinam a hierarquia social e não as raças. Gilberto Freyre encontraria espaço para incorporar inteiramente a variante popular da democracia racial, ou seja, aquela em que o negro e o mulato eugênico passam a ser matriz da futura nação. Nessa leitura popular, a que Freyre empresta o encanto de sua prosa, a mestiçagem submerge a hierarquia, deixando-a transparecer tão somente em certas preferências estéticas ou culturais.

Tal democracia racial seria aquela autenticamente brasileira, para a qual se requereria um Estado forte e regulador das relações sociais, de modo que os potentados privados não sucumbissem à tentação de transformar diferenças raciais e culturais em hierarquias sólidas. Apenas as diferenças de classe poderiam ser reconhecidas pelo Estado e por ele mediadas, e reguladas por extensa legislação. Contra a petrificação da diversidade racial e de classe o Estado deveria agir de modo soberano, por cima dos cidadãos. Foi esse ideal de democracia, cujo cerne não se encontra nos direitos individuais, mas na inexistência de barreiras de cor à mobilidade social dos indivíduos, e cuja legitimidade é retirada não da utopia do indivíduo livre, portador de direitos, mas da inexistência de coletivos cujas características adscritas lhes garantam privilégios, que atendia também aos anseios populares e negros, aqueles que mantinham a bandeira da Segunda Abolição.

Assim, paradoxalmente, não desaparece a hierarquia racial abertamente defendida pelas elites brasileiras como racismo, ou assimilada sob a forma mais branda da representação de uma nação mestiça liderada pela herança cultural branca ou europeia. Ela passa a estar submersa numa ordem regulada de classes sociais. Nessa nova hierarquia, como não podia deixar de ser, se insinuam como preferências as marcas físicas, raciais e culturais das classes dominantes. O negro eugênico se transforma em moreno, a beleza, em graça divina. O conflito racial transmuta-se em conflito social. Para exemplificar com uma canção muito popular de Adelino Moreira, de 1959, o sonho de amor impossível de um negro por

Os negros em busca da cidadania 163

uma branca é assim lamentado: "Não devia [sonhar] e por isso me condeno/ Sendo do morro e moreno/ Amar a deusa do asfalto". Ninguém sabe ao certo de que cor eram, realmente, amante e amada, mas se conhece, sim, que o triste enlace resvala em "negra solidão". O conflito se desloca, como se vê, e ganha expressão através de outra hierarquia. Do mesmo modo, no cancioneiro da época, a "cabrocha", a "morena" e a "mulata" passam a ser as figuras femininas mais exaltadas (Gonzalez, 1984). Ao lado disso, a Bahia, que fora retratada por Von Martius como a mais portuguesa das cidades brasileiras,[4] e que fora caracterizada como a "mulata velha" na Primeira República, passa a ser associada, a partir do Estado Novo, à mística afro-brasileira, como terra da magia e do feitiço, cantada nos sambas-exaltação, junto com o Rio de Janeiro e os morros cariocas.

Para os intelectuais negros que abraçam o ideal da democracia racial, contudo, é importante frisar que o fazem, como vimos, ao ressignificar o movimento da negritude e substituir o pan-africanismo pelo nacionalismo anticolonialista. A polissemia de termos como "democracia racial", "negritude" e "cultura afro-brasileira" tem que ser ressaltada (Munanga, 1986). Para os negros, a primeira expressão significava a sua integração numa ordem social sem barreiras raciais; a segunda era uma forma de patriotismo que acentuava a cor negra do povo brasileiro; já a terceira realçava a cultura sincretizada e híbrida do Brasil (Bastide, 1976).

Para chegar aos nossos dias — quando a Bahia é caracterizada, abertamente, como cidade negra, o termo "raça" é introduzido nos censos demográficos, e o multiculturalismo e o igualitarismo racial são doutrinas dominantes nas organizações políticas e culturais negras —, é preciso compreender como certos signos de identidade étnica foram apropriados pelas elites negras e co-

---

[4] Rodrigues observa, ao comentar a *Viagem ao Brasil*, de Von Martius, que a Bahia era a província brasileira em que se podia notar "um maior apego a Portugal e à conservação das leis e às praxes portuguesas". Von Martius notava também "a expedita atividade comercial do baiano, prático, sólido" (Von Martius, [1838] 1956: 437).

mo os direitos do cidadão passaram a ser centrais na definição da democracia.

Roger Bastide, que já disponibilizou a chave para a compreensão do puritanismo negro e da negritude brasileira, pode oferecer ainda outra para entender o surgimento da identidade étnica nos anos 1970. Segundo ele, o avanço das religiões afro-brasileiras no Sul e Sudeste do país, a descolonização da África e a consequente emergência de uma elite negra africana de circulação internacional, assim como o crescimento e autonomização de uma classe média mulata não incorporada às elites como socialmente branca, fazem com que a negritude brasileira deixe de se referir apenas aos aspectos físico-raciais dos negros para ressaltar a sua autenticidade e singularidade cultural enquanto afro-brasileiros.[5] Para Bastide, as bases sociais para a aceitação e adaptação de teorias que circulariam internacionalmente com maior intensidade nas décadas seguintes, como o multiculturalismo e multirracialismo, teriam sido assentadas no Brasil pelo "milagre econômico", como ficou conhecido o intenso crescimento econômico brasileiro dos anos 1970.

Dessa mesma época, acrescento, data também a grande guinada da intelectualidade política brasileira — à esquerda e à direita —, que recusou a antiga aspiração por uma democracia autenticamente local e voltou-se para a crítica da insuficiência histórica das garantias aos direitos humanos e do cidadão. Abriu-se, então, caminho para que as desigualdades raciais no país possam ser denunciadas como genocídio do povo negro, ecoando a célebre petição apresentada por Paul Robeson e William L. Patterson (1970) à Assembleia Geral da Organização das Nações Unidas (ONU) em 1951. Quem soltou o grito foi Abdias do Nascimento (1978), que

---

[5] "Elle ne peut donc accepter une 'négritude' d'ordre purement physique, sa négritude ne peut être désormais que culturelle — et j'ajoute: ce qui la définit et rend les deux mouvements d'incorporation nationale et d'authenticité, cohérents entre eux, non pas celle d'une identité culturelle 'africaine', mais d'une identité résolument 'afro-brésilienne'" (Bastide, 1976: 27).

Os negros em busca da cidadania

liderou o movimento por democracia racial e pela negritude nos anos 1940 (Munanga, 1986; Bacelar, 1989).

Nada mais compreensível, portanto, que a recusa a tentativas de restringir a democracia a qualquer um de seus aspectos. A ditadura militar fora instalada no país desde 1964, camuflada sob a aparência de democracia representativa, mantendo o Legislativo e o Judiciário como poderes autônomos, refazendo a sistema político partidário e a Constituição, mas intervindo e limitando tais poderes de maneira *ad hoc*. A ditadura seguiu, assim, uma longa tradição autoritária, que já rendera frutos na Primeira e Segunda Repúblicas, e servira de inspiração a Vargas, instituindo na Presidência uma espécie de poder moderador imperial. Na luta pela redemocratização do país, portanto, as oposições se viram obrigadas a radicalizar a sua concepção de democracia (Weffort, 1992): fizeram a crítica histórica da sociedade e da política brasileiras, repudiaram qualquer espécie de excepcionalismo ou singularidade nessa matéria, e propugnaram por uma defesa radical das liberdades civis e dos direitos do indivíduo e do ser humano.

O igualitarismo negro, portanto, foi resultado de um amadurecimento de demandas congruentes: abandonou-se a bandeira de luta "por uma autêntica democracia racial" (MNU, 1982) e adotaram-se demandas por reconhecimento de sua particularidade cultural e por ações afirmativas que estabelecessem maior paridade de oportunidades entre brancos e negros.

A CIDADANIA DOS NEGROS

Vou sumarizar brevemente meus argumentos, explicitando alguns fios condutores e uma periodização que ficaram implícitos. Vianna e Carvalho (2000), em artigo seminal, retomaram uma tese cara a Oliveira Vianna (1923), para insistir no papel central que desempenhou o Estado no processo civilizatório brasileiro, avançando e garantindo direitos e liberdades contra a oposição das classes dominantes, e com o apoio difuso ou amorfo das massas e das classes dominadas. Foi assim na Abolição, foi assim no Estado

Novo. José Murilo de Carvalho (2002), em sua história da cidadania no Brasil, demonstrou como tal protagonismo do Estado fez com que os direitos sociais fossem garantidos para as camadas urbanas, antes mesmo que as liberdades políticas e civis estivessem plenamente desenvolvidas. Esse processo Wanderley Guilherme dos Santos (1979) havia chamado de "cidadania regulada".

Como procurei expor acima, ainda que rapidamente, foram três momentos de ruptura com a ordem racial estabelecida, às vezes com o protagonismo maior do Estado, mas com mobilização social maior nas últimas décadas, em que os negros brasileiros viram respeitados os seus direitos à cidadania.

Sem dúvida, o momento inicial foi a conquista da liberdade individual, pois com o fim da escravatura generalizou-se definitivamente a disjunção entre ser negro e estar sujeito à restrição da liberdade individual. Mas a liberdade assim conquistada não se traduziu, como vimos, em cidadania política ativa; apenas deslanchou o processo de construção nacional, em que tais indivíduos eram assujeitados (Garcia, 1986), antes que sujeitos. A Primeira República representou bem essa época em que competiram duas lógicas de cidadania. De um lado, a onda civilizadora republicana, limitada às classes altas e remediadas, que, do ponto de vista cultural, significava a europeização do Brasil (Freyre, 1936) e a consequente negação da herança africana; num movimento descendente vieram o racismo pseudocientífico e a tentação de embranquecer a nação, assim com a resposta negra pequeno-burguesa, que, em busca de inclusão social e respeitabilidade, arrebentou-se no puritanismo negro. De outro lado, num movimento ascendente, ocorreu nos meios intelectuais e artísticos a valorização das manifestações populares, das artes primitivas, do folclore, e das heranças culturais africanas. A arrebentação dessa onda foi múltipla: o modernismo, o ideal da nação mestiça, a retórica afro-brasileira. O que antes era visto como africano e estrangeiro é agora tematizado como afro-brasileiro ou simplesmente brasileiro. Ao invés de aceitar as diferenças e propor a igualdade entre as heranças, optava-se pela hibridez e a convivência e tolerância das desigualdades.

Os negros em busca da cidadania

O período seguinte começou já na Revolução de 1930 e seguiu pelo Estado Novo. À conquista do reconhecimento do legado cultural da raça negra juntaram-se os direitos sociais do trabalhador urbano. Forjaram-se, nesse período, compromissos políticos e culturais que seriam expressos no ideal de democracia racial: cidadania regulada, nacionalização das culturas étnicas e raciais, recusa ao racismo. Mas a Segunda República, apesar de restituir as liberdades políticas, não as generaliza ou aprofunda. O trabalho no mundo rural, nas grandes propriedades, continua a ser regido por formas de sujeição pessoal e de violência herdeiras do escravismo (Garcia, 1986).

Do ponto de vista dos negros, qualquer avanço em termos de direitos políticos ou sociais se fez apenas nas lutas de classe. A renúncia à singularidade étnica ou cultural foi explícita, embora sua afirmação seja cada vez menos desqualificadora. Ocorreu formação de classes, mas não formação de raças. De qualquer modo, generaliza-se entre as esquerdas, ao menos, a ideia de que o povo brasileiro é negro ou mestiço.

O período posterior a 1990 é o primeiro em que são recusados os pressupostos autoritários da democracia racial, que buscava a harmonia sem consolidar a ordem política e equalizar a distribuição social das riquezas e oportunidades. O protagonismo maior passa a ser dos movimentos sociais, ainda que o Estado se mantenha central, como distribuidor e doador. É nessa ordem — de garantia dos direitos individuais e coletivos — que medram o reconhecimento da singularidade étnica e o respeito à igualdade racial. De modo apenas aparentemente paradoxal, a afirmação do coletivo racial serve para aprofundar a igualdade entre os cidadãos. A razão parece estar em que as desigualdades precisam agora ganhar nome (cor, gênero, raça, orientação sexual) para serem combatidas.

Vejamos, a seguir, como essas ideias libertárias, surgidas na luta contra o racismo e o colonialismo, ganham expressão e impregnam a cena social e política, com força crescente a partir da segunda metade dos anos 1960.

7.
A RECEPÇÃO DE FANON PELA JUVENTUDE NEGRA[1]

Frantz Fanon é um nome central nos estudos culturais, pós--coloniais e afro-americanos, seja nos Estados Unidos, na África, na Europa e também no Brasil. Falamos muitas vezes de estudos fanonianos, tal o volume de estudos que têm a sua obra como objeto de reflexão. Meus colegas e alunos negros brasileiros lhe devotam a mesma admiração e respeito que seus irmãos de cor africanos e do hemisfério norte. No entanto, em 2008, quando busquei material para escrever o artigo que deu origem a este capítulo, me deparei com um silêncio impactante, tanto das revistas culturais como das acadêmicas, que perdurou até meados da década de 1960.

No Brasil, como em toda parte, Fanon entrou na cena cultural nessa década, quando a violência revolucionária estava na ordem do dia, embora fosse menos lido que outros, ombreado por guerrilheiros pensadores como Fidel Castro, Che Guevara, Camilo Torres; ou por lideranças negras como Stokely Carmichael, Malcolm X e Eldridge Cleaver; ou Amilcar Cabral, Agostinho Neto, Kwame Nkrumah. Mas, passada essa fase, seu pensamento, ao contrário do que ocorreu alhures, deixou de ser objeto da reflexão exegética e crítica por parte de universitários e acadêmicos brasileiros, estabelecidos em centros de estudos, tendência que só se reverteu nos anos 2010.

Neste capítulo, defenderei duas teses. A primeira é que a recepção morna se deu por conta de uma formação nacional e racial totalmente avessa aos conflitos raciais e muito entranhada numa

---

[1] Originalmente publicado como "A recepção de Fanon no Brasil e a identidade negra" em *Novos Estudos CEBRAP*, n° 81, 2008: 99-114.

classe média intelectual mestiça e branca, que não se definia racialmente. O Brasil da democracia racial, para ser mais claro. A segunda tese explica a pouca penetração dos estudos fanonianos pela presença também miúda de professores e pesquisadores negros nas universidades brasileiras, que focalizassem a formação da identidade negra ou a afirmação de sujeitos racialmente oprimidos como tema de estudo.

Os anos 1960 e a epidemia Sartre

O pensamento de Fanon chegou ao Brasil, como todas as ideias novas, em livros europeus e numa época em que o marxismo e o existencialismo disputavam o proscênio da vida cultural e política brasileira.

Uma leitura atenta das principais revistas culturais dos anos 1950 não me rendeu nenhum conhecimento sobre a recepção de Fanon. É como se a publicação de *Peau noir, masques blancs* (Fanon, 1952) tivesse passado despercebida. A *Anhembi*, de São Paulo, publica entre 1953 e 1955 todos os estudos de relações raciais entre brancos e negros em São Paulo, frutos do projeto coordenado por Roger Bastide e Florestan Fernandes, além de algumas reações a estes estudos. O próprio Bastide, depois de retornado a Paris, em 1954, escreve regularmente críticas e comentários a livros que estão sendo lançados na Europa, principalmente na França; mas não menciona Fanon em sua atividade recensória. Nada encontramos também na *Revista Brasiliense*. Clóvis Moura, Florestan Fernandes e Octavio Ianni escrevem na revista sobre temas negros (revolta dos malês, relações raciais, poesia), mas sem mencionar o autor martinicano. Sérgio Milliet, em 1958, faz uma resenha abrangente da poesia negra e, como não podia deixar de ser, cita os poetas da *négritude* e Sartre. Apenas.

O Brasil começa a se familiarizar com as ideias de Fanon um pouco antes de sua morte, mais precisamente durante a estada de Jean-Paul Sartre e Simone de Beauvoir no país, entre agosto e setembro de 1960. Sartre e Beauvoir (1963) chegam ao Rio de Janeiro, vindos de Havana, para promover a solidariedade interna-cional necessária para sustentar a revolução cubana e a guerra de libertação da Argélia. Certamente a intelectualidade brasileira, tão próxima do que se passava em Paris, acompanhava, através de *Les Temps Modernes*, as posições anticolonialistas do filósofo. A sua peregrinação à China, a Cuba e ao Brasil tinha claramente um ca-ráter militante. "O colonialismo é um sistema que nos infecta com seu racismo", escrevera Sartre em 1956. A sua militância vai além das palavras: durante sua estada no Brasil, Sartre passará a res-ponder a um processo criminal em Paris, junto com outros 121 intelectuais que assumiram abertamente a cooperação com a Fren-te Nacional de Libertação da Argélia.

Na década anterior, o jornal negro *Quilombo* publicara tre-chos de seu *Orfeu Negro*, a mostrar que o "racismo antirracista" dos negros francófonos encerrava em si uma nova dialética de li-bertação. No entanto, não há registro de que Sartre tenha se en-contrado com Abdias do Nascimento ou com qualquer outra lide-rança política negra brasileira. Sartre estava entre nós, defendendo as mesmas posições anti-imperialistas dos comunistas e da esquer-da católica com relação à Cuba e à América Latina, à Ásia e à Áfri-ca; e a luta antirracista e anticolonial dos africanos começava a ficar mais próxima.

Não tenho informações sobre se Sartre citou Fanon em suas conferências, mas as ideias do jovem martinicano causavam gran-de impressão sobre Sartre à época, como se pode inferir dos diá-rios de Beauvoir. Ao recordar-se de uma visita a um barracão em Ilhéus, por exemplo, ela nota que "os homens de pele e cabelos escuros nos olhavam, machadinhas em mãos, o ódio nos olhos". A revolução no Terceiro Mundo, como pensava Fanon, deveria ser obra de camponeses e não desses trabalhadores das docas que tam-bém eles viram em Ilhéus, "musculosos, saudáveis, que sabiam rir e cantar". "Comparado aos camponeses, o proletariado se cons-titui no Brasil uma aristocracia", anotou Beauvoir (1963: 549). Sartre também chamou a atenção para a segregação que os negros brasileiros sofriam, à medida que percebia que seus interlocutores eram todos brancos das classes média e alta:

A recepção de Fanon pela juventude negra

"Jamais vimos nos salões, nas universidades, nem nos auditórios um rosto chocolate ou café com leite. Sartre fez essa observação em voz alta durante uma conferência em São Paulo, depois se corrigiu: havia um negro na sala — um técnico de televisão." (Beauvoir, 1963: 561)

Evidentemente, Sartre e Beauvoir não encontraram no Brasil quem pensasse que os negros brasileiros fossem vítimas de racismo; encontraram, ao contrário, o discurso unânime de que a segregação dos negros era econômica e a luta libertadora deveria ser de classes. Não pareceram plenamente convencidos, pois, segundo Beauvoir, "o fato é que todos os descendentes dos escravos continuaram proletários; e que nas favelas, os brancos pobres se sentem superiores aos negros". Talvez tivessem relevado a inconsciência racial dos brasileiros. O fato é que o sucesso de Sartre no Brasil se deveu às suas conferências sobre o colonialismo e a necessidade histórica das lutas de independência dos povos do Terceiro Mundo.

O antirracismo e o anticolonialismo de Sartre conviveram, no Brasil, com o republicanismo de sua audiência — a classe média letrada de estudantes, escritores e intelectuais. O Brasil, para Sartre, não era um simples transplante europeu como os Estados Unidos; afinal, "todos os [brasileiros] que encontrei sofrem a influência dos cultos nagô" (Beauvoir, 1963: 561). A assimilação e a integração não pareciam aqui engenhosos discursos de dominação; ao contrário, pareciam ter amulatado o país, como queria Freyre e também pensava Jorge Amado, seu anfitrião. Aliás, Sartre e Beauvoir já estavam de há muito familiarizados com as ideias de ambos. Devemos lembrar que extratos de *Cacau* haviam sido publicados em *Les Temps Modernes* (Amado, 1954), assim como uma resenha elogiosa da edição francesa de *Casa-grande & senzala* (Pouillon, 1953), e que *Quincas Berro d'Água* seria publicado na mesma revista depois de seu retorno a Paris (Amado, 1961).

Para compreender a posição de Sartre é preciso lembrar que o mundo do pós-guerra se polarizara rapidamente em dois eixos. No primeiro, a contraposição se dera em torno da descolonização e do racismo, que opunham o Norte ao Sul. Sartre participara ativamente da construção desse polo. Escrevera o prefácio da *Anthologie de la nouvelle poésie nègre et malgache de la langue française* (Sartre, 1948, 1949), em que abraçara a negritude, o movimento de afirmação identitária e de reconstrução cultural, étnica e racial de africanos e afro-caribenhos, ainda que fazendo uso da velha concepção de racismo enquanto doutrina — a negritude, segundo ele, seria um racismo antirracista. Desde os anos 1950, porém, passara a acolher nas páginas de sua revista uma nova concepção do que era o racismo no pós-guerra: aquele, que apesar de negado doutrinariamente, era realizado e vivido nas práticas sociais e políticas de colonizadores e colonizados. No segundo eixo, a polarização se dera entre os intelectuais que defendiam a ordem burguesa e liberal, por um lado, e aqueles que se faziam porta-vozes dos interesses operários e camponeses, a partir do marxismo ou de outras ideologias, por outro. O primeiro eixo é marcado pelas raças e pela descolonização; o segundo, pela luta de classes e pelo anti-imperialismo. Ora, Sartre e Fanon representavam a fusão do anti-imperialismo, do antirracismo, da descolonização e da luta de classes.

No Brasil dos anos 1950 e 1960, entretanto, esses dois eixos não se encontravam: como vimos nos capítulos anteriores, liberais e marxistas, brancos e negros, uns e outros, tinham o mesmo projeto antirracista de construção de uma nação mestiça, brasileira e pós-europeia, que ultrapassasse a polaridade entre brancos, de um lado, e negros e indígenas, do outro. O que os dividia era apenas a defesa da ordem burguesa ou a aposta na luta de classes. As raças desapareciam, assim, na superexposição conceitual e política das classes sociais. Passava-se o mesmo em toda a América Latina, inclusive na Cuba socialista, que Frantz Fanon quisera conhecer (Gordon, Sharpley-Whiting e White, 1996: 4) e que Sartre conhecera em 1960.

Não fora Fanon fruto da convergência entre essas duas polarizações, Guerreiro Ramos, ativista negro e sociólogo, o poderia ter introduzido aos brasileiros de 1960, pois tinha alguma afinidade com o seu pensamento. Não só ele, mas todos os demais membros do Instituto Superior de Estudos Brasileiros (ISEB), como observou Renato Ortiz (1998: 51):

"O que chama a atenção nos escritos de Fanon e do ISEB é que ambos se estruturam a partir dos mesmos conceitos fundamentais: o de alienação e o de situação colonial. As fontes originárias são também, nos dois casos, idênticas: Hegel, o jovem Marx, Sartre e Balandier."

Se Guerreiro Ramos não o fez foi porque a desalienação e a descolonização cultural que buscava não passavam pela luta de classes. Provavelmente conhecia Fanon, pois era leitor de *Présence Africaine* (Fanon, 1956, 1959), de *Esprit* (Fanon, 1951, 1952a, 1955) e de *Les Temps Modernes* (Fanon, 1959a, 1961a), além de revistas acadêmicas francesas. O fato é que, para articular o seu libelo contra a colonização cultural dos brasileiros "claros" e "escuros", Guerreiro bebera em algumas das mesmas fontes que Fanon, mas não em todas. A mesma inclinação por Hegel e pelo existencialismo, quando somada a situações nacionais e projetos pessoais diversos, levara Guerreiro a posições nacionalistas e populistas (Paiva, 1980), afastando-o de doutrinas revolucionárias que pregavam a violência como modo de transformação social ou que defendiam a manutenção de diferenças culturais entre colonizados e colonizadores.[2]

Também a imprensa negra paulistana dos anos 1960, formada por homens e mulheres com situação de classe mais precária que a de Guerreiro, parecia desconhecer Fanon em sua campanha de solidariedade aos movimentos de libertação africana, continuando sintonizada com o discurso da *négritude* de Senghor e de Sartre dos anos 1948, a quem citam diretamente.[3]

---

[2] Em *A redução sociológica*, de 1958, Guerreiro Ramos cita explicitamente Césaire (1955), Diop (1954) e Sartre (1956) em francês, mas não se refere a Fanon (1952, 1955). Na 2ª edição, de 1965, Guerreiro acrescenta a essas leituras Balandier (1955), mas continua sem se referir a Fanon.

[3] Ver a coleção do *Niger*, jornal dirigido por José Assis Barbosa e José Correia Leite, em São Paulo, em 1960. Os exemplares integram a Coleção Miriam Nicolau Ferrara, do Instituto de Estudos Brasileiros da Universidade de São Paulo (IEB-USP).

Fanon e a esquerda revolucionária

Certamente, a esquerda brasileira tomou conhecimento de Fanon através do extrato de *Les damnés de la terre* (Fanon, 1961), publicado em *Temps Modernes*, e do prefácio de Sartre. Ou seja, o Fanon sartriano de *De la violence*. Michael Löwy, por exemplo, se lembra de ter discutido o prefácio de Sartre com seus companheiros em São Paulo, provavelmente ainda em dezembro de 1961.[4] Há que se notar dois fatos na informação: primeiro, foi o prefácio de Sartre e não o artigo ou o livro de Fanon que foi discutido; segundo, a esquerda brasileira discutia seriamente a violência revolucionária, o que significava que os autores que escreviam sobre a América Latina, sobre táticas de guerra urbana ou guerrilha ou faziam a teoria geral da revolução em sintonia com a filosofia europeia, eram privilegiados na leitura.

O silêncio da esquerda brasileira sobre Fanon precisa ser entendido, ademais, como discordância política, tantos são os sinais indiretos de sua presença, a partir de meados dos anos 1960.[5] Alguns fatos devem ser listados para que se compreenda como se estabeleceu essa relação difícil entre Fanon e a esquerda no Brasil. O primeiro deles é que pouco depois desse primeiro contato sobreveio o golpe militar em 1964, que levou ao exílio um grande número de militantes. O segundo é que aqueles que acreditavam na violência revolucionária passaram à clandestinidade, tornando tênues os seus elos com o mundo cultural. O que se lê sobre Fanon, portanto, nos anos 1960, é muito pouco. A situação começa

---

[4] Informação de Michael Löwy ao autor, em dezembro de 2007. Löwy sai do Brasil em agosto de 1961 e volta em dezembro do mesmo ano por dois ou três meses, provavelmente trazendo uma cópia de *Les damnés de la terre*, recém-lançado em Paris.

[5] Em entrevista a Verena Alberti e Amilcar Pereira (19/12/2006), José Maria Nunes Pereira, que dirigiu o Centro de Estudos Afro-Asiáticos da Universidade Candido Mendes entre 1973 e 1986, comenta: "Fanon era nome cortado na esquerda".

A recepção de Fanon pela juventude negra

a mudar apenas quando as cidades norte-americanas são tomadas pelas chamas das *riots* negras, e se sabe que Fanon era lido e discutido febrilmente pelos revolucionários norte-americanos, como os Panteras Negras.

A revista *Tempo Brasileiro* publica, em 1966, um artigo de Gérard Chaliand, em que o autor abre uma nota de pé de página para registrar: "apoiando-se nas análises mais contestáveis de Fanon — aquelas sobre os camponeses africanos. Ver sobre esse assunto a melhor e, aliás, a única análise marxista consagrada ao pensamento de Fanon: 'Frantz Fanon et les problèmes de l'indépendance', *La Pensée*, n° 107". Referia-se a Nghe (1963), um dos grandes adversários de Fanon no mundo africano.

Os marxistas brasileiros, portanto, seguiam as críticas marxistas — e também liberais (Arendt, 1970) — às concepções políticas de Fanon. No Brasil, a esquerda reverenciava Fanon, mas se o lia em francês, não o citava, impondo a si mesma um silêncio obsequioso. O mesmo não se passava com os marxistas da *Monthly Review*, cujos artigos eram regularmente traduzidos e publicados por revistas brasileiras. O motivo da reverência e do silêncio sobre Fanon pode ser buscado, como já sugeri, na sua centralidade para as lutas que se desenvolviam nos Estados Unidos daquele tempo, quando os rebeldes afro-americanos se consideram também sujeitos coloniais, atitude muito bem captada pelas palavras dos editores da *Monthly Review*:

> "Se você ainda não conhece, grave bem o nome de Frantz Fanon, que se tornou talvez o mais respeitado porta-voz dos oprimidos coloniais. Seu livro *Les damnés de la terre* acaba de ser publicado sob o título *The Wretched of the Earth*, e o recomendamos enfaticamente." (*Monthly Review*, 17(1), 1965, contracapa)

Em novembro de 1966, Lawrence Goldman (1966) resenha em cinco páginas *Studies in a Dying Colonialism*, e cunha uma frase lapidar sobre o que significava Fanon para a rebelião negra daqueles anos:

"Fanon é popular porque fala, sobretudo, da própria luta e por dentro da Revolução, como um participante. Os jovens radicais negros que o leem, que internalizam sua visão e respondem com fervor às suas ideias são, ademais, pessoas que lutam intensamente contra um sistema que não têm certeza se podem derrubar. Para Fanon, o importante é a transformação, a mutação interior que ocorre durante a luta, o modo como os 'condenados da terra' se libertam durante a confrontação inevitável entre opressores e oprimidos. E há outra ideia que o médico negro da Martinica, que escreve sobre a Revolução argelina, sugere a esses jovens radicais: é que o sistema contra o qual eles lutam é o mesmo contra o qual ele, Fanon, luta, e que ambos se opõem a um opressor comum em nome de um mesmo ideal." (Goldman, 1966: 58)

Teria Fanon o mesmo significado para os negros brasileiros? Temos indicações de que sim. Fanon era lido e reverenciado por jovens intelectuais negros que se reuniriam depois no Movimento Negro Unificado (Silva, 2013; Faustino, 2018). O certo é que, finalmente, em 1968, aparece a edição brasileira de *Os condenados da terra*, rapidamente retirada de circulação pelos órgãos de repressão política, mas não antes de cair nas mãos de dezenas de militantes. Pensamento explosivo tanto para a luta de classes, quanto para o projeto de democracia racial. Buchanan (1968: 19-20), na *Revista da Civilização Brasileira*, escreve: "Deve-se lembrar que Malcolm X — que junto com Frantz Fanon, foi a principal inspiração de Carmichael — foi o único líder negro americano que aplaudiu o assassinato de Kennedy".

Na mesma *Revista da Civilização Brasileira*, o crítico literário comunista Werneck Sodré (1968: 198), num grande balanço dos lançamentos do ano, registra: "O colonialismo, em sua brutalidade, está espelhado na obra de Frantz Fanon, *Os condenados da terra*, que estuda os efeitos da tortura". Nesta frase ouve-se o eco das torturas que a ditadura militar começa a rotinizar, assim como a simpatia por interpretações semelhantes à de Goldman (1966: 55):

> "Uma das contribuições mais importantes para o pensamento social [...] é sua brilhante análise das relações entre desordem mental e colonialismo, entre desajustamento sexual e repressão política."

Psicanalista brilhante e mau político, para uns, ideólogo radical, para outros, Fanon terá de esperar por uma nova esquerda para ser lido com simpatia. Até mesmo o líder negro Abdias do Nascimento (1966, 1968a), em seus artigos dos anos 1960, traça influências do movimento negro, analisa a conjuntura internacional, enfatiza a *négritude*, a cultura negra, fala do estupro de origem da miscigenação brasileira, menciona as lutas de libertação na África, o "fermento do negro norte-americano", mas nada diz sobre Fanon:

> "Parafraseando Toynbee, e em virtude de certas condições históricas, um decisivo papel está destinado ao negro dos Estados Unidos num rumo novo — político e cultural — para os povos de cor de todo o mundo. Seria, por assim dizer, o recolhimento da herança legada pela atual geração de grandes negros — Léopold Sédar Senghor, Kwame N'Krumah, Langston Hughes, Jomo Keniata, Aimé Césaire, Sekou Touré, Nicolás Guillén, Peter Abraham, Alioune Diop, Lumumba, James Baldwin, Mário de Andrade." (Nascimento, 1968a: 206)

Abdias era muito próximo ao ISEB e a Guerreiro Ramos e ambos nutriam imenso respeito por Toynbee, algo comum aos isebianos, como nos ensina Vanilda Paiva.[6] Frantz Fanon tornar-se-á uma referência importante para Abdias apenas depois de 1968,

---

[6] "Aliás, era comum entre os isebianos, influídos pela leitura de Toyn-

quando provavelmente o líder negro brasileiro é introduzido à obra de Fanon, largamente traduzida, discutida e comentada nos Estados Unidos, onde estava exilado. Somente a partir de *Genocídio do negro brasileiro* (Nascimento, 1978) Fanon passa a ser referido nos escritos de Abdias.

O mesmo acontecerá com Octavio Ianni e com muitos intelectuais brasileiros exilados. O seu *Imperialismo y cultura de la violencia en América Latina* (Ianni, 1970) já absorve a discussão de Fanon e dos marxistas da *Monthly Review*. O mesmo é verdadeiro para Clóvis Moura (1994). Ianni, de volta ao Brasil nos anos 1980, e reintegrado à universidade, fará de Fanon leitura obrigatória em suas classes e o indicará aos estudantes negros que dele se aproximam.[7]

Se "Fanon era nome cortado na esquerda" brasileira, nos meados de 1960, como disse José Maria Pereira que, vindo dos grupos lisboenses ligados ao Movimento Popular de Libertação de Angola, o MPLA (Alberti e Pereira, 2007), certamente conhecia Fanon em 1962, não o era certamente em toda a esquerda, principalmente daqueles que vinham de fora dos quadros partidários. Os católicos, por exemplo, que ganhavam influência à medida que os partidos comunistas eram dizimados pela repressão política, não repudiavam totalmente a violência revolucionária dos colonizados e o antirracismo, aos quais o nome de Fanon estava indissoluvelmente ligado. A revista *Paz e Terra*, órgão muito próxima à esquerda católica, publicou, no seu nº 7, a tradução de um artigo de Raymond Domergue que toma justamente *Os condenados da terra* como parâmetro para traçar um guia da ação política católica em face da emergência de lutas revolucionárias no Terceiro Mundo.

---

bee, a referência aos países subdesenvolvidos como 'proletariado externo' do mundo ocidental" (Paiva, 1980: 159, n. 33).

[7] Informação pessoal que me foi passada por Valter Silvério, professor da Universidade Federal de São Carlos (UFSCar) e ex-aluno de Ianni.

"Esta longa sequência de citações [de Fanon] nos parecia necessária para demonstrar como a violência que se torna uma situação pode de repente fazer uma irrupção sob forma de violência armada. A violência revolucionária não é senão uma transposição de uma violência precedente que tem suas raízes em uma exploração de tipo econômico." (Domergue, 1968: 51)

Ainda em 1968, foi o pedagogo revolucionário Paulo Freire, também muito influenciado pelo pensamento existencialista católico e pelo nacionalismo anticolonialista do ISEB, quem fez a leitura de Fanon mais absorvedora. Em sua *Pedagogia do oprimido*, Freire (1970) foi, talvez, o primeiro brasileiro a abraçar as ideias de Fanon.

Pelas indicações do próprio Freire, ele tomou conhecimento do revolucionário martinicano entre 1965 e 1968. É o que ele insinua em duas passagens de *Pedagogia da esperança*:

"[...] mais tarde, muito mais tarde, li em Sartre (prefácio a *Os condenados do terra*, de Frantz Fanon) como sendo uma das expressões da 'convivência' dos oprimidos com os opressores. [...]

Tudo isso os estimulava [os camponeses africanos] como a mim me estimulara a leitura de Fanon e de Memmi, feita quando de minhas releituras dos originais da Pedagogia. Possivelmente, ao estabelecerem sua convivência com a *Pedagogia do oprimido*, em referência à prática educativa que vinham tendo, devem ter sentido a mesma emoção que me tomou ao me adentrar nos *Condenados da terra* e no *The Colonizer and The Colonized*. Essa sensação gostosa que nos assalta quando confirmamos a razão de ser da segurança em que nos achamos." (Freire, 1992: 19 e 141)

A segunda passagem sugere que a leitura de *Condenados* se deu quando o manuscrito de *Pedagogia* já estava pronto, pois Freire fala em "minhas releituras dos originais". Como o manuscrito é de 1968 e a primeira edição é de 1970, essa é uma interpretação plausível. Mas, ao mesmo tempo, Freire dá indicações de que leu Fanon na edição mexicana de 1965.

O certo, portanto, é que Paulo Freire toma conhecimento de Fanon entre 1965 e 1970, um período de radical mudança na sua teorização:

> "Absorvido pelo trabalho prático desde a criação do seu método, restara a Freire pouco tempo para o trabalho teórico, e quando a queda do governo Goulart o obriga a parar, ele precisa recuperar o seu ponto de partida em 1959. Estamos, efetivamente, diante de 'um atraso relativo da teoria'. Freire não pudera ainda digerir as novas influências e incorporar teoricamente novas posições; por isso, sua consciência teórica já não dava conta de toda a sua prática e ele carecia, naquele momento, de instrumentos teóricos e metodológicos que possibilitassem uma reinterpretação da realidade e uma revisão profunda do seu discurso pedagógico. Um esforço mais consequente nesta direção ele o fará mais tarde e *Pedagogia do oprimido* é o seu resultado." (Paiva, 1980: 141)

Seja como for, há um importante grupo de intelectuais brasileiros disponíveis para receber a influência revolucionária e radical de Frantz Fanon, que se encontravam, em 1968, livres de fidelidades partidárias e descolados de correntes filosóficas bem estabelecidas.

Outro receptor notável foi Glauber Rocha. Alguns, como Ismail Xavier (2004: 21), chegaram mesmo a ver influência direta de Fanon nos escritos do jovem Glauber:

> "É notável, em Glauber, o sentimento da geopolítica (de que o cinema é um dos vetores) como eixo de um confronto no qual o oprimido só se torna visível (e

eventual sujeito no processo) pela violência. Apoiado em Frantz Fanon, ele explicita tal sentimento em 'Por uma estética da fome', acentuando a demarcação dos lugares e o conflito estrutural que deriva da barreira econômico-social, cultural e psicológica que separa o universo da fome do mundo desenvolvido."

Xavier faz a conexão entre Fanon e Glauber a partir da seguinte frase:

"Do cinema novo: uma estética da violência antes de ser primitiva é revolucionária, eis aí o ponto inicial para que o colonizador compreenda a existência do colonizado; somente conscientizando sua possibilidade única, a violência, o colonizador pode compreender, pelo horror, a força da cultura que ele explora. Enquanto não ergue as armas o colonizado é um escravo: foi preciso um primeiro policial morto para que o francês percebesse um argelino." (Rocha, 1965: 169)

Mas Glauber, ele mesmo, não se lembra de ter lido Fanon por essa época. O mais provável é que tenha lido Sartre, pois ele diz em outro texto:

"Foi na época de JK, inda na Bahia, que ouvi falar em nacionalismo anti/Ufânico. Entrando jovem no Itamaraty, Arnaldo Carrilho levou a Paixão do cinema novo pros Festivais Internacionais/ era o que Brazyl precisava pra se descolonizar culturalmente no mundo. Dialeticamente uma prioridade era o desenvolvimento dos mercados internos (economia /cultura) mas antes de chegar às minhas mãos por indicação do teatrólogo Antônio Pedro *Os condenados da terra* de Frantz Fanon já o sopro de Jorjamado nos lançava, antes do Modernismo pra romper as cadeias da submissão ideológica, núcleo do complexo de inferioridade colonial, nostro câncer, principal arma dos invasores." ("Carrilho Arnaldo 80", em Rocha, 2004: 455)

Ao que parece, Glauber toma conhecimento de Fanon apenas em 1968, pela edição brasileira de *Os condenados da terra*. Mas Xavier tem razão: em Glauber, Fanon parece viver inteiro e não pela metade, ser um pensamento e não apenas um nome. A tese de Xavier é corroborada por Mendonça (1995).

Não deixa de ser revelador que os dois intelectuais inicialmente receptivos às ideias de Fanon tenham sido brancos, que nem mesmo conheciam o *Pele negra, máscaras brancas*, e iconoclastas à procura de uma nova linguagem, de um modo novo e terceiro-mundista de fazer cinema ou educar. Ambos deixaram o Brasil depois de 1968.

Quando *Pele negra, máscaras brancas* é publicado no Brasil, depois de circular em xerox como livro de formação de consciência negra entre jovens militantes, já estamos em 1983. É a editora Fator, de Salvador, especialista em obras psicanalíticas, que o faz. Haverá aí, certamente, alguma confluência entre o interesse editorial em obra muito influenciada pela psicanálise e o interesse de uma emergente classe média negra com consciência racial, já que Fanon passara a ser leitura de formação.[8] Florentina Souza registra que o boletim do MNU-BA, *Nêgo*, sugeriu a leitura de *Pele negra, máscaras brancas* aos seus leitores e afiliados (Souza, 2005). De fato, a indicação da coluna de *Nêgo*, "Faça a sua cabeça: leia livros", aparece no n° 5, de novembro de 1983.

---

[8] Jairo Gerbase, editor da Fator, diz em "Textemunhos", *Revista Rosa*, n° 3: "Aceitei traduzi-lo, em princípio, porque estava procurando saber por que Fanon se referiu ao sintagma 'momentos fecundos' usado por Lacan. Eu não estava, portanto, primeiramente interessado no estudo do racismo ou do colonialismo, mas fui me identificando com o autor: médico, psiquiatra, político". A edição do livro foi de 2 mil exemplares, segundo o editor, e o local da edição foi Salvador, e não Rio de Janeiro, como erroneamente foi catalogado na Biblioteca Nacional.

Os jovens estudantes negros dos anos 1970 e 1980

A influência de Sartre, e da sua leitura de Fanon, foi duradoura entre negros e brancos. Ainda em 1978, o editor-chefe do jornal *Versus*, da Convergência Socialista, cujos militantes negros foram muito ativos na fundação do Movimento Unificado Contra a Discriminação Racial, que precedeu o MNU, ainda buscava em Sartre, no seu prefácio a *Condenados da terra*, a imagem para expressar o que se viveu naquela noite, nas escadarias do Teatro Municipal de São Paulo:

> "Certa vez Sartre escreveu sobre a questão negra. Ali, ele falava uma coisa inesquecível, e que eu vou citar de memória... 'O que vocês esperavam ouvir quando estas bocas negras se vissem livres das mordaças? Que gritassem frases doces, amenas?' Será que estas 'mordaças' estão sendo arrancadas no Brasil? Sim, então. Foi o que vimos em São Paulo, numa noite histórica. Bocas negras gritando contra a injustiça e a opressão. Punhos erguidos, no lusco-fusco daquele momento em que, numa grande cidade, os homens cansados vão para casa. Não se ouviram frases amenas — e é bom que tenha sido assim. À humilhação de séculos, só o duro estômago do povo poderia resistir." (Faerman, 1978: 1)

Do mesmo modo, a seção "Afro-Latino-América" do *Versus* é lançada, em 1978, com a manchete "Nem almas brancas, nem máscaras negras", que faz trocadilho com o título de Fanon, mas busca referências cognitivas outras, comezinhas, como o "preto de alma branca"; ou tradicionais, como a observação de Nelson Rodrigues — "branco pintado, eis o negro do teatro nacional" — algumas vezes lembrada por Abdias do Nascimento (1966).

Mais ainda. A "Afro-Latino-América" desconhecerá *Os condenados da terra*, publicado em 1968 no Brasil, ou a *Pele negra, máscaras brancas* — que circulava entre alguns militantes negros desde meados da década de 1970 em fotocópia da edição portuguesa da editora Paisagem, do Porto — para republicar, em seu nº 18, de 1978, extratos do *Orfeu Negro*, antecedido da seguinte advertência:

> "Dentro do atual contexto político, onde o Partido Socialista apresenta-se como alternativa mais consequente para a atuação das camadas marginalizadas da sociedade brasileira, Jean-Paul Sartre pensa a atuação do negro socialista. Discute a necessidade de não perder de vista as suas condições objetivas de negro e trabalhador."

No entanto, foram os jovens estudantes negros dos anos 1970 e 1980 que, no Brasil, leram e viveram Fanon, de corpo e alma, fazendo dele um instrumento de consciência de raça e de resistência à opressão, ideólogo da completa revolução na democracia racial brasileira. As referências a esse fato pululam na literatura. Vou seguir apenas algumas pistas.

Na pesquisa que Alberti e Pereira (2007) coordenaram no CPDOC-FGV sobre o movimento negro brasileiro contemporâneo, oito militantes citam espontaneamente Fanon, ao falar de sua formação: Amauri Mendes Pereira, Gilberto Roque Nunes Leal, Hédio Silva Júnior, José Maria Nunes Pereira, Luiz Silva (Cuti), Milton Barbosa, Regina Lucia dos Santos e Yedo Ferreira. Em pesquisa semelhante, conduzida por Márcia Contins (2005), seis militantes também citam Fanon. Michael Hanchard (1994: 116) registra, a partir de entrevistas com esses militantes:

> "Membros do *Black Soul* do Rio de Janeiro e São Paulo — cujas atividades, entre outras, incluíam distribuir cópias do *Poder negro* de Stokely Carmichael e de *Os condenados da terra* de Frantz Fanon para discussão em grupo — eram (mal) identificados pelas elites civis e militares como participantes de uma conspiração. Dada a natureza do regime ditatorial, a vigilância policial exercida sobre o *Black Soul* e o movimento negro em

geral durante esse período não está documentada. Entretanto, um alto oficial do Serviço Nacional de Informações, o poderoso braço da inteligência do estado, confirmou-me em entrevista pessoal que vários ativistas negros foram monitorados de perto nos anos 1970 porque se acreditava que faziam parte da engrenagem da conspiração comunista."

Treze anos depois de publicado o livro de Hanchard, quando os arquivos da polícia política, o DEOPS (Departamento de Ordem Política e Social), já estavam abertos aos pesquisadores, Kössling pôde documentar a repressão ao MNU:

> "Em um relatório da Divisão de Informações do DEOPS sobre ato público organizado pelo MNU, em 07/07/1980, Milton Barbosa importante militante do MNU citou Fanon para criticar o imperialismo." (Dossiê 50-Z-130-3773, DEOPS/SP, DAESP, *apud* Kössling, 2007: 161)

Analisando a documentação policial e depoimento de militantes da época (Félix, 2000: 40-1), Karin Kössling não tem dúvidas em listar as principais influências intelectuais dos jovens rebeldes negros:

> "Autores como Fernandes, ao lado de Eldridge Cleaver e Frantz Fanon, entre outros, introduziam a questão da luta de classes nos debates do MNU." (Kössling, 2007: 161)

Florentina de Souza, olhando dois importantes jornais negros, concorda no que diz respeito a Fanon:

> "É marcante a influência que os escritores negros no Brasil receberam das literaturas africanas escritas em língua portuguesa que chegavam ao Brasil por meio de

jornais, revistas e livros, ou ainda a influência das traduções de Fanon e de textos de Garvey e Du Bois que circulavam no movimento negro no Brasil desde a década de 1930." (Souza, 2005: 162)

Lendo alguns depoimentos de militantes negros da década de 1970, tenho a impressão de que a recepção de Fanon não foi diferente no Brasil daquela que Goldman registrou nos Estados Unidos. Amauri de Souza, importante quadro do MNU no Rio de Janeiro, nos diz:

> "Quando eu comecei a ler *Alma no exílio*, que foi a experiência do Cleaver, que era uma das principais lideranças dos Panteras Negras, e logo depois entrei no Fanon, li os dois ao mesmo tempo... Foi uma loucura! Aquilo era demais! Fanon era a crucialidade, a violência como a parteira da História. Preconizava a violência do colonizador, o ódio... O Fanon era um pouco mais para mim do que era Che Guevara, porque o Che era um revolucionário que tinha morrido, portanto perdeu, e foi aqui na América e não era negro. O Fanon era negro. Foi uma proximidade maior que eu tive com ele. E era terrível... O Fanon não foi morto na luta, eles ganharam, fizeram a revolução... E na minha cabeça, aquilo me apaixonou." (Entrevista a Verena Alberti e Amilcar Pereira, fita 2, lados A e B)

Mas a primeira reflexão mais sistemática (e talvez única) sobre o pensamento de Fanon, feita por intelectuais negros, numa revista acadêmica brasileira, aconteceu apenas em 1981 e foi assinada por um coletivo, Grupo de Estudos sobre o Pensamento Político Africano (GEPPF), o que denota tratar-se de um meio caminho entre reflexão acadêmica e reflexão política. O grupo era formado por ativistas, estudantes e professores do Centro de Estudos Afro-Asiáticos, da Universidade Candido Mendes, dirigido por José Maria Nunes Pereira.

Este artigo demonstra a consolidação da preocupação com o racismo, enquanto questão importante e autônoma, na nova esquerda marxista em formação:

> "Fica claro [com a leitura de Fanon] que o racismo é consequência de uma situação de dominação socioeconômica, mas que possui mecanismos próprios, de ordem psicológica, que concedem a ele certa autonomia. Contudo, a referida situação continua alimentando e alimentando-se do racismo. Isto não se aplica apenas ao fato colonial, mas também ao neocolonial e às sociedades capitalistas com apreciável contingente de mão de obra de antigas colônias. No primeiro caso, como vimos, a função fundamental do racismo é a legitimação da ocupação e exploração diretas. Na situação neocolonial, o preconceito racial é utilizado com os mesmos objetivos, com as necessárias adaptações decorrentes de nova realidade. Ele é um auxiliar dos mecanismos de subordinação neocolonial." (GEPPF, 1981: 22)

A leitura do artigo demonstra também que continuam havendo limites claros à aceitação de Fanon enquanto estrategista político, principalmente à sua crença na potencialidade revolucionária do campesinato:

> "Ele [Fanon] não faz uma verdadeira análise de classe da sociedade colonial. Existem referências a classes ou camadas. O proletariado, o lumpemproletariado e o campesinato merecem-lhe certa atenção e uma caracterização deficiente. Referências existem à burguesia e às elites locais, possivelmente integradas por elementos da burguesia. A sua análise privilegia a polarização cidade-campo." (GEPPF, 1981: 15)

Se o grupo critica a posição excessivamente classista e economicista da esquerda tradicional, para quem o movimento negro ainda representava um perigo sério de divisão das camadas exploradas, também se põe à distância daqueles, no movimento negro, que se afastam da matriz marxista:

> "Cremos que a posição dos que procuram minimizar a questão racial diluindo-a pura e simplesmente na social, assim como os que postulam a independência absoluta das organizações antirracistas (e sua partidarização) relativamente ao resto da sociedade, dificultam, ainda que involuntariamente, a morte da ideologia da 'democracia racial'." (GEPPF, 1981: 25)

Data também do começo dos anos 1980 a recepção de Fanon por parte de Neusa dos Santos Souza, uma intelectual negra, psiquiatra e psicanalista. Neusa fora formada pela Faculdade de Medicina da Universidade Federal da Bahia, mas já estava radicada no Rio de Janeiro, onde fora atraída pela resistência negra daqueles anos, organizada em torno do Instituto de Pesquisa das Culturas Negras (IPCN), por jovens ativistas como Iolanda Oliveira, Amauri Mendes, Iedo Ferreira e outros (Penna, 2019). As lições de Fanon em *Pele negra, máscaras brancas* foram aplicadas com inventividade e maestria por Souza em *Tornar-se negro*. O subtítulo do livro, publicado em 1983, "As vicissitudes da identidade do negro brasileiro em ascensão social", mostra como a abordagem fanoniana de analisar as personalidades negras (o ego) em sua inserção em sociedades racistas é seguida à risca para elaborar conhecimentos que sejam ao mesmo tempo instrumentos de luta e de reconstrução moral e social. O fato de que Neusa Souza tenha apreendido Fanon de modo tão profundo, em diálogo com a sociologia de Carlos Hasenbalg (1979), de Octavio Ianni (1962) e Florestan Fernandes (1965), e o fato ter apresentado e discutido seu livro no IPCN, mostram o modo profundo como a jovem intelectualidade negra brasileira absorvia Fanon. Essa era uma absorção, entretanto, que continuaria subterrânea, sem aparecer no *mainstream* da universidade brasileira.

A recepção de Fanon pela juventude negra

A RECEPÇÃO ACADÊMICA

Gordon, Sharpley-Whiting e White (1996) caracterizam o desenvolvimento dos estudos sobre Fanon em quatro fases. A primeira fase foi marcada pela literatura revolucionária dos anos 1960, que no Brasil, como vimos, encontrou acolhida nas ideias de Glauber Rocha sobre o Cinema Novo e de Paulo Freire sobre a pedagogia dos oprimidos. A segunda fase, que eles chamam de biográfica, não teve representantes no Brasil e passou praticamente em branco. Não apenas não há biografia de Fanon escrita por autor brasileiro como, até hoje, não há uma só biografia de Fanon editada no Brasil. Temos apenas breves notas biográficas (Ortiz, 1995; Cabaço e Chaves, 2004). A terceira fase, que marca o interesse da teoria política por Fanon passaria também quase em branco não fosse o fato de Renate Zahar (1974) ter sido leitura de referência do Grupo de Estudos sobre o Pensamento Político Africano (1981). Cabe mencionar também o já citado livro de Ianni sobre o imperialismo. Mas também com relação a essa fase, Fanon é apenas uma referência, sem que tais estudos tivessem gerado reflexões brasileiras de maior originalidade ou envergadura sobre seu pensamento político. A quarta e última fase, a dos estudos pós-coloniais, é praticamente ainda nova no Brasil e chegou através dos comentários de Edward Said (1978), Homi Bhabha (1986), Paul Gilroy (1993) ou de comentaristas brasileiros aos pós-colonialistas, como Sérgio Costa (2006) e Olívia da Cunha (2002).

No Brasil, a mobilização negra dos anos 1970 não gerou imediatamente a entrada massiva de negros nas universidades. Apenas a partir da Lei de Cotas de 2012 e com a criação dos Núcleos de Estudos Afro-Brasileiros (NEABs) e da Associação Brasileira de Pesquisadores Negros no começo desse século XXI, os estudos fanonianos no Brasil se constituíram realmente em campo com alguma autonomia. As referências a Fanon deixaram de ser esparsas.

Uma rápida busca em bancos de dados sobre dissertações e teses universitárias, realizada em 2007, mostrava que Fanon era lido nas universidades brasileiras principalmente nos cursos de pós-graduação em Literatura, em Comunicação e Artes, em Psicologia Social, e em Ciências Sociais. Quando os debates que animaram os anos 1960 e 1970 são revisitados, sua obra volta a despertar interesse.

Três autores brasileiros haviam, até 2008, dedicado artigos ou parte de capítulos de livros à discussão de Fanon. Renato Ortiz (1995, 1998) tem, sem dúvida, a reflexão mais profunda e refinada de Fanon. Estudioso do mundo intelectual francês do pós-guerra, Ortiz (1995) prepara para a Editora Abril, que publicava, então, uma coleção de divulgação científica, chamada "Grandes Cientistas Sociais", um volume sobre Fanon. Esse volume nunca chegou a ser publicado, mas Ortiz retoma, anos depois, os originais da sua "Apresentação" para publicá-la como artigo na revista *Ideias*, do Departamento de Sociologia da Unicamp. É Ortiz quem retraça a formação do pensamento de Fanon a três movimentos intelectuais centrais ao mundo intelectual do pós-guerra na França — a releitura de Hegel, o debate entre marxistas e existencialistas, e, finalmente, a *négritude*. Silencia, contudo, sobre a formação psicanalítica de Fanon. A preocupação explícita de Ortiz é com a teorização fanoniana do racismo e da nação. Tempos depois, Ortiz (1998) revisita Fanon, agora em conexão com seu estudo sobre o pensamento do ISEB, e descobre as raízes semelhantes do anticolonialismo cultural dos pensadores isebianos — Hegel, Sartre e Balandier. Deixa escapar, todavia, a grande influência da fenomenologia de origem católica sobre os principais membros do ISEB.

Cabaço e Chaves (2004), na esteira dos atentados de 11 de setembro de 2001 nos Estados Unidos, releem Fanon para retomar os pontos-chave de seu anticolonialismo e da sua justificativa da violência revolucionária. Relembrando os debates dos anos 1960, escrevem:

> "[Fanon] abalou a 'boa consciência' das metrópoles ocidentais afirmando que 'um país colonial é um país racista' e assustou os círculos colonialistas denunciando a violência do sistema e explicando que 'o homem colonizado liberta-se em e pela violência'; escandalizou

uma certa esquerda intelectual pondo em causa instrumentos teóricos da ortodoxia marxista; provocou a indignação dos partidos operários ocidentais ao afirmar que 'a história das guerras de libertação é a história da não verificação da tese' da comunidade de interesses entre classe operária da metrópole e o povo colonizado; coerente com sua convicção, acusou a não violência e o neutralismo de serem formas de cumplicidade passiva com a exploração dos colonizados ou de 'desorientação' das elites dos povos subjugados." (Cabaço e Chaves, 2004: 69)

Em resumo, também no Brasil, Fanon entrou definitivamente no rol de autores clássicos, aqueles que servem de referência obrigatória para o estudo de alguns fenômenos do mundo moderno, entre eles, principalmente, o racismo e a violência política. Consolidou-se, do mesmo modo, no panteão dos heróis da raça negra, como autor cuja leitura forma a consciência racial de ativistas ou cidadãos negros brasileiros.

No entanto, os estudos fanonianos realmente se desenvolveram no país apenas muito recentemente (Faustino, 2018). A conta desse subdesenvolvimento talvez possa ser debitada, ainda que parcialmente, ao fato de que só agora a presença de negros nas universidades brasileiras permitiu uma reflexão mais densa sobre o racismo e as identidades raciais.

No próximo capítulo tratarei de um episódio acontecido no final dos anos 1960, às vésperas do rompimento completo da ordem democrática em 1968. Esse episódio ilustra como fenômenos revolucionários, como a guerra da Argélia e os Panteras Negras nos Estados Unidos, ecoaram internamente no Brasil, fazendo mover o *establishment*. Trata-se de um pequeno acontecimento jornalístico em torno da discriminação racial no mercado de trabalho do Rio de Janeiro. Ele fará aflorar, antes do tempo, a discussão sobre a oportunidade de ajustar as relações raciais brasileiras com a adoção de ações afirmativas.

8.
AÇÃO AFIRMATIVA, UM BALÃO DE ENSAIO EM 1968[1]

Os militares que chegaram ao poder em 1964 por um golpe de Estado, foram, no início, habilmente controlados por sua ala liberal, e fortemente apoiados por políticos profissionais e setores da sociedade civil. Em 1968, esses militares procuravam, a todo custo, encontrar um caminho para dar continuidade a tal aventura e manter algumas instituições democráticas.[2] O desafio não era fácil. As pressões vinham de todos os lados. Do Congresso, onde a oposição democrática procurava garantir o que restava do estado de direito, enquanto a direita udenista buscava garantir o controle do governo; do movimento estudantil, que apesar das baixas sofridas se reorganizava rapidamente (Langland, 2013); do sindicalismo que, livre dos pelegos e ainda que expurgados os comunistas, reorganizava as lutas por reposição salarial (Weffort, 1972); da extrema direita militar que, através de atentados terroristas, procurava forçar um endurecimento do regime; e da extrema esquerda, que começava a ensaiar, através de ações armadas, a resistência ao novo regime (Ridenti, 2014).

Naquele momento, a coalizão militar-civil poderia reformar tudo — a lei de terras, as leis sindicais e trabalhistas, o sistema educacional, a política racial[3] etc. — mas tinha, ao mesmo tempo, que vencer a resistência do passado, i.e., que manter funcionando

---

[1] Originalmente publicado como "Ação afirmativa, autoritarismo e liberalismo no Brasil de 1968" em *Novos Estudos CEBRAP*, nº 101, janeiro-março de 2015: 5-25.

[2] Ver, entre muitos, Ridenti (2014), que traça uma breve e correta trajetória do regime militar.

[3] "Política racial" no sentido que lhe deu Wagley (1968: 164): "o pro-

a antiga ordem e a organização social do país. Eram os limites entre a "revolução" e o "golpe de Estado" que estavam em jogo. Em outras palavras, assistia-se ao choque da tradição autoritária brasileira, que gerara a estrutura sindical e a *democracia racial*,[4] por um lado, e o liberalismo udenista, por outro, que poderia sugerir novas soluções na política educacional (privatização do ensino superior), no mercado de trabalho (regulamentação e intermediação do trabalho) e na política racial. Foi nesse contexto que surgiu a primeira proposta de adoção de políticas de ações afirmativas para fazer face à discriminação racial no Brasil, tida como um possível foco de tensão social e de desestabilização da política externa.

Vista do tempo presente, nada mais natural que tal proposta tivesse medrado nesse momento. Primeiro porque, um pouco antes, no início dos anos 1960, os Estados Unidos, referência obrigatória para a política brasileira, premidos por séria crise de legitimidade internacional e por crescentes e violentos conflitos raciais, adotara tais políticas; segundo, porque as ações afirmativas poderiam trilhar a tradição brasileira, inaugurada por Vargas com a Lei dos 2/3 de reserva de vagas para os trabalhadores nacionais. Mas não foi assim que viram os contemporâneos desses acontecimentos. Tal proposta foi rapidamente abortada depois de renovadas loas à democracia racial, a qual deveria ser e permanecer a nossa única forma autêntica de política racial.

Neste capítulo, busco desvendar as forças que, naquela conjuntura, denunciaram a discriminação racial dos negros; o modo como parte da tecnocracia do Estado e autoridades reagiram a tais denúncias, que chegou mesmo a gerar uma incipiente proposta de ação afirmativa, e como a tradição intelectual dominante, reatualizando o imaginário nacional brasileiro como país mestiço, e evo-

---

cesso de 'absorção (Pierson) ou de 'embranquecimento' (Lynn Smith) do negro exprime a política profunda do Brasil em matéria racial".

[4] A doutrina da democracia racial, tal como formulada pelo Estado Novo (Gomes, 1999), era autoritária porque prescindia e diminuía a importância das instituições da democracia política liberal para a consecução da igualdade racial.

cando a eficácia de uma suposta legislação antirracista, abortou tal proposta.

O EPISÓDIO[5]

Na edição de domingo, 3 de novembro de 1968, o *Jornal do Brasil*, então o mais importante dos jornais diários brasileiros, trouxe uma reportagem de página inteira, assinada por Paulo César Araújo,[6] intitulada "Discriminação racial dificulta empregos", em que relata, em estilo de jornalismo investigativo, as dificuldades dos "brasileiros de cor" para encontrar emprego na cidade do Rio de Janeiro. A chamada, na primeira página, era "Preconceito no trabalho" e, no seu texto, lia-se: "O racismo na atividade profissional deixou de ser um preconceito velado para se tornar um

---

[5] Jocélio Santos (2005) analisa tal episódio em sua tese de doutorado. Devo a ele, em 1998, o conhecimento desses fatos e já tinha feito referência a este episódio em meu livro *Racismo e antirracismo no Brasil*, de 1999. A minha coleta de dados seguiu suas pistas. Jarbas Passarinho não deixou nenhuma referência escrita a esse episódio, seja em sua autobiografia, seja em seus artigos na imprensa brasileira. Tal fato não é documentado em sua biografia ou na literatura, excetuando-se as minhas referências e as de Jocélio.

[6] Paulo César Araújo, branco, que assina a matéria, era então, em 1968, um jovem repórter do *Jornal do Brasil*, e foi assim referido por Mauro Malin em 2010: "Na reportagem havia uma garotada disposta. Paulo César (PC) Araújo, Fritz Utzeri, Ramaiana Vaz Vargens, Macedo Miranda (Macedinho, já falecido), Bella Stal, João Batista de Freitas, Tarcísio Baltar, Israel Tabak". Ricardo José Gonçalves Fontes postou o seguinte comentário sobre ele, no *AlbumJotaBeniano*, em 10 de setembro de 2010, comentando a Foto 1: "Paulo César Araújo (PC), foi disparadamente o melhor repórter internacional (correspondente internacional) do jornalismo brasileiro. Exímio entrevistador, sempre com raciocínio rápido e com perguntas inteligentíssimas, colocando o entrevistado numa 'sinuca'. Dificilmente aparecerá outro do nível dele. Foi correspondente em Nova York e Londres na década de 1980 pela Rede Globo. Morreu em um acidente de carro, na Lagoa Rodrigo de Freitas, em 23/12/1987".

Ação afirmativa, um balão de ensaio em 1968

estrangulamento às pretensões dos candidatos de cor". Como se lê na matéria, aparecem de forma desordenada e confusa os três termos que marcarão, na discussão política das relações raciais no Brasil, a passagem dos anos 1960 para os anos 1970: preconceito, discriminação, racismo.

A reportagem concentra-se em ouvir assistentes sociais de dois serviços oficiais de agenciamento de emprego, o Serviço de Orientação Profissional e Colocação (SOPEC) do Banco da Previdência e o Serviço de Emprego da Delegacia Regional do Trabalho (DRT). A importância das qualificações raciais na colocação de trabalhadores de ambos os sexos é ressaltada insistentemente pelas assistentes sociais, entre os demais critérios discriminatórios, como idade, altura e educação formal. E foi esse realce, considerado escandaloso, que o jornalista transpôs para a sua matéria.

O coronel Jarbas Passarinho, uma das cabeças pensantes do regime, então titular do Ministério do Trabalho, às voltas em legitimar e institucionalizar uma nova política trabalhista para o país, em meio a pressões salariais de diversas categorias sindicais e associativas, de metalúrgicos a magistrados, responde imediatamente, na edição do dia 5 do mesmo jornal. A matéria desse dia dá conta de que, por telex urgente, de Brasília, o ministro exigira providências do Departamento Nacional de Mão de Obra (DNMO), lembrando que a Lei Afonso Arinos deveria ser acionada. Reconhecendo, entretanto, a dificuldade de aplicação daquela Lei, o ministro determinara "estudos urgentes [...] porque pretende colocar o Ministério como obstáculo insuperável à discriminação racial" (*Jornal do Brasil*, 05/11/1968: 3). A mesma matéria adianta a reação de técnicos do Departamento, sem citar nomes:

> "Segundo técnicos do Ministério do Trabalho e do Tribunal Superior do Trabalho, 'uma lei semelhante à dos 2/3 poderia solucionar o problema'. [...] 'Depois de uma pesquisa para estabelecer a percentagem da mão de obra negra no mercado de trabalho e destacados os ramos mais procurados por essa população, deveríamos partir para uma lei que regulasse o assunto', revelou um

técnico do Ministério do Trabalho. Essa lei poderia estabelecer, por exemplo, que certas empresas seriam obrigadas a manter em seus quadros 20% de empregados de cor, algumas 15% e outras 10%, conforme o ramo de suas atividades e respectivo percentual de demanda."

Na edição seguinte, de 6 de novembro, o *Jornal do Brasil* volta a noticiar sobre possíveis soluções para a discriminação racial, inquirindo diversas instituições estatais. Por um lado, a Justiça do Trabalho parece descartar a solução legal:

> "Na Justiça do Trabalho, o fato é encarado como 'problema do Executivo', pela ausência de provas concretas que, geralmente, envolvem a discriminação de fundo racial."

Por outro lado, parece haver resistências à adoção de medidas punitivas a empresas:

> "Segundo esse técnico, o DNMO acha que é mais conveniente continuar a estabelecer convênios com a iniciativa privada, aceitando a discriminação, do que encerrá-los — como uma forma de pressão — e prejudicar os que são beneficiados."

A crítica a estas soluções parece reforçar a reserva de vagas como a melhor saída, posto que a reportagem termina com a seguinte argumentação técnica:

> "Confrontada a oferta e a procura diária no emprego — através do controle das agências de colocação pública e privada — e analisadas as causas da ausência do homem de cor em certas atividades — o Ministério do Trabalho contará com elementos que podem solucionar o problema."

Ação afirmativa, um balão de ensaio em 1968

No dia 9 de novembro, respondendo a um repórter, depois de palestra pronunciada na Câmara Americana do Comércio, em Brasília, Passarinho nega que um projeto de "obrigatoriedade de admissão pelas empresas de pessoas negras" esteja sendo elaborado em seu Ministério:

> "Os jornais — afirmou — são muito poderosos no Brasil. Por isso, os jornais nunca mentem. Eles às vezes se equivocam. E este é um caso de equívoco. Não há nenhum projeto nesse sentido; só especulação."

A negativa do ministro, entretanto, não foi o ponto final. Possivelmente, porque se acreditava que realmente algo nesse sentido estava sendo discutido no Ministério. No dia seguinte, 10 de novembro, em editorial intitulado "Democracia racial", o *Jornal do Brasil* se manifestou contrário a leis de reserva de vagas; por sua vez, a escritora Rachel de Queiroz utilizou a sua coluna nos *Diários Associados* para atacar veementemente iniciativas desse tipo. E assim se encerra o episódio. Seus argumentos, que analisaremos adiante, parecem reproduzir os parâmetros ideológicos que enquadrarão a *questão racial* durante todo o regime militar.

Quem esteve por trás dessa iniciativa abortada? Jornalistas e técnicos do DNMO? Intelectuais e jornalistas negros? Diplomatas estrangeiros? Técnicos do DNMO e ativistas negros? O modo como transcorreram os fatos — uma reportagem-denúncia, seguida de declarações técnicas minuciosas que apresentavam soluções completamente compatíveis com a tradição jurídico-trabalhista brasileira, de simples extensão da Lei dos 2/3 — pode apontar para a hipótese de uma tal articulação. Mas é também possível que técnicos do Ministério do Trabalho, e até mesmo o seu titular, numa conjuntura de intensificação dos conflitos raciais nos Estados Unidos e de possível ampliação da campanha de denúncias de discriminação racial no Brasil, estivessem sondando a reação da opinião pública a uma lei que abortasse tais problemas e, antecipando-se, desejassem ganhar o apoio da massa trabalhadora, em sua grande parte de cor, tal como Vargas o fizera. No entanto, a leitu-

Foto 1
PAULO CÉSAR ARAÚJO

Fonte: foto publicada no *AlbumJotaBeniano*, em 5 de junho de 2010, com a seguinte legenda: "A foto de Alberto Jacob feita em 23 de novembro de 1971 no restaurante Britos (notem a patuleia ao fundo no badejão) é realmente an-to-ló-gi-ca! Vejam: Sergio Fleury, a Benoliel, Humberto Borges, nariz do Hélio Kaltman, Paulo César Araújo [o último sentado à esquerda], Artur Pitombeira, Dácio Malta, a careca do Peter Matheson, Graça Monteiro, Diane Lisbona e Maurício 'Lacraia' Tavares. A mão assinando um pseudocheque seria de quem ???".

ra atenta da matéria passa a impressão de que se tratava de uma reportagem regular, sem intenção prévia de averiguar racismo, que acabou por apresentar um achado para o repórter. Nesse caso, teriam sido as circunstâncias políticas do momento, e não qualquer movimentação de um dado grupo de interesse, que terão dado relevância e possibilitado o desdobramento da "descoberta".

Nos itens seguintes, exploro estas interpretações.

Denúncias de discriminação racial

Depois da guerra, no período de discussão da Constituinte de 1946, o tema do preconceito de cor e da discriminação dos negros, levantada no fim do Primeira República pela Frente Negra Brasileira, principalmente em São Paulo, voltara a ser mencionado constantemente por jornais.[7] Episódios como aqueles que tiveram lugar na rua Direita e na Praça da Sé, em São Paulo, durante o *footing* de negros,[8] envolvendo polêmica interpretação de intelectuais e jornalistas, como Paulo Duarte (1947), José Lins do Rego (1947), Sérgio Milliet (1947) e Rachel de Queiroz (1947), reavivaram a discussão sobre o preconceito de cor no Brasil, e estiveram na raiz dos primeiros estudos sociológicos sobre o assunto (Bastide e Fernandes, 1955). De fato, toda a discussão das ciências sociais brasileiras, em seus anos formativos, foi sobre a existência e as características do preconceito de cor no Brasil: seria apenas de cor, seria racial, haveria apenas preconceito e não discriminação,[9] seria apenas de classe?

Do mesmo modo, desde os anos 1940 uma série de episódios de discriminação registrados em hotéis do Rio de Janeiro e São Paulo, envolvendo principalmente afro-americanos em visita ao país, ganharam repercussão, seja na imprensa negra norte-americana (Hellwig, 1992; Francisco, 2016), seja no Brasil, pondo sob suspeita a imagem de democracia racial que já se tornava consensual, tanto internacional quanto nacionalmente. O último desses episódios, envolvendo a dançarina, antropóloga e ativista negra Katherine Dunham, tivera especial repercussão, dada a sua reação firme, causando grande mal-estar nacional, inclusive no Congres-

---

[7] Ver, entre outros, Sotero (2014).

[8] Sobre o episódio, ler o excelente artigo de Elide Rugai Bastos (1988). Ver também Maio (1999).

[9] O "preconceito", tecnicamente, refere-se a atitudes e valores, e a "discriminação", a comportamentos efetivos. Na linguagem da época, "cor" referia-se a características somáticas, que variavam de indivíduo a indivíduo, enquanto "raça" referia-se a características físicas herdadas.

so, onde intelectuais como Gilberto Freyre e Afonso Arinos reagiram com veemência. A Lei 1.390, sancionada por Getúlio Vargas em 3 de julho de 1951, conhecida como Lei Afonso Arinos, parece ter sido a resposta a esses episódios. Resposta que foi tida como adequada e definitiva, restabelecendo o *status quo* da nossa democracia racial. Em seu artigo primeiro, rezava a lei: "Constitui contravenção penal, punida nos termos desta lei, a recusa, por parte de estabelecimento comercial ou de ensino de qualquer natureza, de hospedar, servir, atender ou receber cliente, comprador ou aluno, por preconceito de raça ou de cor".

Nos anos 1960, o famoso diário de Carolina de Jesus (1960) sobre a miséria em que vivia a população negra no Brasil e reportagens como o ensaio fotográfico de Gordon Parks (1961) para a *Life Magazine* foram também percebidos como desafios para a democracia e a paz racial no Brasil. Mais ainda, como sugere o título da referida reportagem da *Life* — "Pobreza: o temido inimigo da liberdade" — em clima de Guerra Fria, era o "mundo livre" que estaria ameaçado pela pobreza e pelas discriminações sociais e raciais. Depois do golpe militar de 1964, ademais, uma nova onda de denúncias começou a ganhar corpo, com o alijamento da vida política de algumas proeminentes lideranças negras, como Abdias do Nascimento e Guerreiro Ramos, e a publicação da tese de titularidade de Florestan Fernandes (1965), intelectual bastante ligado aos meios negros de São Paulo, que procurava tematizar exatamente "o mito da democracia racial" brasileira.

Em carta aberta ao I Festival Mundial de Artes Negras de Dakar, em 1966, do qual o TEN fora excluído pelo governo brasileiro, Abdias do Nascimento (1966: 98) escrevia:

> "Nenhuma outra comunidade negra, fixada em país de civilização ocidental, talvez sofra de maneira tão trágica a pressão de um meio social só na aparência totalmente favorável. Pois desde o recôndito do seu procedimento, esse meio mantém vigilante e severa censura aos esforços de afirmação do negro e de sua tomada de consciência."

A resposta conservadora a essa nova onda de protestos negros, agora em fóruns internacionais, foi dada com a introdução, na Constituição de 1967, outorgada pelo regime militar, da seguinte frase no parágrafo primeiro do seu artigo 150: "Todos são iguais perante a lei, sem distinção de sexo, raça, trabalho, credo religioso e convicções políticas. *O preconceito de raça será punido pela lei*" (grifo meu). Seu autor, o mesmo deputado Afonso Arinos, assim expressou o que ele considerava ser um ponto final dado à questão:

> "De tudo o que pude fazer nos meus vinte anos de parlamento, de todas as lutas em que me empenhei durante esses quatro lustros, e que foram as lutas do meu tempo, talvez nada permaneça de duradouro, exceto aquele pequeno texto [a Lei 1.390], no qual, muito mais que a minha, falou sem dúvida, acima dos séculos, a voz memorável do meu povo. [...] no fim do meu mandato de senador, em janeiro do ano corrente [1967], [coloquei] no próprio texto da nova Constituição aquele dispositivo, que não encontra similar em qualquer outra Constituição nacional do mundo: 'A discriminação racial será punida pela lei'.[10] Hoje o preceito está claramente inscrito na lei magna, como expressão genuína do que já vinha, há tempo, no coração do nosso povo." (Arinos, 1967: 46)

Pois bem, em outubro de 1967, a revista *Realidade*, que se destacava na imprensa brasileira com uma proposta totalmente

---

[10] Note a confusão que Arinos promove, de um lado, entre "discriminação racial" e "preconceito de raça"; e do outro, entre "crime" e "contravenção penal". Apenas os últimos termos dos pares constam da Constituição. A confusão entre preconceito e discriminação, como veremos adiante, é constitutiva de um discurso ideológico e de uma *política racial* que ficou conhecida como *democracia racial*.

nova de jornalismo investigativo e de opinião (Faro, 1999), dedica seu n° 19 ao tema "Racismo: Estados Unidos e Brasil". Recordemos brevemente o contexto histórico daquela publicação pois isso nos ajudará a situar a reportagem do *Jornal do Brasil* do ano seguinte.

No verão de 1967, em julho, os Estados Unidos tinham sido palco de uma das mais violentas revoltas raciais de sua história, com dezenas de bairros negros em chamas e confrontos policiais sanguinários. Lideranças pacifistas, como Martin Luther King, já vinham perdendo rapidamente espaço para líderes radicais, como Malcom X, e jovens líderes estudantis ou mulçumanos que clamavam por *poder* e não apenas por direitos civis. Organizações como o Student National Coordinating Committee (SNCC) e os Panteras Negras passavam ao proscênio com a palavra de ordem de *Black Power*. Esses jovens, como Stokely Carmichael, do SNCC, procuravam também forjar alianças internacionais terceiro-mundistas, abraçando a teoria do colonialismo interno (Guimarães, 2014) e procurando se aproximar dos líderes anti-imperialistas da África, da Ásia e da América Latina. Foi nesse verão incendiário de 1967 que Fidel Castro organizou em Havana a primeira reunião da Organization of Latin American Solidarity (OLAS), e convidou Stokely Carmichael para representar o povo negro oprimido da América. Este, ecoando o chamado de Che Guevara na Organization of the Solidarity of the People of Africa, Asia, and Latin America (OSPAAAL) para que se criasse "um, dois, três, muitos Vietnãs", discursou:

> "Estamos [os jovens negros] caminhando para controlar nossas comunidades afro-americanas, assim como vocês estão se movendo para tomar o controle de seus países e de todo o continente latino-americano, das mãos de potências imperialistas estrangeiras. [...] O próximo Vietnã será neste continente, talvez na Bolívia, Guatemala, Brasil ou República Dominicana." (Carmichael *apud* Reston, 1967)

Foi nesse contexto que a revista *Realidade*, sob a nova direção de Odylo Costa Filho, organizou esse número sobre o racismo, buscando abrigá-lo sob o tema geral da fraternidade humana, com certeza para evitar que o mesmo fosse censurado, como fora o nº 10, de janeiro de 1967, sobre a mulher brasileira. Dizia Odylo:

> "Nas páginas que seguem apresentamos duas reportagens sobre faces diversas do mesmo problema: o da antifraternidade. Numa, o jornalista conta o que viu, ouviu e sabe sobre a discriminação racial nos Estados Unidos. Noutra, uma pequena equipe corre algumas capitais do Brasil para espiar como anda o preconceito de cor por estas bandas, testando as diferenças de reação em face de um branco e de um negro."

Além dessas duas reportagens, o número traz em encartes o texto da Lei 1.390; uma nota demográfica sobre a população brasileira por cor, projetada para 1970; uma nota sobre a resolução da UNESCO sobre a inexistência cientificamente estabelecida de raças humanas; e três pequenos depoimentos — de Afonso Arinos, do médico negro Edgard Teotônio Santana e do diplomata Raimundo Souza Dantas, também negro. O editor avisa ainda que:

> "Tal foram as proporções que atingiu essa reportagem que não nos é possível publicar neste número algumas contribuições a que atribuímos particular importância, entre elas o depoimento de um escritor ilustre, 'branco da Bahia', que se inclui entre os negros e narra o que tem sido a luta deles em São Paulo, Fernando Góes; e um ensaio do sociólogo Florestan Fernandes sobre preconceito e ascensão social. Anunciamos ao leitor essa colaboração especial para o prosseguimento do debate que abrimos."

Mas a *Realidade* nunca retomou o "debate". Uma pequena análise desse número será proveitosa para a compreensão do fracasso da nossa primeira tentativa de estabelecer ações afirmativas no Brasil.

Na introdução, Odylo Costa Filho procura estabelecer com clareza o terreno ideológico e o objetivo da reportagem. Reforçando as crenças raciais vigentes, chama de *discriminação racial* a antifraternidade que flagela os Estados Unidos, e de *preconceito de cor* a antifraternidade flagrada no Brasil. Mas o tom não parece ser conciliador ou apaziguador em relação aos que negavam a existência do racismo no Brasil. Ainda que se note a preocupação do autor em evitar ser acusado de exagero ou oportunismo, parece que sua intenção é honesta em notar diferenças marcantes entre as realidades raciais nos Estados Unidos e no Brasil. Para emprestar objetividade às suas observações iniciais, se vale dos estudos da UNESCO e, principalmente, da distinção de Oracy Nogueira (1998) entre preconceito racial de marca e de origem. Em suas palavras:

> "Não há, entre nós, como nos Estados Unidos, exclusão ou segregação incondicional dos membros de grupo determinado, e sim preterição ou injustiça na luta individual. Lá os dois grupos se hostilizam como unidades sociais distintas. E isso não existe aqui." (*Realidade*, outubro de 1967, ano II, nº 19: 23)

Essa comparação de nossas mazelas com males mais graves já indica em que terreno se coloca. Seu objetivo, o que justifica moralmente a reportagem retirando-lhe qualquer caráter de sensacionalismo ou de oportunismo político, é justamente evitar que, pelo silêncio e pela negação, tal preconceito venha a se transformar em ódio racial: "o preconceito existe, cuidado com ele, para que não degenere em ódio, discriminação, segregação, conflito, violência" (*Realidade*, nº 19, 1967: 23).

Assim se delineiam, logo no começo, alguns traços marcantes da nossa ideologia racial, mesmo quando professada pela esquerda progressista: o reconhecimento da discriminação racial andava a par com a negação da legitimidade de um protesto negro que

Ação afirmativa, um balão de ensaio em 1968

ganhasse contornos por demais políticos; o racismo era tratado como preconceito, seu caráter estrutural negado e tomado como manifestação de indivíduos. Enfim, o terreno autoritário da democracia racial parecia continuar trilhado pelas esquerdas, em que pese a sua desmistificação já em curso.

Esse traço característico pode ser descoberto se cotejarmos as duas reportagens. A que cobre os Estados Unidos, assinada por Carlos Azevedo,[11] centra-se em sua experiência no Shaw, bairro negro de Washington, e em entrevistas com líderes do SNCC e citações de ativistas do Congress for Racial Equality (CORE). Azevedo conta didaticamente como ocorreu a grande imigração dos

---

[11] "Carlos Alberto de Azevedo nasceu em 11 de dezembro de 1939, em São Paulo. Jornalista desde 1959, foi repórter em *A Hora*, *O Estado de S. Paulo*, *Folha de S. Paulo*, *Diário da Noite*, nas revistas *O Cruzeiro*, *Quatro Rodas*, entre outros veículos até 1968. Nesse período, participou da fundação da revista *Realidade*, que inspirou toda uma geração de jornalistas independentes na promoção dos direitos humanos e da cultura brasileira. Em seguida, participou do movimento de resistência à ditadura militar, colaborando em jornais clandestinos como *Libertação* e *Classe Operária* e em livros clandestinos como o *Livro Negro da Ditadura Militar* (1970), *Política de genocídio contra os índios do Brasil* (1973). Perseguido pelos órgãos de repressão, viveu cerca de dez anos na clandestinidade (1969-79). Entre 1975 e 1979 foi colaborador do jornal *Movimento*, mantido e produzido por jornalistas (sem patrão). Após a anistia, trabalhou na TV: no Globo Rural (TV Globo, 1981-85); e na TV Cultura (1986-87). Fez programas políticos de TV para o PCdoB entre 1989 e 1998. Também continuou a militar na imprensa independente, escrevendo nas revistas *Caros Amigos* e *Retrato do Brasil*. Foi editor-chefe das campanhas de TV de Lula à Presidência da República em 1989 e 1994. Entre outros, escreveu os livros *Do tear ao computador: a luta pela industrialização no Brasil* (três edições, 1986, 88 e 89, com Guerino Zago Jr.) e *Cicatriz de reportagem* (2007), publicado pela Editora Papagaio, reunindo suas melhores reportagens. Participou como editor-chefe da elaboração dos livros *Brasil: direitos humanos* (2008) e *Habeas corpus: que se apresente o corpo* (2010), ambos para a Secretaria de Direitos Humanos da Presidência da República. O livro *Jornal Movimento: uma reportagem* é seu trabalho mais conhecido, escrito com a colaboração de outros autores, sob encomenda da Editora Manifesto" (em <http://www.portaldosjornalistas.com.br/perfil.aspx?id=13529>).

negros para as cidades do norte e do meio-oeste norte-americanos, entremeando em seu relato estatísticas sobre as desigualdades raciais naquele país e a momentânea falência da via pacifista de Luther King e dos governos democratas. Volta e meia, no texto, aparece o motivo pelo qual a sua presença no bairro e nas entrevistas foi tolerada pelos ativistas radicais negros: um brasileiro seria um "não branco". A narrativa viva da experiência de uma noite no Shaw, na esquina das ruas 14 e U, presenciando a chegada de viaturas policiais para prender um adolescente negro, sendo hostilizado por um drogado que lhe chamou de *honky*, não foi suficiente para caracterizar o racismo norte-americano para o público brasileiro. Escreve Azevedo:

> "Em Washington fui apresentado pessoalmente ao racismo. Foi numa noite em que eu e cinco universitários brasileiros conversamos com um universitário negro norte-americano, no saguão do hotel onde estávamos hospedados. Depois de exigir do funcionário da portaria que o negro se retirasse, um velho, branco e aparentemente meio bêbado, nos perguntou: 'O que estou vendo é um sonho ou fiquei louco? O que faz um negro entre vocês?'."

A reportagem, que cobre seis cidades — Belém, Recife, Salvador, Rio de Janeiro, São Paulo e Porto Alegre —, com fotos de Luigi Mamprin e Geraldo Mori, é assinada por Narciso Kalili,[12]

---

[12] Segundo depoimento de Mylton Severiano da Silva (<http://doclondrina.blogspot.com.br/2012/06/homens-do-panorama-narciso-kalili-e.html>): "Narciso caiu fora de *Realidade* meses antes que a equipe inicial se desfizesse. Foi fazer jornalismo diário na *Última Hora*, já dos Frias mas ainda combativa. Narciso era o editor-chefe, creio, mas ia às ruas cobrir as passeatas e protestos e acabava se juntando aos 'subversivos', gritando slogans contra a ditadura e acolhendo perseguidos (coisa que vários de nós fizemos, inclusive eu, sob risco até de morte)". Narciso foi preso em 1974 pela Operação Bandeirantes, por conta de uma reportagem sobre o Watergate (Nitrini). Quando

branco, e Odacir de Mattos,[13] negro, e intitula-se "Existe preconceito de cor no Brasil". A reportagem pretendia flagrar o preconceito e a discriminação raciais no Brasil através de vários testes, realizados pelos dois jornalistas. Com a ajuda de colaboradoras recrutadas localmente, foram documentadas fotograficamente atitudes em relação a casais inter-raciais em situações de hospedagem em hotéis, procura de moradia, atendimento em ambulatórios médicos, matrícula em escolas e de urgência médica, na rua, todas forjadas pelos dois jornalistas. Ao contrário da reportagem feita nos Estados Unidos, não há, em todo o texto, nenhum dado estatístico que documente desigualdades raciais. O foco centra-se em atitudes e comportamentos observados. O resultado pode ser assim sintetizado: forte recusa a casais inter-raciais; nenhuma solidariedade com negros em situação de urgência médica; uma plétora de manifestações verbais de preconceito, mas nenhuma ou quase nula desigualdade de tratamento na procura de escola; alguma discriminação, ainda que não radical, sempre dissimulada, na procura de moradia ou hospedagem em hotel. Maior disposição dos jovens negros que dos adultos em falar da discriminação que sofriam, negação generalizada da existência de preconceito entre os brancos. Pouca diferença entre cidades, ainda que em Porto Alegre a tensão racial parecesse maior.

O que realmente chamou minha a atenção, repito, foi que a preocupação dos repórteres estivesse voltada primordialmente para flagrar atitudes e valores, assim como diferenças de tratamento. Não houve preocupação alguma com estatísticas de desigualdades

---

solto, perdeu o emprego que tinha na TV Cultura e recomeçou a vida jornalística em Londrina (PR). De volta a São Paulo, foi editor dos noticiários da Rádio Jovem Pan. Morreu em 1992.

[13] Odacir de Mattos trabalhou em diversos jornais na capital paulista como revisor e foi também ativista negro, membro fundador da Associação Cultural do Negro, em São Paulo, e do *Jornegro*, na mesma cidade. Dirigiu o Centro de Cultura e Arte Negra (CECAN) a partir de 1974. Foi ligado aos jovens jornalistas socialistas do *Versus*, principalmente Thereza Santos (Silva, 2011: 284; Rios, 2014).

estruturais. Mas algo já parecia estar a mudar nessa postura de excessivo foco em atitudes e valores e total descaso com a situação de desigualdade racial em que vivia o negro brasileiro. Tal mudança pode ser sintetizada num comentário de Mattos a Kalili, que lhe conta da rejeição preconceituosa que ouvira de uma prostituta branca numa das sessões do experimento que fizeram. Vale destacar a nova ideologia que transparece nas palavras do jornalista:

"Sentimentalmente, o preconceito não me afeta. Acho que o branco tem todo o direito de não gostar de mim como pessoa. Assim como eu tenho o direito de não gostar dele. Não vou, por isso, me incomodar com as opiniões de uma prostituta que pode não querer dormir com um negro, nem com o fato de o dono de um hotel ou boate barrar minha entrada. Tenho de desenvolver minha luta num plano mais elevado. *O preconceito e a discriminação prejudicam minha vida cultural, familiar, e sinto que devo lutar. Mas não com as manifestações do preconceito, e sim contra as causas que lhe deram origem.* Eu não me sinto humilhado por opiniões como a desta mulher. *Mas isto junto a todos os outros tipos de discriminação limitam a vida de um negro a um nível bastante baixo, do qual ele dificilmente pode sair.*" (grifos meus)

Era o repúdio a reduzir o racismo a manifestações individuais de preconceito, ou mesmo de discriminações, para pensá-lo como promovendo limitações estruturais ao desenvolvimento pessoal e coletivo dos negros, que já estava em gestação nos anos 1960 no Brasil. Esse processo, entretanto, só estará completo mais tarde, quando dois novos elementos foram incorporados: primeiro, a demonstração científica, para efeito de convencimento, de que as desigualdades sociais e econômicas entre brancos e negros, no Brasil, eram de fato raciais, ou seja, consequência de discriminações, e não uma associação espúria entre classe e raça; segundo, a organização de movimentos sociais fortes que pressionassem por polí-

Ação afirmativa, um balão de ensaio em 1968

ticas antidiscriminatórias de cunho estruturais. A primeira condição começou a se desenvolver apenas no decorrer dos anos 1980, a segunda em meados dos 1990.

A DENÚNCIA DO *JORNAL DO BRASIL* EM 1968

A reportagem de Paulo César Araújo de 3/11/1968 tem, entretanto, duas singularidades importantes. A primeira, tratar exclusivamente de discriminações no mercado de trabalho, mais especificamente na colocação de empregados recrutados por agências de emprego; a segunda, serem essas agências governamentais, ligadas ao Ministério do Trabalho. O seu assunto era excessivamente técnico, em que pese o apelo popular e a linguagem acessível da matéria jornalística. Os entrevistados são técnicos do Departamento Nacional de Mão de Obra (DNMO) e assistentes sociais ligadas às duas agências públicas de colocação de mão de obra. É importante lembrar que o próprio DNMO fora criado recentemente pelo governo militar[14] no bojo de uma completa reforma trabalhista e sindical, ainda em curso no momento da reportagem, que procurava reorientar o sindicalismo brasileiro e garantir maior produtividade do trabalho. Informa-nos Sylvia Ely (1984: 267) que

> "O DNMO, efetivamente, começou sua atuação em 1967 e passou a atuar de modo muito similar ao do PIPMO [Programa Intensivo de Preparação de Mão de Obra], ou seja, desenvolvendo recursos para que empresas, organizações sociais, pudessem implementar cursos de formação de mão de obra."

---

[14] "Lei nº 4.923, de 23 de dezembro de 1965. Art. 7º — O atual Departamento Nacional de Emprego e Salário, do Ministério do Trabalho e Previdência Social, criado pelo art. 2º da Lei nº 4.589, de 11 de dezembro de 1964, fica desdobrado em Departamento Nacional de Mão de Obra (DNMO) e Departamento Nacional de Salário (DNS)."

A primeira dessas características, apontar para problemas estruturais de geração de desigualdades entre brancos e negros, poderia sugerir algum envolvimento com ativistas, seja de esquerda, seja de organizações negras, interessados em propor ou pautar a reportagem. Os rápidos perfis que traçamos dos jornalistas que escreveram as reportagens mostram, entretanto, que esse não parece ter sido o caso de Paulo César Araújo. Se Kalili e Mattos tinham ligações próximas com movimentos sociais, esse não parece ter sido o caso de Araújo. Ao contrário, o fato de ter sido, anos depois, escolhido pelo *Jornal do Brasil* para cobrir o enterro de Pablo Neruda, no Chile, é indicativo de que não tivesse um passado suspeito aos órgãos de segurança.[15] A segunda característica sugere um roteiro diferente: teriam técnicos do DNMO interesse não apenas em problematizar a discriminação racial, mas também em torná-la um assunto de opinião pública? Não conseguimos averiguar essa possibilidade através de consulta aos arquivos do Ministério do Trabalho, mas ela é bastante plausível. O que a torna mais atraente é que os técnicos entrevistados não apenas revelam o problema, mas apontam para a sua solução de modo detalhado, a qual implica a consolidação do papel da DNMO na regulação do mercado de trabalho, ao menos no que toca à relação de intermediação. Note-se que a reportagem generaliza para o mercado de trabalho a discriminação observada nas agências de intermediação, recentemente regulamentadas.

O então diretor do Departamento Nacional de Mão de Obra, Antônio Ferreira Bastos,[16] havia assumido o cargo em 20 de abril

---

[15] As fotos de Pablo Neruda, registradas por Evandro Teixeira durante a reportagem de Paulo César Araújo, são as únicas a realmente documentar a necrópsia e o enterro do poeta chileno (Fullgraf, 2013).

[16] Tudo que consegui saber do Sr. Antônio Ferreira Bastos, até agora, além da data de sua posse no DNMO, é que nasceu no dia 15 de abril. O *Correio da Manhã* e o *Jornal do Brasil* o trataram sempre por "senhor", sem qualquer título universitário ou de patente militar, como ocorria frequentemente na época. O sr. Bastos ficou à frente do DNMO até janeiro de 1970, quando foi substituído por Roberto Nicolau Danneman, em 1º de fevereiro

de 1967. Sua atuação à frente do Departamento foi marcada por uma busca agressiva por informatizar os cadastros, controlar e promover o fluxo de mão de obra especializada, fazer cumprir a Lei dos 2/3, ampliar o registro de trabalhadores, criar novos postos de emissão de carteira de trabalho, incentivar a criação ou instalação no Brasil de agências de colocação de desempregados. Teve tempo também de se envolver com a migração de retorno de nordestinos não empregados, de procurar controlar e incentivar a imigração de mão de obra especializada estrangeira, de regular o trabalho infantil, o trabalho de analfabetos e das domésticas, além de desenvolver um experimento com as Forças Armadas na formação de mão de obra. Aparentemente, não houve problema relativo ao mercado de trabalho, que tivesse emergido no período, que o Sr. Bastos não tenha tentado solucionar. Em sua gestão, na verdade, preparou-se um Plano Nacional de Ocupações para fazer face a um novo ciclo de desenvolvimento, formando mão de obra especializada e ampliando a cobertura do Ministério do Trabalho sobre a regulação do mundo do trabalho. Certamente, sua sugestão de estender a Lei dos 2/3 aos negros segue com fidelidade a sua forma de pensar e agir.

Mas há outro fato intrigante. Já no dia 10 de novembro de 1968, o *Los Angeles Times*, em um artigo assinado por Francis B. Kent,[17] do seu corpo editorial, faz a repercussão da reportagem do *Jornal do Brasil* e de seus desdobramentos com o título "Discrimi-

---

de 1970. Em 1976, o Tribunal de Contas da União acusou ambas as gestões de desordem administrativa (*Jornal do Brasil*, 27/11/1976, p. 20, 1º caderno). Encontrei também registro de que Antônio Ferreira Bastos foi chamado para a Escola de Especialistas da Aeronáutica em 12 de setembro de 1950 (*Correio da Manhã*, 12/09/1950, p. 8) e que Antônio Ferreira Bastos, presidente da Associação de Mantenedores Beneficiários da Petros, faleceu em 24 de maio de 1984. Terão sido todos uma mesma pessoa?

[17] Kent parece ter sido um jornalista bastante ativo na cobertura de atentados aos direitos humanos na América Latina, cobrindo o massacre de estudantes em Tlatelolco, no México, em 1968, e cobrindo também conflitos camponeses e indígenas naquele país. Sobre o Brasil escreveu pelos menos

nação racial emerge no Brasil", e o subtítulo "O problema é reconhecido abertamente ao menos em jornal; ação governamental em curso". Essa rápida repercussão mostra que o tema era preocupação não apenas de ativistas, mas do público e das autoridades brasileiras e norte-americanas. Estávamos no contexto da Guerra Fria e o ativismo negro nos Estados Unidos parecia sair do controle, com algumas facções aliando-se a Fidel Castro, que por sua vez tinha cada vez maior presença nas lutas de libertação da África e na resistência armada aos regimes de direita da América Latina. Muitos liberais e conservadores, nos Estados Unidos e no Brasil, pareciam realmente enxergar no Brasil um grande problema negro em potencial.[18]

Tal contexto histórico serviria certamente para que vários possíveis atores e grupos enxergassem a oportunidade de avançar seus interesses nessa conjuntura. Para alguns, tratava-se de quebrar barreiras institucionais que limitavam as oportunidades de vida dos negros brasileiros. Nesse caso, podemos supor, apenas à guisa de exemplo, que o intelectual negro Guerreiro Ramos, exilado na Califórnia desde 1966 e ensinando na Universidade do Sul da Califórnia, pudesse ter algum contato com Kent. Mas é também crível que jovens economistas, diplomatas norte-americanos e mesmo intelectuais brasileiros em sintonia com o pensamento liberal que, nos Estados Unidos, forjava as políticas de *affirmative action*, tivessem interesse em que o governo militar procurasse prevenir que o descontentamento negro se alastrasse no Brasil, tomando medidas de relocação de oportunidades compatíveis com a ordem liberal. Como governo de exceção, os militares poderiam impor tais políticas de ação afirmativa. Pode-se presumir que se elas não chegaram a ser propostas foi porque não havia condições políticas

---

duas outras reportagens, em 1968, sempre no *Los Angeles Times*, sobre conflitos indígenas. Passou depois a assinar artigos na importante revista semanal de esquerda *The Nation*.

[18] A tese de doutorado de Kössling (2007) nos fornece evidências sobre a importância que, à época, o DEOPS emprestava à movimentação negra nos Estados Unidos.

Ação afirmativa, um balão de ensaio em 1968

para tal, assim como tampouco houve para outras políticas "liberais", tais como o fim do monopólio do petróleo ou o controle da natalidade, efetivamente sugeridas ao *staff* militar pelo poderoso ministro do Planejamento, Roberto Campos (Rodrigues, 2001).

Sejam quais forem as cadeias de ação, o fato é que o ministro Jarbas Passarinho em nenhum momento se manifestou abertamente favorável a medidas de ação afirmativa, deixando que seus técnicos estudassem soluções. E, quando pressionado diretamente, lembrou que "os jornais são muito poderosos no Brasil", frase polissêmica, sendo um dos seus sentidos o de que o *Jornal do Brasil* teria sido usado para fazer pressão por ações afirmativas.

O editorial do *Jornal do Brasil* de 10 de novembro, "Democracia racial", procura não deixar dúvidas sobre a posição do jornal. Ancorado na já antiga tradição intelectual brasileira do nosso excepcionalismo e da nossa singularidade racial mestiça, o editorialista finca-se em dois argumentos: o de que a nossa mestiçagem faria de discriminações raciais uma tolice — "A própria variedade dos termos designativos do infinito espectro de cor da pele dos brasileiros demonstra a rica tessitura de uma raça que se forja na base de todas as raças e todos os sangues" —; e o do risco de se vir a institucionalizar o preconceito existente — "Seria um erro funesto impor qualquer paridade de brancos e gente de cor em escritórios. Isso constituiria uma cristalização do preconceito. Devemos punir esses tolos que discriminam sem criar estatutos que firmem a discriminação". A solução para esses casos, portanto, já estava dada na nossa lei e na nossa Constituição: "E o remédio é a aplicação severa da lei que pune os delitos de discriminação racial".

Rachel de Queiroz, em sua "Carta aberta ao ministro Jarbas Passarinho", repete os mesmos argumentos ainda com mais veemência e argumentação mais detalhada, e invoca a mesma solução: "No Brasil, graças à sábia e benemérita Lei Afonso Arinos toda espécie de discriminação racial é considerada crime, sujeito a sanção penal". No caso, ações afirmativas seriam ainda piores que o crime de racismo: "E eu digo mais: é preferível que continue a haver discriminação encoberta e ilegal, mesmo em larga escala, do que vê-la reconhecida oficialmente pelo governo — já que qualquer regulamentação importaria num reconhecimento". A escritora, talvez assustada com o poder que o governo militar teria para impor tais medidas, chega mesmo a pedir que tal poder seja exercido pelo Serviço Nacional de Informações para punir os infratores da Lei Afonso Arinos.

Essa ideologia de democracia racial, que fique claro, não se baseia em valores universais, como liberdade individual e igualdade de oportunidades. Ao contrário, tem seu ponto de sustentação no imaginário nacional sobre a origem singular e mestiça do povo brasileiro, pensado como uma meta-raça à maneira de José Vasconcelos e Gilberto Freyre.[19] Seu autoritarismo está em se mover apenas sobre valores e atitudes que devem ser necessariamente comunitários, fechando-se completamente a qualquer realidade estatística ou de desigualdade estrutural de poder que requeira a proteção de indivíduos pertencentes a grupos sociais específicos. Por isso, a mesma Rachel de Queiroz que, em 1947, atacava alguns intelectuais paulistas que negavam a existência da discriminação racial no Brasil, voltava-se, em 1967, contra aqueles que pensavam em corrigi-la através de seu reconhecimento institucional.[20]

---

[19] Tal ideologia se contrapôs tanto ao racismo científico de um Nina Rodrigues (1932), quanto à concepção de um São Paulo branco (Weinstein, 2006). Esta, no pós-guerra, foi atualizada pela referida polêmica entre modernistas paulistas e nordestinos; Sérgio Milliet (1947: 7), por exemplo, escreveu: "Até às vésperas da grande imigração [europeia] a famosa fórmula de Martius, de um povo formado por três raças, o índio, o negro e o português, foi perfeitamente satisfatória. Desde a imigração, porém, essa fórmula deixou de significar um fato científico em relação aos estados do Sul e, em especial, a São Paulo".

[20] Aqui, é importante lembrar que, em 1947, tanto aqueles que negavam como os que reconheciam a existência do racismo, tantos os paulistas quanto os nordestinos, eram unânimes em condenar a existência de organizações negras, dos seus arrazoados e de suas reivindicações. Dizia Queiroz: "E comete o brilhante cronista um erro elementar quando atribui aos 'sociólogos de pacotilha', aos 'filósofos da mulataria', a fundação de ligas de homens de cor, de frentes negras, etc. Os filósofos da mulataria desejam justa-

Mas haveria mesmo entre a intelectualidade e os políticos brasileiros uma corrente, ainda que pouco expressiva, de defesa dessa solução liberal ao problema da cristalização das desigualdades raciais? É fato que sustentáculos políticos do regime militar, como Marco Maciel (2001) e José Sarney,[21] acolheram melhor, na nova conjuntura dos anos 1990, as demandas por ações afirmativas que os intelectuais tradicionais ou de esquerda, mas seu posicionamento naquela conjuntura dos anos 1960 precisa ainda ser averiguado. É também um fato que baluartes do pensamento liberal no Brasil, como Afonso Arinos (1967: 186), nunca foram muito apegados ao argumento da mestiçagem como diluidor dos conflitos raciais, preferindo realçar "nossa tradição católica muito mais integracionista", e aceitando que "o problema negro pode se agravar em nosso país; mas em consequência do problema geral do desenvolvimento econômico". Homens como Arinos não tinham pejo em falar abertamente em raças, ainda que ressaltasse que "são muito diferentes as condições de coexistência das raças branca e negra nos Estados Unidos e no Brasil".

Discussão

Ainda que nossa pesquisa não possa aceitar em definitivo nenhuma das hipóteses interpretativas aventadas, as evidências reunidas parecem favorecer algumas em detrimento de outras.

---

mente o contrário: acabar com essas ligas, com essas associações, integrar amplamente a população de cor na comunhão nacional, e acabar com quaisquer restrições que separam brancos de negros" (Queiroz, 1947: 2). Enquanto Rego (1947) lembrava que "que nada tem a ver Gilberto Freyre com a tal sociologia 'negroide' que anda por aí".

[21] O senador José Sarney (PMDB-AP) apresentou, em dezembro de 1999, o Projeto de Lei nº 650, que instituía cotas de ação afirmativa para a população negra no acesso aos cargos e empregos públicos, à educação superior e aos contratos do Fundo de Financiamento ao Estudante do Ensino Superior (FIES).

Parece fora de dúvida que não houve motivação política de esquerda para pautar a reportagem do *Jornal do Brasil*, ainda que inegavelmente seu teor interessasse a ativistas negros, o que se evidencia quando um jornalista estrangeiro "de esquerda" faz a repercussão da reportagem nos Estados Unidos.

Embora não tenhamos informações sobre quem eram os técnicos do DNMO e de suas ligações com o movimento negro brasileiro, podemos nos indagar se a proposta de cotas já aparecia na pauta do movimento àquela época. Aparentemente não.

Os três primeiros itens do "Manifesto da Convenção Nacional do Negro" (Quadro 5), de 1946, por exemplo, contêm reivindicações que foram atendidas plenamente pela Lei Afonso Arinos de 1951. Coerentemente, a "Declaração do I Congresso do Negro Brasileiro" (Quadro 6), em 1953, não traz nenhuma reivindicação de política afirmativa.

A reivindicação desse tipo que aparece com força, em 1946, se refere à política na área educacional, não ao mercado de trabalho. Dizia a quarta reivindicação daquele manifesto:

> "Enquanto não for tornado gratuito o ensino de todos os graus, sejam admitidos brasileiros negros como pensionistas do Estado, em todos os estabelecimentos particulares e oficiais de ensino secundário e superior do país, inclusive nos estabelecimentos militares." (*Diário Trabalhista*, 15/01/1946)

Quadro 5
MANIFESTO DA
CONVENÇÃO NACIONAL DO NEGRO

---

(1) Que se torne explícita na Constituição de nosso país a referência à origem étnica do povo brasileiro, constituído das três raças fundamentais: a indígena, a negra e branca.

(2) Que torne matéria de lei, na forma de crime de lesa-pátria, o preconceito de raça.

(3) Que torne matéria de lei penal o crime praticado nas bases do preceito acima, tanto na sociedade civil e nas instituições de ordem pública e particular.

(4) Enquanto não for tornado gratuito o ensino de todos os graus, sejam admitidos brasileiros negros como pensionistas do Estado, em todos os estabelecimentos particulares e oficiais de ensino secundário e superior do país, inclusive nos estabelecimentos militares.

(5) Isenção de impostos e taxas, tanto federais como estaduais e municipais, a todos os brasileiros que desejarem se estabelecer com qualquer ramo comercial, industrial e agrícola, com capital não superior a Cr$ 20.000,00.

(6) Considerar como problema urgente a adoção de medidas governamentais visando à elevação do nível econômico, cultural e social dos brasileiros.

Fonte: *Diário Trabalhista*, 15/01/1946.

Quadro 6
DECLARAÇÃO DO
I CONGRESSO DO NEGRO BRASILEIRO

O Congresso recomenda, especialmente,

a) O estímulo ao estudo das reminiscências africanas no país bem como dos meios de remoção das dificuldades dos brasileiros de cor e a formação de institutos de pesquisas, públicos e particulares, com este objetivo;

b) A defesa vigilante da sadia tradição nacional de igualdade entre os grupos que constituem a nossa população;

c) A utilização de meios indiretos de reeducação e de desrecalcamento em massa e de transformação de atitudes, tais como o teatro, o cinema, a literatura, e outras artes, os concursos de beleza, e técnicas de sociatria;

d) A realização periódica de congressos culturais e científicos de âmbito internacional, nacional e regional;

e) A inclusão de homens de cor nas listas de candidatos das agremiações partidárias, a fim de desenvolver a sua capacidade política e formar líderes esclarecidos, que possam traduzir, em formas ajustadas às tradições nacionais, as reivindicações das massas de cor;

f) A cooperação do governo, através de medidas eficazes, contra os restos de discriminação de cor ainda existentes em algumas repartições oficiais;

g) O estudo, pela UNESCO, das tentativas bem-sucedidas de solução efetiva dos problemas de relações de raças, com o fito de prestigiá-las e recomendá-las aos países em que tais problemas existem;

h) A realização, pela UNESCO, de um congresso internacional de relações de raças, em data tão próxima quanto possível.

O Congresso condena, veementemente, considerando ameaças à tranquilidade da família brasileira:

a) A exploração política da discriminação da cor;

b) As associações de cidadãos brancos ou negros organizadas sob o critério do exclusivismo racial;

c) O messianismo racial e a proclamação da raça como critério de ação ou como fator de superioridade ou inferioridade física, intelectual ou moral entre os homens;

d) Os processos violentos de tratamento dos problemas suscitados pelas relações interétnicas.

Fonte: Nascimento (1982).

Bem verdade que já existiam demandas anteriores da Frente Negra Brasileira por dessegregação da Força Pública de São Paulo, das Forças Armadas e do Itamaraty. E que a luta por extensão dos direitos trabalhistas às domésticas fossem bandeira da plataforma político-eleitoral de candidatos negros como Abdias do Nascimento, em 1946. Ainda assim, a demanda por ações afirmativas no mercado de trabalho, no universo do ativismo negro, era coisa muito nova em 1968. Pouco provável, portanto, que sua sugestão nascesse de uma articulação de técnicos do DNMO com ativistas negros.

Em contrapartida, vale lembrar que começava a emergir no movimento negro, desde o pós-guerra, uma nova concepção de racismo, cuja ênfase nas oportunidades de vida fazia com que se ressaltassem as consequências advindas das limitações impostas pela discriminação. Problemas decorrentes da situação de pobreza e de privação já eram realçados no diagnóstico e sua solução poderia estar, seja em outro sistema econômico, que abolisse as classes, como a fala de Odacir de Mattos que transcrevi anteriormente parece sugerir, seja na forma de ações afirmativas que reequilibrassem as oportunidades de vida, como sugerido pelos técnicos do DNMO.

Os tecnocratas entrevistados pelo *Jornal do Brasil* se inclinavam claramente para a adoção de cotas e não de outras ações afirmativas, e invocavam a política trabalhista de Vargas como exemplo de política compensatória bem-sucedida. Também é fato que tais técnicos estavam em contato estreito com o ministro do Trabalho, de perfil nacionalista e autoritário. Este, apesar de suas negativas quanto a estudos que estivessem em curso sobre a implementação de cotas, fora quem demandara "por telex urgente de Brasília" estudos para frear a discriminação racial no mercado de trabalho que fossem mais efetivos que a Lei Afonso Arinos. O *timing* da reportagem, das respostas dos atores envolvidos e das soluções aventadas parece dar credibilidade à versão de que se tratava de uma pauta articulada com os interesses do Ministério do Trabalho, estivessem ou não esses técnicos articulados com o seu ministro.

Não se pode, obviamente, descartar a possibilidade de que a cadeia de eventos tenha sido *casual* e que sua aparente causalidade se deva apenas às circunstâncias históricas favoráveis: perigo de que a agenda negra norte-americana contaminasse os ativistas brasileiros, perigo de que tal agenda favorecesse a articulação internacional cubana, necessidade de responder à rearticulação do movimento operário brasileiro. A hipótese de casualidade parece ainda mais forte quando acompanhamos as declarações do diretor do DNMO aos jornais nos meses que antecederam o episódio. Sua insistência em controlar todos os aspectos possíveis do mercado de trabalho, aplicando e ampliando a legislação vigente, nos sugere que, afinal, tudo não tenha passado de uma gafe do sr. diretor, fazendo uma sugestão que contrariava boa parte do *establishment* intelectual que sustentava o regime.

Quanto à ideologia que guiava os atores, seus argumentos deixam transparecer com clareza tanto o nacionalismo autoritário que conquistara porção significativa dos militares brasileiros e dos tecnocratas, quanto o liberalismo político brasileiro, que também nunca escondeu seus vieses autoritários.

Em Jarbas Passarinho, democracia e autoritarismo são valores que convivem. O episódio da sugestão das cotas, que aqui relatamos, não é sequer referido em suas memórias (Passarinho, 1996). Na verdade, aparece como silêncio, como um não evento: um fato sem desdobramentos políticos. Ao contrário, transparece nas memórias uma atitude que se coaduna com a noção de democracia racial, expressando a singularidade de nossa civilização no Ocidente — sermos autoritários em termos políticos e interpessoais, mas igualitaristas e tolerantes à mistura em termos raciais. Era, pois, uma relativização particular da ideia de democracia moderna. Podemos ler nas memórias de Jarbas referente aos anos 1969, quando o regime militar enfrentava resistências à sua legitimidade em fóruns internacionais:

> "Sabendo o sr. Meany em sala próxima, dirigindo o encontro com as lideranças sindicais estrangeiras convidadas por ele, para reunião paralela, disse que não aceitava, sob nenhuma explicação, a grosseria que houvera. Ademais — continuei — não receberia lição de democracia de ninguém. Seria — perguntei — uma democracia perfeita aquela que garante direitos civis para uns e nega a outros; que emudece a voz de negros tirando-lhes a vida (Martin Luther King fora assassinado em abril de 1968); que mantém em guetos populações discriminadas pela cor; [...] Quem se arroga o direito de censurar há que prevenir-se contra o risco de ver cair sobre seu telhado as pedras que atirou no do vizinho." (Passarinho, 1996: 360)

É um fato, entretanto, que liberais como Afonso Arinos, assim como o *establishment* jornalístico e os intelectuais modernistas, ainda apostavam todas as suas fichas, em 1968, em que a Lei 1.390 e a Constituição de 1967 resolveriam a questão negra no Brasil. E o que realmente prevaleceu foi um entendimento bastante arcaico e ultrapassado já naquela conjuntura internacional, de que se preveniria o acirramento da questão racial a partir de dispositivos legais e constitucionais que reiterassem o respeito à liberdade e a responsabilidade individuais, coibindo e punindo o preconceito racial. Em termos doutrinários, este era concebido como a causa da discriminação e esta última como a causa das desigualdades. A confusão entre preconceito e discriminação era apenas uma questão de economia de palavras pois o preconceito seria a sua causa última e matriz. Tal doutrina podia, ademais, conviver com a negação do racismo, ainda que se aceitasse a emergência ocasional de discriminações raciais e conviver até mesmo com a aceitação do tratamento diferencial por classes, que seria considerado sistêmico no Brasil.

A verdade é que a concepção atual do racismo como um sistema de dominação colonial, coexistente, funcional, mas independente do sistema de economia capitalista existia, naquela época, apenas entre os jovens ativistas negros do *Black Power*, podendo ou não estar ligada a um anticapitalismo. Nos Estados Unidos, esse entendimento foi contra-arrestado pela política liberal que, em muitos estados e municípios, implementou ações afirmativas protegendo a igualdade de oportunidades de vida, e por políticas multiculturais que garantiam a autonomia da identidade cultural negra. No Brasil, a influência do *Black Power* se disseminará paulatinamente, a partir de 1969, nos meios negros e ganhará a cena pública pela sua repercussão na vida cultural do negro brasileiro nos centros urbanos, primeiro no Rio e em São Paulo, avançando depois para outras cidades, como Salvador e São Luís, através de movimentos como o funk, o Black Rio, o reggae, que envolviam mudanças de atitudes e comportamento, expressos em nova linguagem, vestuário, cortes de cabelo etc. A influência cultural negra norte-americana será, portanto, a porta de entrada para que reivindicações de reconhecimento cultural viessem a pavimentar reivindicações políticas no final do século XX.[22]

Assim sendo, de todas as hipóteses, a que fica mais difícil de descartar com o conhecimento que temos hoje é a de que a sugestão de estabelecer cotas raciais para os trabalhadores colocados em empresas privadas pelas agências de colocação estatais tenha sido uma iniciativa dos próprios técnicos do DNMO, motivada provavelmente pelo desejo de fortalecer a importância do próprio Departamento. Que tal desejo tenha sido veiculado pela grande imprensa e tenha permanecido em sua pauta por uma semana, entretanto, nos indica que havia alguma expectativa de que tal proposta pudesse encontrar respaldo em alguns grupos sociais e governamentais naquele contexto de reformas trabalhistas da década de 1960.

No último capítulo, a seguir, farei um reenquadramento histórico da noção de democracia racial, que involucrou completamente a formação racial brasileira entre os anos 1930 e 1970.

---

[22] A primeira de que tenho notícia, sem contar a protorreivindicação de 1946, foi um projeto de lei do então senador Abdias do Nascimento, em 1997.

9.
A DEMOCRACIA RACIAL REVISITADA

"O Brasil é renomado internacionalmente por sua democracia racial", escreveu Charles Wagley (1952: 7) na introdução ao primeiro volume da série de estudos sobre relações raciais no Brasil, patrocinada pela UNESCO. Tratava-se da divulgação dos primeiros resultados de um projeto internacional desenhado para entender formas pacíficas de convivência inter-racial no mundo ocidental, contrastando-as com a violência e a intolerância que tomara de assalto a Europa entre os anos 1930 e 1940, e que ainda grassava nos Estados Unidos e na África do Sul.[23] O significado de "democracia racial" parecia então inquestionado, assim como sua aplicação ao Brasil. Em 1964, entretanto, Florestan Fernandes, em sua tese de titularidade na Universidade de São Paulo,[24] intitulava um item de capítulo de "O mito da democracia racial", para expor o que seria, segundo ele, a permanência do padrão de acomodação e subordinação raciais (etiquetas e crenças) da escravidão na nova ordem democrática e republicana. Esse "fruto espúrio" consistiria em acorrentar "em nome de uma igualdade perfeita no

---

[23] O "Projeto Tensões" foi um dos projetos centrais de pesquisa realizados pelo Departamento de Ciências Sociais da Organização das Nações Unidas para a Educação, a Ciência e a Cultura (UNESCO) entre 1947 e 1955. No âmbito desse projeto vários "estudos de situação racial" foram realizados no Brasil, dirigidos por Charles Wagley e Thales de Azevedo (Bahia), Roger Bastide e Florestan Fernandes (São Paulo), Luiz de Aguiar Costa Pinto (Rio de Janeiro) e René Ribeiro (Pernambuco). Ver Marcos Chor Maio (1997).

[24] Estou usando a tese tal como publicada em livro: Florestan Fernandes, *A integração do negro na sociedade de classes*, São Paulo, Dominus/Universidade de São Paulo, 1965, p. 197.

futuro, [...] o 'homem de cor' aos grilhões invisíveis de seu passado, a uma condição sub-humana de existência e a uma disfarçada servidão eterna".

O que é afinal "democracia racial"? É certamente uma ideia (ou ideal) e um nome, mas ideia e nome nem sempre andam juntos na história. Wagley, nos 1950, parecia inferir da ausência de conflitos e violências raciais explícitos uma ordem democrática de convivência entre raças; Fernandes, nos 1960, claramente explicava as abissais desigualdades socioeconômicas e de poder político entre brancos e negros pela permanência de etiquetas e formas de acomodação social escravocratas.

De qualquer modo, os debates sobre democracia racial, hoje, tendem a assumir que esse foi um conceito desenvolvido no Brasil e, em termos políticos, um mito a ser contestado em face das evidências de persistentes desigualdades raciais no país. Também foi ocasionalmente interpretado como um mito de origem nacional com consequências benéficas para as relações raciais (Bastide, 1955; Fry, 1995-1996; Maggie, 1996; De La Fuente, 2001; Schwarcz, 1999).

Neste capítulo final retomo, mas não sumarizo ou repito, o que já escrevi sobre a cunhagem da expressão (Guimarães, 2001, 2005, 2012), seus diferentes significados e seu uso político e "científico". O leitor que já o conhece se beneficiará justamente do que acrescento aqui, com base em minha pesquisa recente sobre fontes e personagens norte-americanos que estiveram envolvidos na consolidação do imaginário da democracia racial.

Alguns trabalhos recentes procuraram alargar o escopo da investigação para os Estados Unidos (Graham, 2019) e para Porto Rico (Alberto e Hoffnung-Garskof, 2018), e muito me beneficio dessa expansão. Longe de ser um exercício despretensioso e erudito de arqueologia do saber, pretendo mostrar como a democracia racial é uma noção que só faz sentido num determinado contexto histórico, aquele compreendido entre a construção de um ideal, não de política redistributiva, mas de sociabilidade racial (nos anos 1930), e o de denúncia de sua função de ideologia dominante (a partir dos anos 1970), quando o conceito de democracia, na América Latina, passou a ganhar o sentido estrito de representação política igualitária e de usufruto pleno dos direitos de cidadania. "Democracia racial" poderia ser usado como conceito referente à relação entre democracia e raça, como o faz Jessica Graham (2019) no livro a que me referi. Preferi, todavia, continuar a usar "democracia racial" como simples expressão verbal e procurar os diferentes significados que os agentes políticos lhe emprestaram em diferentes conjunturas, no intuito de desvendar seus interesses, contextos e intenções.

ANGLO *VERSUS* LATIN AMERICA

Muito desse desencontro entre ideia e nome, e de imbricamento entre raça e forma de governo, já se encontra no final do século XIX e começo do século XX.

Em 1861, o político e escritor colombiano José María Samper publicou, em Paris, o seu *Ensayo sobre las revoluciones políticas y la condición social de las repúblicas colombianas*, no qual, entre outras, defendeu a tese de que "a democracia é o governo natural das sociedades mestiças".

> "Onde as raças permanecem puras, ou se se misturam e formam uma massa homogênea, à medida que todos se sentem igualados pelo sangue, as aspirações dão uma guinada que leva à criação de aristocracias de diferentes gêneros: algumas heroicas ou guerreiras, outras clericais ou monetárias — ou territorial, ou literária. Pelo contrário, nas sociedades resultantes da fusão de raças antagônicas ou profundamente discordantes, ninguém pode reivindicar a força do sangue; ninguém pode reivindicar uma predominância aristocrática que careceria de base e estaria sujeita a reprovação permanente da impureza de origem. Nessas últimas, as instituições devem se apoiar necessariamente no princípio democrático, ou seja: admitir a inserção de todas as castas, abrir cami-

A democracia racial revisitada

nhos comuns, cancelar todo antagonismo social, confundir todos os esforços sem qualquer classificação. Do contrário, se isso não ocorrer, vai-se despertar e manter a guerra civil permanente, alimentar o orgulho de um e a inveja de outros, paralisar o desenvolvimento de todas as forças ou anulá-las por sua hostilidade recíproca. Em suma, a democracia é o governo natural das sociedades mestiças." (Samper, 1861: 76-7)

Para ele, essa forma de governo corresponderia melhor a povos miscigenados — em que não há endogamia de raças ou classes —, enquanto a monarquia se adaptaria melhor a povos de raça pura e classes bem definidas, que poderiam cultivar aristocracias. Samper teorizava, portanto, a relação entre miscigenação — na verdade, a relativa abertura ou fechamento dos grupos sociais por regras de casamento e intercurso — e formas de governo; e associava, através de equivalências, monarquias a autocracias e democracias a repúblicas e federalismo. A iluminar tais associações está o contraste mais nítido entre os Estados-nações nas Américas, formados por uma diversidade de raças e castas, ao tornarem-se politicamente independentes dos velhos estados monárquicos europeus e de suas sociedades bem estabelecidas de classes, ordens e pureza de sangue.

A associação entre formas de governo e raças, entre raças e sociedades, e as diferenças entre sociedades aristocráticas e democráticas era algo bastante discutido no século XIX por políticos e intelectuais latino-americanos e norte-americanos.

A distinção feita por Freyre, entre *democracia social* — que promoveria oportunidades de mobilidade social através da mestiçagem e que seria característica da colonização portuguesa — e *democracia política*, considerada por ele secundária no contexto da segregação racial que caracterizaria a colonização anglo-saxônica, forma a base do que ficou conhecido como a democracia racial brasileira.

Portanto, quando no século seguinte, em 1936, Gilberto Freyre, em *Sobrados e mucambos*, retoma as imagens de "aristocracia" e "democracia" para contrastar a rigidez da organização patriarcal com a flexibilidade das relações entre raças, retoma o enquadramento retórico do século anterior.[25]

No entanto, ainda que na América Latina do século XIX e início do XX seja parte do senso comum erudito que as sociedades mestiças tendem a ser menos aristocráticas e mais democráticas, estávamos muito longe ainda de falar em "democracia racial" em nossos países. Mesmo porque negávamos que raças fossem socialmente importante entre nós. A expressão "democracia racial" se incorporou ao vocabulário político brasileiro apenas nos anos 1930, ao passo que o seu significado corrente se estabeleceu apenas nos anos 1940, em alguns círculos intelectuais e políticos, para tornar-se, nos anos 1950, de uso corrente nos escritos de ciências sociais.

O irônico dessa história é que a noção de democracia racial foi divulgada nos Estados Unidos como um modo de convivência racial próprio do Brasil e da América Latina, que serviria de antídoto ao racismo norte-americano, marcado pela segregação e pelos linchamentos, mas, assim fazendo, procurava justificar a precariedade da democracia na América Latina; era também ironicamente apresentada como solução aos intelectuais negros norte-americanos em luta por igualdade racial, política e econômica, que já conheciam a expressão pelo menos desde 1914 (Alberto e Hoffnung-Garskof, 2018: 264-316).

---

[25] Escreveu Freyre (1951: 355): "Até o que havia de mais renitentemente aristocrático na organização patriarcal de família, de economia e de cultura foi atingido pelo que sempre houve de contagiosamente democrático ou democratizante e até anarquizante, no amalgamento de raças e culturas e, até certo ponto, de tipos regionais, dando-se uma espécie de despedaçamento das formas mais duras, ou menos plásticas, por excesso de trepidação ou inquietação de conteúdos".

As bandeiras e a democracia racial

Começamos a nos aproximar do uso atual da expressão "democracia racial" com os modernistas paulistas. Alguns destes, depois da tentativa de secessão de São Paulo, em 1932, se reagruparam no Movimento Bandeira. Foram eles que entrelaçaram, em sua empreitada política, duas noções que pareciam distantes.

A primeira, "fraternidade racial", já de uso corrente na Primeira República, datava dos anos 1910-1930, nutrida, primeiro, nos meios negros e depois expandida para o governo Washington Luís (Alberto, 2011). Menotti Del Picchia (1935: 185) trata tal fraternidade como "democracia étnica". Se a "fraternidade racial" seria uma forma de solidariedade social entre raças, irmanadas numa nação, em "democracia étnica" Del Picchia funde democracia (forma política), solidariedade (forma social) e miscigenação de raças demarcadas por fronteiras débeis. A palavra "democracia" ganha, assim, o significado de uma forma de sociabilidade, um modo de convivência social, perdendo quase completamente o seu sentido de forma de governo:

> "[...] não nos assoberba a questão negra, o 'racialismo autóctone' contra o ádvena, e se possuímos, como absorvedora força de caldeamento essa inata ausência de preconceitos de cor, de credo e de origem — o Brasil surge perante o mundo como a terra feliz que processou, em toda a sua plenitude, a 'democracia étnica', a mais soberba forma, inédita e cristã, da fraternidade humana." (Del Picchia, 1935: 185)

A segunda, atribuída a Cassiano Ricardo (1938: 236), foi a expressão "democracia racial", utilizada para realçar o papel de liderança da raça branca, europeia, na organização do Estado-nação. Para ele, a democracia brasileira teria sido formada a partir da hierarquia intrínseca das qualidades raciais de seus povos componentes. Era a forma de o Movimento Bandeira evitar alinhamento com o comunismo, o integralismo, o caudilhismo, e aproximar--se do Estado Novo.[26]

O uso da palavra "democracia" pelos modernistas paulistas deve-se principalmente ao contexto histórico dos anos 1930 de completa descrença nos ideais da democracia representativa. Naquele período, a igualdade entre os "homens", a liberdade individual, assim como a própria democracia liberal não passariam de mitos políticos. A realidade seria, ao contrário, a desigualdade entre indivíduos, povos e nações, sendo a liberdade julgada necessária apenas para poucos indivíduos e povos mais avançados. Pressionados pelo fascismo (a que Del Picchia se referia como ditadura das elites) e pelo comunismo (a ditadura de uma classe), e reconhecendo o atraso da maior parte das regiões brasileiras para viver em democracia política, os paulistas buscavam soluções próprias, que evitassem também a ditadura de um só homem, contra a qual se levantaram em 1932 (Del Picchia, 1932).

Decorre dessa circunstância a busca por teorizar outros tipos de democracia, como a étnica ou a racial, considerados mais afins às condições brasileiras. O Brasil teria que encontrar um regime federalista misto que mesclasse ditadura e democracia em suas diferentes regiões, como propõe Del Picchia, ou adequar-se a um novo tipo de democracia que lhe fosse autêntica.

A propaganda do Estado Novo, entre 1937 e 1945, irá se encarregar de consolidar um imaginário nacional em que os ideários de fraternidade racial, democracia étnica e democracia social serão centrais. Seríamos um povo mestiço e, entre nós, preconceitos de cor ou de raça existiriam apenas em esparsas manifestações individuais, mas não seriam impedimentos para a mobilidade social nem para a participação política de pessoas de cor (Gomes, 1997). No entanto, em que pese a importância dos paulistas na cunhagem da expressão, o imaginário nacional-racial do Estado Novo deve mais a Gilberto Freyre que a qualquer outro autor, como vere-

---

[26] Campos (2007) reproduz diversos trechos de Cassiano Ricardo. Ver pp. 250 ss.

mos a seguir. Contudo, vejamos, antes, como a democracia racial é teorizada por outro intelectual do período do pós-guerra como embranquecimento.

A democracia racial em Thales de Azevedo[27]

Em *Povoamento da cidade de Salvador*, Thales de Azevedo (1949) expõe uma pesquisa rigorosa e cuidadosa de historiografia social, a partir de dois marcos teóricos — (a) a colonização portuguesa teria sido também um projeto civilizatório bem-sucedido graças à maleabilidade e ao pragmatismo dos colonizadores, que se reflete notadamente na sua ausência de radicalismo jurídico e religioso; e (b) seu desígnio em integrar mestiços e aculturados à empreitada civilizatória.

Azevedo, no entanto, não repete as formulações de Gilberto Freyre sobre o tema. Sua ênfase, quase exclusiva nas fontes e nos dados, faz com que sua variante interpretativa descubra nuanças que se revelaram valiosas. Analisemos, como exemplo, a ideia de democracia racial que, tomada de empréstimo de Arthur Ramos (1941), serve de título a um dos capítulos da obra. Ao invés de ausência de linha de cor, ou seja, de desmantelamento da sociedade de castas,[28] a democracia racial, na narrativa de Thales, aparece sobretudo como flexibilização da linha de cor ou de seu avanço para incorporar, como brancos, alguns mestiços. Ou seja, tratar-

---

[27] Esta seção foi extraída de Antonio Sérgio Alfredo Guimarães, "Democracia racial e religiosidade popular em Thales de Azevedo: retrato de um antropólogo católico", *Bérose — Encyclopédie Internationale des Histoires de l'Anthropologie*, Paris, 2021 [online: <https://www.berose.fr/article2163.html?lang=fr>].

[28] Seguindo o modo como as ciências sociais na Universidade de Chicago, dos anos 1920, lia Max Weber, as sociedades escravistas nas Américas seriam sociedades de castas. O conceito de "casta" era comumente empregado para referir-se a grupos sociais fechados, em oposição às "classes". Tal uso generalizou-se nos estudos de relações raciais dos anos 1930 a 1950.

-se-ia mais de uma redefinição da branquitude que de uma superação da sociedade de castas.

É no sentido preciso de ausência de uma linha de cor nítida que proibisse os mestiços de ascender a posições de poder e de governo — ainda que guardando, entretanto, uma hierarquia de classes rígida — que Thales de Azevedo caracteriza Salvador como uma democracia racial desde o século XIX. Citando uma reedição da obra dos célebres naturalistas alemães do início do Oitocentos, Johann von Spix e Carl Von Martius, em *Através da Bahia: excertos da obra 'Reise in Brasilien'*, ele afirma:

> "Ao aproximar-se a Independência, a Cidade do Salvador tinha cerca de 115 mil habitantes em seu núcleo central e nos dois arrabaldes de Vitória e Bonfim. E já era uma democracia racial governada não exclusivamente pelos brancos, mas também 'por aqueles que assim se consideram'." (Spix e Von Martius, 1938: 116, *apud* Azevedo, 1949: 195)

Na verdade, a noção de democracia racial, tal como Thales a emprega em 1949, servia para designar um sistema de classificação de descendentes de europeus nascidos na colônia, assim como de seus filhos e filhas oriundos de casamentos mestiços, mas legalmente reconhecidos como social e racialmente brancos. Temos aqui o uso anacrônico do termo "democracia", no sentido que Samper (1861) empresta à democracia latino-americana para referir o processo histórico de formação da categoria branca de modo mais abrangente do que ocorria na Europa. Ou seja, Samper e a geração latino-americana do final dos 1800 teorizavam como democracia a inclusão nas classes dominantes não apenas dos brancos crioulos, ou seja, os nascidos no país, mas também a sua prole mestiça, que incluía os judeus. Em algumas passagens do *Povoamento*, Thales se refere ao modo como muitos comerciantes e imigrantes judeus se assimilaram completamente a essas classes dominantes, superando e tornando obsoleta a preocupação da corte portuguesa com a pureza de sangue, através da qual se discri-

A democracia racial revisitada

minavam os cristãos-novos. Ou seja, a raça enquanto ascendência imaginada praticamente desaparece.

O preconceito de cor, de religião e de raça dessa classe dominante se exercia de modo quase completamente político no sentido de que esses preconceitos eram utilizados para manter o monopólio do controle sobre a sociedade e seu governo, e não para criar clausura social ou econômica; ou seja, não se pretendia o monopólio de posições econômicas pela cor ou pela raça. Nesse sentido, foram suavizadas as distinções de cor em termos sociais e, em contrapartida, ainda que com mais oportunidades de ascensão, o branco pobre que se deixasse fixar em posições subalternas sofreria o mesmo desprezo social reservado aos mulatos e mestiços despossuídos. A prostituição e o aviltamento social atingiriam com igual força mulheres pobres portuguesas ou mestiças que saíssem da rede de proteção moral de famílias socialmente estabelecidas.

Isto é, os brancos pobres e imigrantes, colonos sem terra e desprotegidos, não foram capazes de forjar com as classes dominantes uma identificação racial que sobrepujasse as suas diferenças de classe, nem as classes dominantes tiveram interesse em cooptá-los racialmente. Esses brancos pobres acabavam, assim, por partilhar o estatuto social dos mulatos e por misturar-se socialmente a eles. Nem foi a moral católica exercida de maneira rígida com o intuito de demarcar os costumes dos colonos brancos e de criar entre eles um sentimento de comunidade distinta. Ao contrário, o catolicismo foi utilizado pelos jesuítas não para isolar social e economicamente os dominantes como brancos e católicos, mas para catequizar e assimilar indígenas, negros e mestiços.

O governo esteve mais preocupado em dominar ideologicamente, pela religião, a população nativa e os africanos escravizados e seus descendentes do que em demarcar uma classe racialmente distinta e dominante. Assim, os brancos e mestiços pobres, tanto quanto os convertidos que conseguissem alguma estabilidade econômica para exercer a moral religiosa e familiar, formavam uma camada intermediária, remediada, que procurava acercar-se cultural e ideologicamente dos dominantes, mas sem chance de com eles partilhar algum tipo de solidariedade racial. Apenas através de casamentos inter-raciais ou inter-classes exercia-se a comunhão de interesses materiais e imateriais. Quer dizer, ao invés de solidariedade racial, a diferença entre dominantes e dominados era garantida pelas chances de mobilidade social e de miscigenação.[29]

A CONEXÃO NORTE-AMERICANA: RAMOS E FREYRE

A entrada dos Estados Unidos na Segunda Guerra Mundial sinaliza o seu papel futuro como líder do "mundo livre", conceito consolidado na Guerra Fria que se segue ao conflito armado. A construção de tal liderança passava necessariamente por profunda e ampla mudança de sua política externa. A aproximação com a América do Sul começara, de fato, no governo Hoover (1929-1933), mas ganha premência com o avanço do fascismo na Europa. Para concentrar-se apenas na América Latina, devem ser citados necessariamente dois obstáculos que precisavam ser vencidos: a simpatia de governos e elites latino-americanos, nos anos 1930, por regimes totalitários, e o seu desagrado com a segregação racial e a *one-drop rule* vigentes nos Estados Unidos. Os dois obstáculos eram nutridos, como sói acontecer, por sentimentos de desconfiança mútua e um enorme vazio de intercâmbio cultural.

O desafio de transpor tal vazio foi equacionado de dois modos por Franklin Roosevelt (1933-1945). Primeiro, com a criação do Office of Inter-American Affairs, sob liderança de Nelson Rockefeller, que deslanchou um amplo programa de intercâmbio militar, cultural e comercial e de ajuda social a países da região (Yelvington, 2006; Cunha, 2007; Pallares-Burke, 2012; Smith, 2013) e, segundo, em 1938, com a criação, no Departamento de Estado,

---

[29] Azevedo (1949: 196-7) escreve: "Não obstante haver certo preconceito contra a procedência mestiça, que se tentava encobrir com certidões de batismo alusivas a ascendentes brancos, 'as mais ligeiras variantes da cor' não faziam perder o prestígio na sociedade, de modo que nesta se viam, sem que o fato causasse estranheza, 'pessoas de cor acentuadamente mestiça' (Spix e Von Martius, 1938: 116)".

A democracia racial revisitada

de uma Division of American Republics, para cuja chefia foi convidado Richard Pattee, que então dirigia o Instituto Hispano-Americano da Universidade de Porto Rico.

A essa altura, Pattee já era um pesquisador muito ativo na rede que reunia cientistas sociais e intelectuais dos Estados Unidos e da América Latina em torno do estudo dos africanismos nas Américas. Essa rede ao mesmo tempo de pesquisa e de política antirracista, interessada na vida social e cultural dos povos negros e de seus descendentes nas Américas, reunia figuras como Melville Herskovits, W. E. B. Du Bois, Arthur Schomburg, Alain Locke, Rüdiger Bilden, Fernando Ortiz, Jean Price-Mars, Arthur Ramos, entre outros, e fora construída a partir de 1935 por troca de cartas, livros e visitas de pesquisa.[30]

Se o interesse acadêmico por Cuba, Porto Rico, Haiti e Suriname foi alavancado e facilitado pela presença militar e política dos Estados Unidos na região, o contexto político na América do Sul, onde se temia a propagação do racismo e do imperialismo norte-americanos, nem sempre facilitava o intercâmbio cultural e acadêmico. Mas o fato é que desde meados dos anos 1930 havia muito interesse nos meios acadêmicos norte-americanos, com a formação dos estudos africanos, em conhecer a vida social e cultural dos negros no Brasil, não apenas a religião afro-brasileira. Havia mesmo certa ansiedade por ter livros didáticos que abastecessem os cursos universitários norte-americanos, preenchendo tal lacuna. Por outro lado, não se pode diminuir o protagonismo de autores latino-americanos, como Nicolás Guillén, Fernando Ortiz

---

[30] Herskovits se corresponde com Fernando Ortiz desde 1929 e com Price-Mars desde 1928. Fernando Ortiz entra em contato com Ramos em 14 de março de 1934, pedindo seus livros. Pattee contata Ramos por carta em 15 de dezembro de 1935, por recomendação do secretário da Sociedade Luso-Brasileira, no Rio de Janeiro, pedindo seus livros. Ramos contata Herskovits por carta em 31 de dezembro de 1935, enviando seus livros, e este responde em janeiro de 1936. Herskovits contata Pattee em 20 de novembro de 1936 pedindo as conferências de Bellegarde publicadas pelo Instituto Hispano-Americano de Puerto Rico. Ramos envia seus livros a Price-Mars em março de 1936.

e Arthur Ramos, nessa busca de aproximação e diálogo entre si. Faltava-lhes, entretanto, recursos institucionais, algo que os norte--americanos tinham em abundância.[31]

Na história da constituição da "democracia racial" com seu sentido atual, a rede acima referida, principalmente com os seus desdobramentos políticos durante a Guerra, foi fundamental. Maria Lúcia Pallares-Burke (2012: 198) lembra, com propriedade, os esforços de intelectuais como Rüdiger Bilden em divulgar o sistema de relações raciais no Brasil como um "laboratório de civilização" ou como uma "solução" para o racismo através da mestiçagem. Tais ideias, antes expressas internacionalmente como "embranquecimento" por Batista Lacerda (Schwarcz, 1993) e que deixaram forte impressão em Du Bois (1992), ganham novos adeptos entre os liberais norte-americanos, fossem brancos, judeus ou negros.

Há de se lembrar também que, concomitantemente, os nacionalistas mexicanos já haviam forjado o imaginário da nação mestiça (Gamio, 1916) e de raça cósmica (Vasconcelos, 1925) justamente para se contrapor ao racismo norte-americano (Hooker, 2017). Os mexicanos, entretanto, buscaram sua referência para a

---

[31] A importância dada à publicação de *The Negro in Brazil*, de Arthur Ramos, em 1939, reside nesse interesse. Em 1938, Herskovits já manifestava reservas quanto ao conhecimento que se tinha sobre a vida do negro no Brasil, como sugere este trecho de sua correspondência com Richard Pattee: "Encontrei o último livro [de Ramos] na minha mesa quando cheguei em casa, e ele parece ter feito um excelente trabalho com base no material realmente escasso de que dispõe. Não sei se escrevi para você que, depois de escrever vários capítulos do meu próprio livro projetado sobre o Negro do Novo Mundo, cheguei à conclusão de que preferiria esperar alguns anos até ter mais informações" (Carta de Herskovits a Pattee, 07/09/1938, in "Pattee, Richard", 1936-1940, Melville J. Herskovits (1895-1963) Papers, Northwestern University Archives, Box 18, Folder 6, <https://findingaids.library.northwestern.edu/repositories/6/resources/20>, acessado em 10/05/2020). Pattee concorda com Herskovits, pois responde em 26 de abril de 1939: "Você deve ter visto a tradução do livro de Ramos que publiquei. Embora seja uma introdução muito elementar ao assunto, espero que possa servir a algum objetivo" (Carta de Pattee a Herskovits, 26/04/1939, in "Pattee, Richard", 1936-1940, cit.). A reação dos brasilianistas é a mesma: veja-se Pierson (1940: 267).

nação mestiça na romantização da glória dos antigos impérios asteca, maia e inca. A escravidão negra no México e seu legado foram praticamente apagados desse imaginário. Os brasileiros, ao contrário, achavam não ter um problema indígena, mas sim um potencial problema racial e nacional com a enorme miscigenação entre brancos e negros. A democracia racial refere-se a esse sentimento de que a absorção de milhões de africanos escravizados, trazidos para o Brasil ao longo de três séculos, representava um problema.

Fundamental, sem dúvida, para o diálogo com os Estados Unidos foi a recepção das ideias de Gilberto Freyre, principalmente sua influência sobre a historiografia da escravidão nas Américas, através de Frank Tannenbaum (Russell-Wood, 1982). Participando, ainda que marginalmente, da rede tecida por Herskovits, mas com voo próprio, circularam internacionalmente as ideias e os ideais expressos em *Casa-grande & senzala*. Freyre foi o principal cientista social e historiador a propagar a imagem do Brasil como *locus* de um sistema de relações raciais peculiar, marcado pela ausência de preconceitos raciais sistemáticos, ou seja, alicerçados em instituições sociais e jurídicas; pela ausência de uma linha de cor que impedisse a mobilidade social; por relações sociais fraternas entre brancos e negros; e pela intensa miscigenação biológica e cultural. Nos Estados Unidos, graças à atuação de Pattee no Departamento de Estado, as ideias de Freyre já circulavam academicamente em conferências públicas, antes mesmo da publicação de seu primeiro livro em inglês, escrito especialmente para o público norte-americano (Freyre, 1945).[32]

Mas Gilberto chamava esse padrão de relações raciais de "democracia social" e "democracia étnica". Por que afinal prevaleceu

---

[32] Escreveu Smith (2013: 150): "Veríssimo foi o primeiro beneficiário brasileiro do *Leader Grant* do Departamento de Estado dos Estados Unidos. Entre as centenas de brasileiros trazidos para os Estados Unidos entre 1941 e 1945 estavam o antropólogo Gilberto Freyre, o historiador Sérgio Buarque de Holanda, o historiador e romancista Vianna Moog, o jornalista e romancista Orígenes Lessa".

a expressão "democracia racial", que, como vimos, estava associada, no Brasil, à visão racialmente hierárquica de Cassiano Ricardo? A resposta a essa pergunta se encontra muito provavelmente na conexão norte-americana, na rede africanista já referida e na circulação de intelectuais brasileiros nos meios negros norte-americanos, veiculando o modo como a geração brasileira dos anos 1930 imaginava o Brasil.

De fato, entre os afro-americanos, desde 1914 pelo menos, era corrente, ainda que não proeminente, o uso da expressão "racial democracy". No começo do século XX, a expressão ainda era usada em contraste com a de "aristocracia", como no restante das Américas. Assim, *The Crisis*, a revista dirigida por W. E. B. Du Bois, republica, em 1914, um artigo assinado pelo jornalista branco Ray Stannard Baker em que se lê:

> "Uma posição pela aristocracia racial significa guerra, ódio, exclusividade árida e, finalmente, degeneração e fracasso: uma posição pela democracia racial e fraternidade significa amor no mundo, amizade, sacrifício, nova fertilidade, uma busca mais ampla pela fé e triunfo final. Os indivíduos podem sofrer no processo, as nações podem perecer, mas a civilização, o reino da humanidade, crescerá, ficará mais bonita." (Baker, 1915: 279-80)[33]

Mas, para os negros dos Estados Unidos, o ideal de democracia política deveria, para ser efetivo, incluir igualdade de oportunidades e de tratamento entre as raças que compunham a nação norte-americana. Não foram, portanto, intelectuais brancos, mas os negros os primeiros a reivindicar a democracia social e racial. Os judeus foram seus grandes aliados. No começo dos anos 1940, o termo "democracia racial", ainda que menos utilizado que ou-

---

[33] O artigo foi publicado originalmente na *American Magazine* (1914). Ray Stannard Baker, que assinava também como David Grayson, ganhou o Prêmio Pulitzer de biografia em 1940. Esse artigo foi citado por Alberto e Hoffnung-Garskof (2018).

A democracia racial revisitada

tras expressões, tais como "racial equality" ou "racial justice", já circulava nos Estados Unidos com seu sentido atual de igualdade política, social, econômica e cultural entre brancos e negros, sem nenhuma conotação, seja de fraternidade, seja de miscibilidade. Pode-se encontrá-lo, por exemplo, no famoso *An American Dilemma*, de Gunnar Myrdal (Myrdal, 1944: 648). Será consagrado com esse sentido na academia norte-americana por autores clássicos da sociologia das relações raciais (Omi e Winant, 1983).

O termo aparece, por exemplo, nas páginas de *The Journal of Negro Education*, que em seu número temático sobre "Racial Minorities and the Present International Crisis", de julho de 1941, traz artigos de Arthur Ramos (1941) e Gilberto Freyre (1941). A tensão, nos anos 1940, entre o que significava democracia racial para Ramos e democracia social e étnica para Freyre, de um lado, e a democracia racial buscada pelos intelectuais negros norte-americanos é evidente nas páginas daquela revista. Os norte-americanos salientavam unicamente a liberdade e igualdade de tratamento e de oportunidades, numa ordem política democrática, enquanto os brasileiros enfatizavam a amistosidade das relações raciais e negavam a existência de preconceitos puramente raciais no Brasil.

Ramos, em seu artigo, emprega a expressão como um conceito-senha, a fazer a ponte entre democracia como política e direitos, tal como usada pelos negros norte-americanos, por um lado, e democracia como sociabilidade (mestiçagem e ausência de preconceitos fortes), por outro.[34] Segundo sua argumentação, a democracia, como forma política, não poderia ser pensada fora de seu significado cultural.[35] Freyre, por seu turno, critica duramente o comportamento segregacionista dos anglo-saxões e nega, devido à "de-

---

[34] Escreve Ramos (1941: 522): "No Brasil, temos uma das mais puras democracias raciais do hemisfério ocidental".

[35] Diz ainda: "Quanto às democracias políticas, elas não passam de uma superestrutura que repousa nas realidades essenciais de cada cultura. É preferível não colocar esse problema racial em termos do futuro da democracia política do mundo, mas em termos da filosofia de cada país no tratamento das raças" (Ramos, 1941: 522).

mocracia" que teria regulado desde o Império as relações entre brancos e pretos em nosso país, que se possa definir sociologicamente uma raça negra no Brasil.[36] Os norte-americanos, ao contrário, reafirmam a visão de uma democracia representativa que reconheça plenamente os direitos dos negros enquanto raça.[37] Assim, temos os brasileiros defendendo a factual inexistência de raças no plano social, e os norte-americanos pedindo o seu pleno reconhecimento civil e desenvolvimento econômico. Mas as evidências são de que as lideranças negras nos Estados Unidos acreditavam que realmente os negros brasileiros viviam uma situação de maior igualdade.[38] Ou seja, falar de democracia racial naquele momento não deixava de soar como um canto de sereia aos ouvidos norte-americanos.[39]

No esforço dos Estados Unidos de trazer os países sul-americanos para sua área de influência cultural, contrapondo-se à influência fascista e comunista na América Latina (Graham, 2019), tal rede será mobilizada e ativada para discussão de políticas para a saída da crise das democracias ocidentais. É preciso lembrar que

---

[36] Freyre (1941: 512) escreve: "Assim, eles são mais conscientes da classe do que da raça. Eles são mais uma classe negra do que uma raça negra".

[37] Quando o sociólogo negro Charles Johnson (1941: 593) compara democracia a totalitarismo, escreve: "A implicação sutil do totalitarismo é que uma hegemonia racial ou de classe, em vez do ideal de igualdade democrática, governará o estado corporativo".

[38] Como escreveu William Pickens, presidente da National Association for the Advancement of Colored People (NAACP), em 1940, apresentando Rüdiger Bilden e Ramos ao reverendo Frank Twine: "Talvez o negro brasileiro usufrua de maior igualdade no meio da população em que vive do que qualquer negro de qualquer estado americano". Ver Pallares-Burke (2012: 285).

[39] No artigo já referido, Johnson ecoa os mesmos valores de Freyre e Ramos ao mencionar os regimes fascistas: "Seus princípios não contêm pretensão de igualdade, fraternidade, liberdade, iniciativa livre ou amor fraterno. Por mais vazias que essas frases possam nos parecer, elas têm sido os ideais que impedem a fixação de linhas que limitam permanentemente as oportunidades por causa de raça, cor, credo ou classe" (Johnson, 1941: 593-4).

A democracia racial revisitada

os comunistas sempre foram muito críticos do racismo norte-americano e apresentavam ao mundo a União Soviética como um país igualitário, sem preconceitos raciais, de gênero ou de classe. Por outro lado, a política norte-americana do *big stick*, com intervenções militares rotineiras no Caribe e na América Central, afastava defensivamente os grandes países latino-americanos de sua área de influência, como que para garantir sua autonomia política e cultural, a começar pelo México.

A estada de Arthur Ramos nos Estados Unidos na década de 1940 fez parte dessa política de aproximação. Richard Pattee — apesar da notória diferença ideológica com Ramos[40] — será, junto com Herskovits, o patrono de sua inserção política e institucional nos anos pós-guerra, o que garantirá ao antropólogo alagoano, formado na Escola de Medicina da Bahia, renome internacional. Sabemos que Ramos, depois de seu retorno ao Brasil, publicará uma série de artigos políticos, que engajam a antropologia na luta contra o racismo e na reconstrução democrática do pós-guerra. Tal militância levará Ramos, posteriormente, à direção do Departamento de Ciências Sociais da UNESCO, que patrocinará os famosos estudos de relações raciais no Brasil, nos anos 1950, quando a democracia racial brasileira será apresentada ao mundo.

As atividades políticas de Ramos nos Estados Unidos, vale a pena lembrar, começaram com a Onwentsia Conference, em abril de 1941, quando foi convidado por uma organização chamada World Citizens Association (WCA) para participar de uma reunião de expertos em relações internacionais, em Lake Forest, Illinois, não muito distante de Evanston. Suas falas nessa conferência estão publicadas em inglês (WCA, 1941) e em português (Ramos, 1943).

Como Freyre (1938) já fizera em suas conferências na Europa, Ramos salientou a formação da cultura e da personalidade brasileiras, em detrimento das formas políticas, para definir a democracia. Do mesmo modo que Freyre, Ramos também se refere

---

[40] Enquanto Ramos era acusado durante o Estado Novo de ligação com o Partido Comunista, Pattee foi sempre um católico fervoroso e conservador. Sobre Ramos, ver Luitgarde Oliveira Cavalcanti Barros (2000: 142).

242   Modernidades negras

ao Brasil como "democracia", em que pese estarmos, naquele momento, sob o jugo de uma ditadura. Ramos utilizava, portanto, a expressão "democracia racial" com o mesmo sentido com que Freyre empregava a expressão "democracia social" ou "democracia étnica", confundindo-a deliberadamente com a expressão usada ocasionalmente pelos negros norte-americanos. Assim como Freyre, Arthur Ramos pretendia transformar a miscigenação cultural e biológica, que caracterizaria o Brasil, em marco fundador do mundo pós-racista que se avizinhava. Mas, em artigo sobre o preconceito racial na América Latina, é sintomático que Pattee (1944), muito mais enfronhado no meio negro norte-americano, não utilize a expressão "democracia racial" para se referir às sociedades da América Latina, mas sim o termo freyriano "democracia social". Estas seriam sociedades sem racismo, mas onde se praticavam preconceitos raciais em graus variados.

Assim como Freyre, Ramos mantinha contatos regulares com os líderes afro-brasileiros, no Rio de Janeiro e em São Paulo, sendo grande o seu prestígio nesse meio. Sabemos que foi, por exemplo, convidado por Francisco Lucrécio, em setembro de 1936, para proferir conferência comemorativa do quinto aniversário da Frente Negra Brasileira (FNB), e que visitou sua sede em São Paulo, em 1935. De fato, seu pensamento influenciou muitos ativistas negros, e suas ideias só perderão importância com a ascensão de uma nova leva de intelectuais negros, liderada por Guerreiro Ramos (1957), assim como, nas ciências sociais, uma nova geração se encarregará de sepultar os estudos culturalistas (Corrêa, 1998).

A expressão "democracia racial" que Ramos utilizou é sinônima da "democracia étnica ou social" de Freyre e passou a ser uma reivindicação dos negros brasileiros até pelo menos 1964. O prestígio de Ramos nos meios negros pode ser avaliado pelas palavras que Abdias do Nascimento reservará ao cientista alagoano, lembrando sua participação na Conferência Nacional do Negro, em 1949:

"É com carinho, com emoção particular, que a Comissão Central pronuncia, nesta sequência, o nome de

Arthur Ramos. Nele tiveram o negro e o homem de cor, mais que um analista, um amigo e um defensor. A ele devemos, em grande parte, o interesse que agora despertam os assuntos referentes às camadas de população em que o negro é dominante; devemos a vulgarização de grande número de ensaios e de contribuições valiosas, da mais vária espécie, para o entendimento dessa questão; devemos uma extraordinária ajuda na reivindicação serena, mas firme e justa, dos direitos do cidadão conquistados, em séculos de trabalho e de dedicação ao Brasil, pelo negro brasileiro." (Nascimento, 1968: 68)

RICHARD PATTEE

A trajetória de Richard F. Pattee merece uma seção à parte. Nasceu em 1906, no Arizona, segundo Smith (2013), ou em Montana, em abril de 1906, segundo Martins (1965). O certo é que foi criado no Arizona, onde fez a maior parte de sua vida escolar, graduando-se em 1926. Membro da irmandade Phi Delta Theta, é no jornal dessa irmandade que encontramos uma primeira biografia de Richard Pattee (Smith, 1933). Aprendemos com Lawson Smith (1933: 144) que ele se bacharelou pela Universidade do Arizona em 1926, fez mestrado em história na Universidade Católica da América, em Washington, entre 1926 e 1927, e foi contratado como professor da Universidade de Porto Rico para o ano letivo de 1927-1928. No seu último ano na Universidade do Arizona, "ele organizou uma turnê de debate que o levou, junto com dois companheiros de turma, em quase todas as seções [da Phi Delta Theta] dos Estados Unidos e até de Porto Rico". Em 1928, durante o recesso do Natal, conheceu Santo Domingo e Haiti, e, findo o ano letivo em Porto Rico, viajou para a Europa (Inglaterra, França, Espanha e Portugal), chegando a tomar aulas de verão na Universidade de Coimbra.

Em 1929, escreve Lawson Smith:

"Tendo obtido licença da Universidade de Porto Rico, o irmão Pattee decidiu fazer uma verdadeira turnê pela América do Sul. Durante o verão de 1929, ele tomou um navio para o Rio de Janeiro, Brasil. De lá seguiu para o norte, visitando Vitória, Bahia, Pernambuco, Ceará, Maranhão e Pará." (Smith, 1933: 144)

O fato é que Pattee, depois do Brasil, viajou por quase toda a América do Sul, em 1929, da Bolívia até Buenos Aires, voltando depois a Porto Rico como professor, ao mesmo tempo que cursava doutorado em História na mesma instituição.

Richard Pattee se estabeleceu em Porto Rico, em parte atraído pela cultura católica latino-americana e certamente por seu amor pelas línguas espanhola e portuguesa. Mas é também provável que Pattee tenha sido atraído pelo esforço da administração Roosevelt em recrutar jovens professores norte-americanos para a Universidade de Porto Rico. De fato, em 1931, o governador norte-americano de Porto Rico, Theodore Roosevelt Jr., nomeou o doutor Carlos E. Chardón como chanceler da Universidade de Porto Rico. A gestão de Chardón sofreu a resistência dos estudantes nacionalistas porto-riquenhos e foi o estopim do massacre de Rio Piedras, em 24 de outubro de 1935, quando estudantes foram assassinados pela polícia colonial, chamada pelo reitor para defender a integridade da universidade (Arrigoitia, 2008). Richard Pattee, sabemos também, dirigiu a comissão da Universidade de Porto Rico que visitou o presidente Roosevelt em 1935 (ver Foto 2).

No mesmo ano de 1935, Pattee já entretinha uma relação profissional com Arthur Schomburg (Pallares-Burke, 2012), passando a frequentar os meios negros do Harlem, chegando mesmo a colaborar com o jornal negro *The Crisis*, criado por Du Bois (Pattee, 1935). Sua relação com Du Bois passa pelo projeto da *Encyclopedia of the Negro*, que este organizava com outros intelectuais afro-americanos.[41] Pattee tem a ambição, como historiador,

---

[41] Em 1936, Rayford Logan pede a Pattee para fazer contato com inte-

A democracia racial revisitada

nessa época, de estudar os negros do Haiti e de Porto Rico à maneira que faziam Fernando Ortiz com Cuba e Price-Mars com o Haiti. Por isso, já entrara em contato com Arthur Ramos. Quem lhe indicou Ramos foi o secretário da Sociedade Luso-Africana do Rio de Janeiro (SLARJ), com quem já se correspondia à época, ligado que estava à rede de católicos latino-americanos. A sociedade, que tinha por lema "Pela raça, pela língua", defendia a excelência do imperialismo português *vis-à-vis* outros imperialismos. Pattee, de formação católica e conservadora, era — desde meados dos anos 1930 — um admirador de Salazar e da civilização luso-brasileira exaltada por Gilberto Freyre, fartamente reconhecida pela SLARJ.

Em carta que dirige a Ramos, em 15 de dezembro de 1935,[42] Pattee pede que lhe envie exemplares de *O negro brasileiro* e *O folclore negro no Brasil*, prometendo-lhe, em troca, resenhar esses livros para o *Hispanic American Historic Review* e ocasionalmente incorporar o conhecimento neles adquirido em artigos no *The Crisis*. Pede, finalmente, indicação de obras e de autores brasileiros nas áreas de estudos africanistas. Suas conexões em 1935 incluíam, portanto: Schomburg e, através deste, os intelectuais de Nova York ligados à National Association for the Advancement of Colored People (NAACP); a conexão católica conservadora na América Latina; e já colaborava também com Price-Mars, de quem traduzira para o inglês *Ainsi parla l'oncle*. É provável que, em dezembro de 1935, Pattee ainda não tivesse contato com Melville Herskovits, mas isso seria feito pouco tempo depois, ainda em 1936. De fato, em dezembro de 1936, quando Pattee já ocupava

---

lectuais latino-americanos que pudessem colaborar com a enciclopédia (Carta de Rayford W. Logan a Pattee, 12/11/1936, W. E. B. Du Bois Papers, Special Collections and University Archives, University of Massachusetts Amherst Libraries, MS 312). Ver também: Carta de Pattee a Du Bois, 05/04/1937, Du Bois Archives, Correspondence, reel 47, fl. 978.

[42] Carta de Pattee a Ramos, 15/12/1935, Biblioteca Nacional, Coleção Arthur Ramos, Manuscritos, I-35, 36, 2034, <http://objdigital.bn.br/acervo_digital/div_manuscritos/mss1299490.pdf>, acessado em 20/5/2020.

Foto 2
RICHARD PATTEE

O presidente Roosevelt recebe membros da Comissão da Universidade de Porto Rico no escritório executivo da Casa Branca. A partir da esquerda: Roosevelt; dr. Carlos E. Chardón, reitor; Richard Pattee, professor de história e presidente da comissão; Otto Riefkohl, Arturo Morales Carrión e Francisco Ponsa Feliú, membros da comissão.
Fonte: <http://hdl.loc.gov/loc.pnp/hec.47089>.

o cargo de diretor do Instituto Ibero-Americano da Universidade de Porto Rico, Herskovits lhe escreve pedindo cópia das palestras feitas naquele instituto por Dantès Bellegarde.[43]

---

[43] Carta de Melville Herskovits a Richard Pattee, 20/11/1936, in "Pattee, Richard", 1936-1940, cit.

A democracia racial revisitada 247

Por meio de Ramos, provavelmente, Pattee é convidado a enviar uma comunicação ao Congresso Afro-Brasileiro da Bahia, em 1937, dirigido por Edison Carneiro e Aydano Ferraz. A essa altura, sua nomeada já está estabelecida no campo dos estudos africanistas, a crer nos jovens organizadores do Congresso, que escrevem na apresentação do livro em que reuniram as comunicações:

> "[...] as referências feitas ao Congresso por um Rüdiger Bilden, um Fernando Ortiz, um Reuter, um Charles Johnson, um Robert Park, um Richard Pattee, um Henri Wallon, uma Maria Archeer, foram as mais encorajadoras para os moços que assumiram a responsabilidade da sua realização." (Carneiro e Ferraz, 1940)

Tal nomeada, no entanto, talvez se deva menos à sua produção científica no campo afro-americanista e mais à sua nova posição política. Agora Pattee era não apenas um professor em Porto Rico, pois que, em 1938, aceitara dirigir a Divisão Cultural para as Américas do Departamento de Estado dos Estados Unidos, cargo que deixou apenas em 1943.

A tradução abreviada de *O negro brasileiro*, de Arthur Ramos, foi publicada por Pattee em 1939, com a colaboração de Melville Herskovits, Arthur Schomburg, Carter G. Woodson e Rüdiger Bilden. Este último também intermedeia o contato de brasileiros com o meio intelectual negro do Harlem e de Washington (Pallares-Burke, 2012: 251).

A partir de 1938, Pattee, já no Departamento de Estado, amplia bastante seu envolvimento nos meios negros norte-americanos e intensifica sua intermediação com os estudiosos latino-americanos. Um exemplo de sua interação e penetração no mundo latino-americano é a publicação em português, em 1940, pela *Revista do Instituto Histórico e Geográfico do Rio Grande do Sul*, de três ensaios seus sobre intelectuais e políticos latino-americanos — Oliveira Lima, Jean-Jacques Dessalines e Gabriel García Moreno — traduzidos do espanhol, língua em que foram originalmente publicados entre 1936 e 1939.

Pattee, todavia, nunca demonstrou interesse especial pela noção de democracia étnica ou racial de Freyre ou Ramos; seu interesse parece ter-se limitado exclusivamente a pôr esses intelectuais em diálogo com o mundo intelectual afro-americano. Não está claro para mim quando Pattee se encontra pela primeira vez pessoalmente com Freyre, mas, pela parca correspondência que encontrei entre os dois (sete cartas), parece que essa relação foi apenas profissional e se iniciou quando Pattee já estava no Departamento de Estado. Há entre eles amigos em comum, como Rüdiger Bilden e Lewis Hanke, e o interesse de Pattee em ver traduzido para o inglês *Casa-grande & senzala*. Das sete cartas, uma Freyre recebeu pessoalmente das mãos de Franklin Frazier, em 1940, quando este visitou o Recife durante sua pesquisa de campo no Brasil; antes dela, em 1939, Pattee lhe escrevera para enviar seu estudo sobre Oliveira Lima, de quem fora aluno em Washington; em outra, lamenta não tê-lo encontrado durante sua visita aos Estados Unidos; enfim, trata de assuntos prosaicos. Nas demais cartas, Pattee discute a participação futura de Freyre em uma possível conferência de estudos afro-americanistas a ser realizada em Porto Príncipe, em 1941.

THE CRISIS E O MEIO INTELECTUAL NEGRO NOS ESTADOS UNIDOS

Vale a pena, antes de continuar esta narrativa, desenvolver um pouco mais o modo como o Brasil era visto antes e passou a ser visto durante o esforço de guerra norte-americano dos anos 1940, pois isso nos ajudará a entender o diálogo estabelecido entre a intelectualidade brasileira e o mundo negro norte-americano. Restringir-me-ei aqui a apenas uma fonte, o jornal *The Crisis*, examinando o período compreendido entre 1935 e 1945.[44]

---

[44] Para uma visão de maior escopo temporal, o leitor deve consultar Hellwig (1992), Andrews (2017) e Francisco (2016).

A democracia racial revisitada

The Crisis foi fundado em 1910 por W. E. B. Du Bois e outros intelectuais negros norte-americanos como publicação oficial da NAACP. Uma busca nos seus arquivos on-line[45] revela o modo como o Brasil era apreendido e utilizado pela parcela mais progressista dos negros norte-americanos, justamente aqueles com quem Richard Pattee procurou se envolver durante o período em que investiu numa carreira de historiador afro-americanista.

Visto cronologicamente, no começo dos anos 1930, o desconhecimento sobre o Brasil era enorme nos Estados Unidos. Por exemplo, num artigo sobre revoltas escravas, Stanley Rappeport (1936: 265) escreve: "Em um país como o Brasil, em que não havia lugar para onde fugir e se contava com pouca ou nenhuma simpatia dos brancos, o único método possível de combater a servidão era por insurreição". Esse desconhecimento era, entretanto, favorável ao florescimento da ideia mítica do Brasil como terra da igualdade social e racial. Em janeiro de 1937, *The Crisis* reproduz o editorial do *Courier*, de Pittsburgh, em que se encontra a velha imagem de Frederick Douglass sobre o país: "Isso porque há uma igualdade social absoluta no Brasil, que é, junto com a Rússia, a maior democracia no mundo".[46] Destaco outra frase para salientar tal desconhecimento:

> "Desde 1886 [sic] os escravos brasileiros foram emancipados. Como todo homem livre, o liberto se recusou a cultivar as antigas plantações escravagistas, e assim o Brasil perdeu sua liderança na produção de cana-de-açúcar e borracha para Cuba e as Índias Orientais Holandesas."[47]

---

[45] *The Crisis*, Nova York, <https://books.google.com.br/books?id=5Fo-EAAAAMBAJ&hl=ptBR&source=gbs_all_issues_r&cad=1>, acessado em 23/04/2020.

[46] "Editorial of the Month: *Life* Laments Miscegenation", *The Crisis*, Nova York, janeiro de 1937, p. 19.

[47] "Editorial of the Month", *The Crisis*, janeiro de 1937, p. 19.

Entretanto, já em 1938, com o advento do nazifascismo na Europa, informações mais realistas começam a chegar à opinião pública negra norte-americana sobre o que estava em jogo na América Latina. Escreve Harold Preece (1938: 43) em artigo intitulado "A Labor Boycott for Peace", citando R. A. Martinez (*The New Masses*): "O que está acontecendo no Brasil tem acontecido em menor grau em toda a América Latina. Que a maioria desses países tenha se alinhado ao bloco internacional fascista em anos recentes não é nenhum acidente". O artigo de Preece procura justamente combater a política de neutralidade dos Estados Unidos e denunciar seu afastamento dos vizinhos latino-americanos.

Os anos 1940 verão esses esforços de aproximação com a realidade sul-americana se intensificarem.[48] No entanto, a imagem do Brasil e de seu povo é ainda fantasiosa, na busca por contrastar a construção de um país mestiço (Brasil) em contraponto à segregação vigente nos Estados Unidos. Assim, por exemplo, o padre Antônio Vieira e o próprio d. João VI seriam mulatos.[49] Tal tendência é reforçada, sem dúvida, e também explica a recepção entusiasta das ideias de Freyre e de Arthur Ramos, cujos livros repercutem intensamente nos escritos do historiador J. A. Rogers e do jornalista e professor James W. Ivy, do corpo de redação do *The Crisis*. Deste último, a resenha de *O Estado nacional*, de Francisco Campos, publicada em julho de 1941, é reveladora do quão freyriano tinha se tornado Ivy. Diz ele: "o Brasil, tal como os outros países latino-americanos, nunca foi uma democracia moderna", mas "uma coisa é certa, o atual regime Vargas certamente não

---

[48] Pallares-Burke (2012: 272-6) nos ensina que no 77º Congresso norte-americano, em 1941, parlamentares como John M. Coffee já alertavam para o dano que o segregacionismo racial em seu país causava nas relações dos Estados Unidos com os povos do Terceiro Mundo e, consequentemente, no combate ao nazismo e ao fascismo, em termos internacionais.

[49] Ver, respectivamente, *The Crisis*, Nova York, janeiro de 1940, p. 9; e *The Crisis*, Nova York, maio de 1940, p. 137.

A democracia racial revisitada

é um regime fascista no sentido europeu do termo" (Ivy, 1941: 235), ou seja, não é um estado racista.[50]

Do mesmo modo, as notícias das inclinações fascistas da FNB certamente chegaram aos negros norte-americanos. Lemos, por exemplo, no *The Crisis* de abril de 1942 que "dizem aos brasileiros que o pan-americanismo significaria escravidão para a raça negra naquele país. Em decorrência disso, sabe-se que um grande número de negros no Brasil filiou-se à organização fascista 'Ação Integralista'".[51] De certo modo, a imprensa negra norte-americana está usando o racismo local para alertar seu governo sobre suas consequências internacionais, seja em termos de isolamento, seja em termos de perda de influência. O editorial de novembro de 1942 é explícito nesse sentido. Referindo-se a recentes linchamentos de negros no Sul, observa: "Pode-se imaginar o que o Brasil, nosso novo e importante aliado, uma nação de 25% [sic] de pessoas de cor pelos padrões americanos, deve estar pensando".[52]

Ou seja, em 1944, tanto a opinião pública negra norte-americana como os progressistas e liberais estão dispostos a acionar o Brasil como exemplo vivo e real de integração racial, em que pesem nossas tendências antidemocráticas, nosso alinhamento que privilegia o Estado norte-americano em detrimento da comunidade negra daquele país, e mesmo nossa resistência em aceitar imigrantes negros dos Estados Unidos. A reportagem de sete páginas, das quais cinco são repletas de fotos, publicada em fevereiro de 1944, com o título "Brasil: onde os negros estão integrados", é a melhor demonstração do esforço do Departamento de Estado, no

---

[50] Sobre James W. Ivy, que editou o *The Crisis* entre 1950 e 1966, ler o obituário do *The New York Times* de 12 de abril de 1974, p. 34: "James W. Ivy Is Dead at 72; Edited 'Crisis' for N.A.A.C.P.", <https://www.nytimes.com/1974/04/12/archives/james-w-ivy-is-dead-at-72-edited-crisis-for-naacp-anniversary.html>, acessado em 24/04/2020.

[51] "Along the N.A.A.C.P. Battlefront", *The Crisis*, Nova York, abril de 1942, p. 138.

[52] "Editorials: Three for Hitler", *The Crisis*, Nova York, novembro de 1942, p. 343.

período Pattee, em eleger o Brasil como um exemplo possível e realista de integração racial.[53] Nela, entretanto, a expressão "democracia racial" não aparece nem como conceito norte-americano, nem, muito menos, associada ao Brasil. A ideia de democracia nunca aparece associada ao Brasil no universo norte-americano.

O Instituto Internacional de Estudos Afro-Americanos e a *Afroamérica*

Retomemos a narrativa sobre os esforços pan-americanistas. O congresso de estudos afro-americanistas já referido fora pensado por Fernando Ortiz para realizar-se primeiramente em Havana, em 1941, financiado pelo American Council of Learned Societies. Diante de resistências encontradas naquela instituição, Ortiz tentará realizá-lo em Porto Príncipe, com o apoio de Pattee, mas o local também encontrará resistências por parte dos financiadores norte-americanos.

Para Ortiz, a resistência às suas iniciativas é orquestrada por Herskovits, com o apoio ativo da historiadora de Cuba pré-colonial, Irene Wright, com quem se desentendera em Havana e que ocupava agora um cargo no Departamento de Estado dos Estados Unidos (Ortiz e Pérez Valdés, 2016: 153). Já a postura de Herskovits, para Ortiz, se deveria em parte ao ressentimento deste com o prefácio que Malinowski escrevera para o seu *Contrapunteo cubano del tabaco y el azúcar*, contrapondo positivamente o seu conceito de "transculturação" ao conceito de "aculturação" usado por Herskovits (Ortiz e Pérez Valdés, 2016: 150).

Pérez Veldés (Ortiz e Pérez Valdés, 2016: 149) observa que,

"[...] em maio de 1943, [Ortiz] viajou para os Estados Unidos cumprindo um convite especial do governo da-

---

[53] "Brazil: Where the Negroes are Integrated", *The Crisis*, Nova York, fevereiro de 1944, pp. 40-6.

quele país. Naquela ocasião, visitou várias universidades e, em Nova York, foi convidado a participar da reunião do Comitê de Estudos Negros e do American Council of Learned Societies, presidido por Melville Herskovits, Ronald Young, Sterling Brown, Richard Pattee e outros. O objetivo dessa reunião foi a criação da Sociedade Interamericana de Estudos Negros, com uma publicação trimestral que levaria o nome de *Afroamérica* e para a qual Ortiz foi proposto como editor."

Tal projeto também não sairá do papel.

Seis meses depois, em 20 de outubro de 1943, durante o Primeiro Congresso Demográfico Interamericano, Ortiz consegue o apoio unânime dos sociólogos e antropólogos presentes para criar o Instituto Internacional de Estudos Afro-Americanos, sediado na Universidad Nacional Autónoma de México (UNAM). O comitê executivo foi assim composto: diretor, Fernando Ortiz (Cuba); vice-diretor, Gonzalo Aguirre Beltrán (México); secretário, Renato Mendonça (Brasil);[54] tesoureiro, Daniel F. Rubín de la Borbolla (México); chefe de publicações, Jorge A. Vivó (México).

Ortiz se refere à reação furiosa de Herskovits à sua iniciativa e se defende em carta datada de 26 de janeiro de 1944:

> "Da minha parte, confesso que deixei Washington completamente pessimista, e o fato de não ter notícias

---

[54] Renato Mendonça, que havia apresentado trabalhos nos Congressos Afro-Brasileiros do Recife, em 1934, e de Salvador, em 1938, servia na ocasião na embaixada brasileira na Cidade do México. Ver Paulo Roberto de Almeida, "Renato Mendonça: um intelectual na diplomacia", em *Renato Mendonça: diplomacia, ciências e letras* (Almeida, 2012). Era, portanto, um nome de confiança e de trânsito entre os intelectuais brasileiros. Richard Pattee o procura tão logo chega ao México (ver Carta de Pattee a Ramos, 27/11/1943, Biblioteca Nacional, Coleção Arthur Ramos, Correspondência, I-35, 36, 2083.

em seis meses sobre o projetado Instituto, de que se tratou naquela cidade, me convenceu de que o projeto de Washington não teve êxito. Indubitavelmente, pesaram no meu convencimento as minhas experiências anteriores em relação às reuniões planejadas em Havana e Porto Príncipe, que evidentemente foram sabotadas por alguns interessados em não serem celebradas. Acredito que nos Estados Unidos há uma certa hostilidade atualmente a esse tipo de reunião e também acredito que a atmosfera do México é, ao contrário, muito favorável à ventilação de todos esses problemas das raças, pois lá não há preconceito no grau em que há em outros países." (Ortiz e Pérez Valdés, 2016: 165)

Coincidência ou não, Pattee deixara o Departamento de Estado em 1943 para se estabelecer no México, onde ensinou como professor visitante na UNAM. O projeto de Ortiz, endossado por Pattee, era criar um instituto e uma revista que se afastassem do conflito de interesses cada vez maior entre Herskovits e os intelectuais negros norte-americanos, conflito esse que se centrava sobre uma questão: quem fala pelos negros norte-americanos? A postura de Ortiz fica muito clara nas cartas que envia a Jorge Vivó e a Fernando Romero. Ao mesmo tempo que tenta trazer os intelectuais negros norte-americanos para a revista *Afroamérica*, que tem na lista de seus colaboradores W. E. B. Du Bois, Franklin Frazier, Charles Johnson, Rayford Logan, Lorenzo Turner e outros, procura distanciar-se dos conflitos acadêmicos que minam o campo dos estudos raciais norte-americanos.

A Vivó escreve em 31 de janeiro de 1945:

"Não estou surpreso com as ideias estranhas que Herskovits tem sobre a revista. Eu acho muito boa a resposta que você deu a ele. Algumas pessoas me confirmam a ideia de que esse cavalheiro, sob uma camada de apoio entusiástico, segue um plano que certamente tende a sabotar qualquer instituição de sociedade afro-ame-

A democracia racial revisitada

ricana que não seja controlada por ele. Felizmente, ele não tem simpatia entre muitos antropólogos e sociólogos, especialmente os de cor. Além de outros fatores óbvios, isso sempre interrompeu a cooperação nesse tipo de trabalho para muitas pessoas nos Estados Unidos. Todos os problemas relacionados às questões afro-americanas têm ressonâncias muito extensas e sérias. Quanto a escrever para Herskovits, eu acho que seria contraproducente. Acredito que o sucesso do Instituto é demonstrar que ele pode continuar funcionando sem contar com pessoas envolvidas nos conflitos raciais nos Estados Unidos." (Ortiz e Pérez Valdés, 2016: 231)

Mas Ortiz sabe também que há um terceiro grupo social envolvido nesse campo — o dos intelectuais latino-americanos, geralmente brancos, também muito próximos da máquina estatal de seus governos.

O próprio Ortiz é um deles: é intrigante encontrarmos o médico cubano Israel Castellanos nesse Instituto, por recomendação de Ortiz. Castellanos, antigo parceiro de Ortiz nos seus anos de estudos de frenologia, criminologia racial etc., continuou a trilhar esta linha racialista e eugenista e se tornara famoso em Cuba por participar do projeto de presídio-modelo durante a ditadura de Gerardo Machado. Mais tarde, durante a ditadura de Fulgencio Batista, havia rumores de que Castellanos colaborava com o FBI (Argyriadis e Huet, 2019). Renato Mendonça, do Brasil, e Fernando Botero, do Peru, por seu turno, pertenciam ao corpo diplomático de seus respectivos países.

A revista *Afroamérica* vem a público em 1945, com o volume 1, nºs 1 e 2, e tem um segundo volume em janeiro e julho de 1946. Arthur Ramos, Melville Herskovits, Alain Locke, Fernando Ortiz, Jorge Vivó e Jean Price-Mars formam o seu comitê de redação. São os dois únicos volumes. Em 1946, sem financiamento e com boa parte da equipe mexicana tendo se deslocado para estudar nos Estados Unidos, o Instituto já não existe (Argyriadis e Huet, 2019). A estada de Pattee no México também será curta: no ano seguinte já estará de volta aos Estados Unidos. Em carta a Ramos, escreve em 17 de fevereiro de 1945: "eu deixei o México em dezembro [de 1944] para passar alguns meses em Porto Rico".[55]

Na *Afroamérica* não há uma só menção, em todas as suas páginas, em seus dois volumes, à "democracia racial". A influência intelectual de Ramos ou Freyre na revista é praticamente nula. Muitos autores negros norte-americanos têm seus livros resenhados, assim como os brasileiros, cubanos e outros latino-americanos, mas prevalecem entre os artigos publicados a agenda de Herskovits de estudos dos africanismos nas Américas e a estratégia de política antirracista desenhada nos Estados Unidos a partir de *An American Dilemma*, de Gunnar Myrdal, e pelos intelectuais negros em *What the Negro Wants*, editado por Rayford Logan (1944). *An American Dilemma* foi fruto de uma grande coalizão progressista, financiada pela Carnegie Corporation of New York, que envolvia todos os setores acadêmicos norte-americanos engajados na luta antirracista; *What the Negro Wants* é uma importante coletânea de textos de eminentes lideranças negras que buscavam retomar e consolidar o protagonismo político naquela luta.

A breve existência da revista *Afroamérica* no México parece indicar uma pista de investigação que já sugerimos anteriormente. Nem outros latino-americanos nem norte-americanos tiveram muito interesse em desenvolver as ideias de Freyre e Ramos. Os primeiros pela centralidade do ideal de nação mestiça prevalecente em seus países, em que os negros são preteridos em relação aos indígenas; os últimos diante da irreversibilidade política das raças (brancos e negros) e do credo na democracia norte-americana. Essas crenças nacionais parecem inabaláveis.

Ademais, é certo que o interesse de Pattee pelo tema afro-americanista e antirracista não era o único nem talvez o mais importante que o ocupava no Departamento de Estado. Assim como

---

[55] Carta de Pattee a Ramos, 17/02/1945, Biblioteca Nacional, Coleção Arthur Ramos, Correspondência, I-35, 36, 2086.

A democracia racial revisitada

a democracia racial brasileira, era apenas parte de um interesse mais abrangente de Pattee em promover o intercâmbio pan-americano. Tendo realizado seus estudos de pós-graduação e defendido o mestrado na Universidade Católica de Washington sobre a história colonial do Equador, seu conhecimento sobre esse país pode ser documentado por uma carta aberta publicada pelo humanista e jesuíta equatoriano Aurelio Espinosa Pólit (1943: 21-2), na *Revista Iberoamericana*, a respeito de sua viagem aos Estados Unidos:

> "Tendo visitado doze grandes universidades em três meses, fora de outras instituições de ensino superior, e lidado exclusivamente com estudiosos, encontrei apenas duas pessoas com quem pude ter uma conversa inteligente sobre o Equador, Dr. Ricardo Pattee, do Departamento de Estado, e Prof. Rippy, da Universidade de Chicago."

Aurelio Espinosa Pólit fundará um pouco mais tarde, em 1946, a Pontificia Universidad Católica del Ecuador (PUCE), na qual Pattee dará aulas como visitante.

Exemplo ainda mais claro da missão pan-americanista de Pattee encontra-se na revista *The Americas*:

> "Em uma celebração pan-americana de dois dias na Universidade de St. John, Brooklyn, o Dr. Richard Pattee, da National Catholic Welfare Conference, e o Rev. R. A. McGowan, diretor do Departamento de Ação Social da NCWC, foram os principais oradores. Representantes de vinte países da América Latina e delegações de 180 faculdades, universidades e escolas secundárias participaram da celebração patrocinada pelo Escritório de Assuntos Interamericanos do Departamento de Estado dos EUA. O Dr. Pattee recebeu a medalha de ouro Pi Alpha Sigma, concedida anualmente pela fraternidade de St. John ao americano que mais se destacou na pro-

moção de relações amistosas entre os povos do Hemisfério Ocidental."[56]

A essa altura, em 1946, Pattee já tinha voltado aos Estados Unidos e lecionava na Universidade Católica de Washington. Na mesma carta a Ramos citada acima, ele havia demonstrado interesse em voltar a excursionar pela América do Sul, "pela costa do Pacífico [...] e mais tarde [pel]o Brasil e Uruguai".[57]

A DEMOCRACIA RACIAL E SEUS DESDOBRAMENTOS NA ÁFRICA PORTUGUESA

Em verdade, a gradual e contínua aproximação de intelectuais negros brasileiros com os movimentos anticolonialistas africanos cindiu também gradualmente a frente antirracista brasileira que ainda apostava na democracia racial como bandeira de luta, no começo de 1960. Isso ocorreu principalmente à medida que Freyre passou a defender o colonialismo português na África, já nos anos 1950, e ampliou sua compreensão das relações raciais brasileiras com a teoria do luso-tropicalismo, fartamente usada pelo governo Salazar na África (Freyre, 1958, 1961, 1962). Freyre em diversas oportunidades criticara a construção de uma identidade negra no Brasil, até que, depois do golpe militar de 1964, aderiu completamente a uma agenda em defesa daquele colonialismo e de apoio ao novo regime político autoritário brasileiro. Quanto a Ramos, este morreu no final de 1949, negociando o que será depois o projeto UNESCO de relações raciais (Maio, 2001, 2011; Cunin, 2019).

Pattee, no final dos anos 1940, se estabelece na Bélgica, onde volta a fazer estudos doutorais na Universidade Católica de Louvain, uma indicação de que talvez não tenha completado seu grau em Porto Rico. Nos anos 1950, o encontramos ensinando na Uni-

---

[56] "Inter-American Notes", *The Americas*, v. 3, nº 1, 1946, p. 115.

[57] Carta de Pattee a Ramos, 17/02/1945, cit.

versidade de Friburgo, na Suíça. Seu interesse muda então da América Latina para a Europa e África. Em 1950 escreve para Ramos, sem saber que o amigo havia morrido meses antes, para comunicar que tinha se estabelecido na Suíça e estava interessado em promover intercâmbios acadêmicos entre Friburgo e universidades brasileiras. Em termos intelectuais, vemo-lo primeiro interessado pela Espanha e, finalmente, pela África de expressão portuguesa e inglesa. É quando passa a ter, como Freyre, destacada atuação política em defesa do colonialismo português na África. A Agência Geral do Ultramar publica, em 1959, a tradução do seu livro *Portugal and the Portuguese World*, ao qual foi conferido, em 1958, o Prêmio Camões. Em 1960 recebeu o título de doutor *honoris causa* por Coimbra, dois anos antes, portanto, de Gilberto Freyre. Muito interessante é que seu padrinho de doutoramento em Coimbra tenha sido o embaixador norte-americano Charles Burke Elbrick, que servirá depois no Brasil, onde será sequestrado pela guerrilha urbana.

Mais interessante ainda é aprendermos que o doutor Pattee, àquela altura, talvez não tivesse ainda o título de doutor, apesar de sua passagem pela formação doutoral em Porto Rico e em Louvain. Pelo menos é o que sugere Martins (1965) em seu discurso no doutoramento solene do doutor Richard Pattee pela Faculdade de Letras da Universidade de Coimbra. Ou teria sido esse o seu terceiro título? Nessa época, nos anos 1960, já está radicado no Canadá, onde ensinava na Universidade Laval, no Quebec, também católica. Muitas das referências que encontramos hoje a seu nome, portanto, tratam-no como "historiador canadense", ainda que outras continuem tratando-o como porto-riquenho ou estadunidense.

O fato é que as ideias de Freyre penetraram a África colonial portuguesa e, nos anos 1970, o governo militar brasileiro redirecionou sua diplomacia para construir junto aos africanos a imagem do país como uma democracia racial em moldes freyrianos.[58]

---

[58] Ver sobre a política brasileira na África, principalmente em Angola, Dávila (2010) e Lobato (2015).

Tal esforço de popularização da democracia racial na África não deixou de vingar,[59] ainda que denunciado pelos movimentos de independência africanos e pelos movimentos negros brasileiros de apoio às lutas de libertação.

À GUISA DE CONCLUSÃO

As ideias às vezes antecedem os nomes que no presente as denominam, outras vezes lhes sucedem, quando novas ideias tomam de empréstimo velhos nomes. No caso da "democracia racial", tal como a conhecemos no Brasil do século XX, ela foi usada em pelos menos três sentidos distintos: foi ideal de igualdade de direitos entre raças numa democracia política, à maneira norte-americana; teve o sentido de hierarquia de raças numa cidadania limitada e hierarquizada, mas não ditatorial, em Menotti Del Picchia e Cassiano Ricardo; e significou, enfim, trânsito, mescla, intimidade e convivência entre raças, tendo nessa acepção o nome de "democracia social" em Gilberto Freyre, que Arthur Ramos alterou para "democracia racial".

Em política internacional, a "democracia racial" foi apresentada durante a Segunda Guerra Mundial como antirracismo, em contraste com o racismo nazista, fascista ou colonialista; enquanto, no contexto da Guerra Fria, serviu à permanência do colonialismo português na África, ao mesmo tempo que era usada, no Brasil, para contrastar as práticas racistas nos Estados Unidos ou na África do Sul com as relações raciais brasileiras.

No plano da política doméstica dos anos 1960 e 1970, a "democracia racial" foi extensivamente usada para invisibilizar as desigualdades raciais brasileiras e o nosso racismo mais institucional

---

[59] Em 2006, o presidente de Cabo Verde, em visita a Salvador, jactou--se de que seu povo vivia em uma democracia racial. Ver: "Presidente de Cabo Verde defende o fortalecimento da democracia racial para advogados afrodescendentes", Fundação Cultural Palmares, 14/07/2006, <http://www.palmares.gov.br/?p=1545>, acessado em 24/04/2020.

e estrutural que doutrinário. No entanto, não há que se negar sua eficácia em inibir manifestações mais grosseiras de racismo. Esse uso doméstico brasileiro acabou por se espalhar por toda a América Latina, principalmente em países de formações raciais negras importantes, como Cuba (De La Fuente, 2001), Colômbia (Wade, 1993; Paschel, 2016) e Venezuela (Wright, 1990) quando protestos negros ganharam a cena política da região, revertendo a invisibilidade criada pelo imaginário de nações mestiças.

Os usos e os sentidos da democracia racial, portanto, tiveram diferentes agentes, com interesses políticos também diferentes. Lembro apenas alguns dos protagonistas citados neste texto: os intelectuais modernistas brasileiros, os africanistas latino-americanos, os intelectuais negros norte-americanos e brasileiros, o Itamaraty, o Departamento de Estado norte-americano, o colonialismo português. Em certas ocasiões, tais interesses convergiram entre si; em outras, divergiram. A polissemia, ainda que dificulte em muito a análise correta de cada um desses usos e dos interesses que expressam, é, em última análise, a única trilha que podemos seguir.

Muito difícil e improvável, por exemplo, é dizer que um agente tão ativo quanto Richard Pattee tenha tido uma mesma motivação ou representasse uma única instituição durante seus anos de colaboração com os intelectuais do Harlem, com os intelectuais brasileiros e latino-americanos e com os colonialistas portugueses. Sua trajetória nesses espaços e tempos sociais nos ajuda, entretanto, a compreender o modo como o antirracismo foi acionado e manipulado durante esses anos e nesses lugares. E essa compreensão é a que vale, afinal.

A história da democracia racial é parte do fracasso das classes dominantes de origem portuguesa e espanhola de integrar social e politicamente as populações africanas trazidas e escravizadas no Novo Mundo. Mas é também parte do fracasso das elites latino-americanas de consolidar regimes democráticos e não racistas. A *Herrenvolk Democracy* (Ellis, 1991) do sul-americano se esgotara com a explosão do racismo na Europa dos anos 1920 e o Holocausto que se seguiu na Segunda Guerra Mundial. Novas ideologias raciais e novas políticas de integração deveriam ser imaginadas e implementadas tanto na Europa quanto na América. Nos Estados Unidos, o desenvolvimento das ciências sociais desde Franz Boas, na Universidade de Columbia, e de Robert E. Park, Louis Wirth, Ernest Burgess e Everett Hughes, na Universidade de Chicago, apontava um caminho possível de antirracismo, principalmente porque estes possibilitaram o diálogo com a intelectualidade negra e acadêmica que se formara nos anos 1910 e 1920 e atuava nas universidades do Sul — Fisk, Howard, Atlanta. Essa articulação, mediada, muitas vezes, pelo Departamento de Estado norte-americano, possibilitou que intelectuais latino-americanos, principalmente de Cuba, do Haiti, do Brasil e do México, fossem incluídos nessa empreitada de imaginação antirracista. A rede que Herskovits, Ortiz, Price-Mars e Ramos haviam formado nos estudos africanistas seria apenas um embrião dessa nova articulação. A esta se somou, logo em seguida, a iniciativa da UNESCO, na qual o Brasil, através de Arthur Ramos e Alfred Métraux, teve um papel decisivo. É a partir desta última iniciativa que a noção de democracia racial ganha penetração internacional, associando mestiçagem com mobilidade social e igualdade de oportunidades de vida para todas as *raças* de uma sociedade política.

Aprendemos que não há um caminho único para a igualdade racial. A luta pelos direitos civis nos Estados Unidos pavimentou o caminho para maior igualdade política e social dos negros norte-americanos, enquanto a democracia racial possibilitou por um breve período uma forma de acomodação pacífica dos negros brasileiros, até que a campanha por cotas raciais na educação superior e no serviço público trouxesse para o proscênio da política brasileira a reivindicação de igualdade racial. A democracia, tal como imaginada por Freyre e herdada dos intelectuais latino-americanos do século XIX, consistia em conceber como mobilidade social e cultural a mestiçagem entre brancos e negros, ou seja, tinha como seu pressuposto a inferioridade cultural e social dos negros, a qual se desfaria ao longo do tempo através de sua absorção no grupo social e cultural branco. Ao invés de raças biológicas, teríamos raças sociais (Wagley, 1994) e os mestiços, principalmente os mais claros, seriam integrados ao grupo branco.

A democracia racial revisitada

Essa possibilidade de embranquecimento racial e cultural, essa avenida de mobilidade social pela mestiçagem, constituiu o núcleo da democracia racial enquanto ideologia, deixando intacta a estrutura das desigualdades raciais, das diferenças de oportunidades de vida entre brancos e negros. Agora, no século XXI, vê-se que mesmo o caminho mais árduo da luta pela igualdade de oportunidades entre raças sociais, seja nos Estados Unidos, seja na América Latina, se por um lado permite que as reivindicações por igualdade racial e sua representação política se tornem parte constituinte da democracia, tal realidade não desfez o controle social dos grupos subordinados, não brancos, através do exercício da violência e da brutalidade policiais.

BIBLIOGRAFIA

ABRAMOVIC, Norman; HERGOTT, Fabrice (2000). *La création du monde: Fernand Léger et l'art africain dans les colections Barbier-Mueller*. Genebra: AdamBitro.

ABREU, Marta; DANTAS, Carolina (2011). "É chegada 'a ocasião da negrada bumbar': comemorações da abolição, música e política na Primeira República". *Varia Historia* [online], Belo Horizonte, v. 27, n° 45, pp. 97-120.

ALBERTI, Verena; PEREIRA, Amilcar Araújo (2007). "Entrevista com José Maria Nunes Pereira". *Estudos Históricos*, n° 39.

ALBERTO, Paulina; HOFFNUNG-GARSKOF, Jesse (2018). "Racial Democracy and Racial Inclusion", in Alejandro de la Fuente e George Reid Andrews (orgs.), *Afro-Latin American Studies: An Introduction*. Cambridge: Cambridge University Press, pp. 264-316.

ALBERTO, Paulina (2011). *Terms of Inclusion: Black Intellectuals in Twentieth-Century Brazil*. Chapel Hill: University of North Carolina Press.

ALBUQUERQUE, Wlamyra (2009). *O jogo da dissimulação: abolição e cidadania negra no Brasil*. São Paulo: Companhia das Letras.

ALMEIDA, Paulo Roberto de (2012). "Renato Mendonça: um intelectual na diplomacia", in *Renato Mendonça: diplomacia, ciências e letras*. Maceió: Casa do Patrimônio do IPHAN.

ALMEIDA, Silvio (2019). *Racismo estrutural*. São Paulo: Pólen.

ALONSO, Angela (2015). *Flores, votos e balas: o movimento abolicionista brasileiro (1868-88)*. São Paulo: Companhia das Letras.

AMADO, Jorge (1954). "Cacao". *Les Temps Modernes*, Paris, n° 104-105, junho-agosto.

_____ (1961). "Les trois morts de Quin-quin-la-flotte". *Les Temps Modernes*, Paris, n° 178, fevereiro.

AMSELLE, Jean-Loup (2001). *Branchements: anthropologie de l'universalité des cultures*. Paris: Flammarion.

ANDRADE, Mário de (1938). "A superstição da cor". *Boletim LusoAfricano*, Rio de Janeiro, dezembro.

_____ (1944). *Macunaíma*. São Paulo: Martins.

ANDREWS, George Reid (1998). *Negros e brancos em São Paulo (1888-1988)*. Florianópolis: EDUSC.

_____ (2017). "Visões afro-americanas sobre o Brasil, 1900-2000". *Revista de Ciências Sociais*, v. 48, nº 2, pp. 20-52.

APPIAH, Kwame Antony (1997). *Na casa de meu pai*. Rio de Janeiro: Contraponto.

ARAÚJO, Paulo César (1968). "Discriminação racial dificulta empregos". *Jornal do Brasil*, 03/11/1968.

ARAÚJO, Ricardo Benzaquen de (1994). *Guerra e paz: Casa-grande & senzala e a obra de Gilberto Freyre nos anos 30*. Rio de Janeiro: Editora 34.

ARCHER-STRAW, Petrine (2000). *Negrophilia: Avant-Garde Paris and Black Culture in the 1920s*. Londres: Thames & Hudson.

ARENDT, Hanna (1951). *The Origins of Totalitarianism*. Nova York: Harcourt, Brace and Co.

_____ (1970). *On Violence*. Nova York: Houghton Mifflin Harcourt.

ARGYRIADIS, Kali; LAËTHIER, Maud (2020). "Anthropologie criminelle et pathologisation des pratiques religieuses d'origine africaine chez Justin Chrysostome Dorsainvil et Israel Castellanos", in Kali Argyriadis, Emma Gobin, Maud Laëthier e Niurka Núñez González (orgs.), *Histoire comparée des anthropologies cubaine et haïtienne: une anthologie (1880-1959)*. Montreal: CIDIHCA.

ARGYRIADIS, Kali; HUET, Nahayeilli Juárez (2019). "L'anti-racisme au fondement de la création de l'Instituto International de Estudios Afroamericanos (Mexico, 1943-1946)", in *L'anti-racisme entre science et politique: de l'Amérique Latine à l'UNESCO (1920-1960)*. Nice: Université Côte d'Azur.

ARINOS, Afonso (1967). "As origens da lei no coração do nosso povo". *Realidade*, nº 19, outubro, p. 46

ARRIGOITIA, Delma (2008). *Puerto Rico por encima de todo: vida y obra de Antonio R. Barcelo (1868-1938)*. San Juan: Puerto.

ASANTE, Molefi K. (1987). *The Afrocentric Idea*. Filadélfia: Temple University Press.

AZEVEDO, Elciene (1999). *Orfeu de Carapinha*. Campinas: Editora Unicamp, pp. 39-188.

AZEVEDO, Thales de (1949). *Povoamento da cidade do Salvador*. Salvador: Prefeitura Municipal.

_____ (1953). *Les élites de couleur dans une ville brésilienne*. Paris: UNESCO.

_____ (1963). "Race and Class". *Social Change in Brazil*. Gainesville: University of Florida Press, pp. 32-56.

BACELAR, Jeferson (1989). *Etnicidade: ser negro em Salvador*. Salvador: PENBA/Ianamá.

BADOU, Gérard (2000). "Sur les traces de la Vénus Hottentote". *Gradhiva*, Paris, n° 27, pp. 83-8.

BAKER, Lee D. (1998). *From Savage to Negro: Anthropology and the Construction of Race (1896-1954)*. Berkeley: University of California Press.

BAKER, Ray Stannard (1915). "The Burden of Being White". *The Crisis*, Nova York, abril, pp. 279-80.

BALANDIER, George (1955). *Sociologie actuelle de l'Afrique noire: dynamique des changements sociaux en Afrique centrale*. Paris: PUF.

BANCEL, Nicolas; BLANCHARD, Pascal; LEMAIRE, Sandrine (2000). "Ces zoos humains de la République coloniale". *Le Monde Diplomatique*, agosto, pp. 16-7.

BANTON, Michael (1977). *The Idea of Race*. Londres: Tavistock.

BARBOSA, Márcio (1998). *Frente Negra Brasileira: depoimentos*. São Paulo: Quilombhoje.

BARBOSA, Muryatan (2015). *Guerreiro Ramos e o personalismo negro*. Jundiaí: Paco Editorial.

BARICKMAN, B. J. (1998-1999). "Até a véspera: o trabalho escravo e a produção de açúcar nos engenhos do Recôncavo baiano (1850-1881)". *Afro-Ásia*, n° 21-22, pp. 177-238.

BARROS, Luitgarde Oliveira Cavalcanti (2000). *Arthur Ramos e as dinâmicas sociais de seu tempo*. Maceió: EDUFAL.

BARROS, Orlando de (2005). *Corações de Chocolat: a história da Companhia Negra de Revistas (1926-27)*. Rio de Janeiro: Livre Expressão.

BARTH, Frederik (1994). "Enduring and Emerging Issues in the Analysis of Ethnicity", in Hans Vermeulen e Cora Govers (orgs.), *The Anthropology of Ethnicity: Beyond Ethnic Groups and Boundaries*. Amsterdã: Het Spinhuis, pp. 11-32.

BASTIDE, Roger (1945). *Candomblé da Bahia*. São Paulo: Companhia Editora Nacional.

_____ (1955). "Efeito do conceito de cor", in Roger Bastide e Florestan Fernandes, *Relações raciais entre negros e brancos em São Paulo*. São Paulo: Anhembi, pp. 159-87.

_____ (1961). *Imagens do Nordeste místico em branco e preto*. Rio de Janeiro: O Cruzeiro.

_____ (1961a). "Variations on Negritude". *Présence Africaine*, v. 8, n° 6, pp. 83-92.

_____ (1976). "Négritude et intégration nationale: la classe moyenne de couleur devant les religions afro-brésiliennes". *Afro-Ásia*, n° 12, pp. 17-30.

_____ (1983). "Sociologia do teatro negro brasileiro", in Maria Isaura Pereira de Queiroz (org.), *Roger Bastide: sociologia*. São Paulo: Ática (Grandes Cientistas Sociais, 37).

_____ (1983a). "A imprensa negra do estado de São Paulo", in *Estudos afro-brasileiros*. São Paulo: Perspectiva.

BASTIDE, Roger; BERGHE, Pierre van den (1957). "Stereotypes, Norms and Interracial Behavior in São Paulo, Brazil". *American Sociological Review*, n° 22, pp. 689-94.

BASTIDE, Roger; FERNANDES, Florestan (orgs.) (1955). *Relações raciais entre negros e brancos em São Paulo*. São Paulo: UNESCO/Anhembi.

BASTOS, Elide Rugai (1988). "Um debate sobre o negro no Brasil". *São Paulo em Perspectiva*, São Paulo, v. 1, n° 5, pp. 20-6.

_____ (1991). "A questão social e a sociologia paulista". *São Paulo em Perspectiva*, São Paulo, v. 5, n° 1, pp. 31-9.

BAUDELAIRE, Charles (1863). *Le peintre de la vie moderne*. Collection Literatura.com [online], acessado em 05/04/2017.

BEAUVOIR, Simone de (1963). *La force des choses*. Paris: Gallimard, pp. 535-94.

BERGSTRESSER, Rebecca B. (1973). *The Movement for the Abolition of Slavery in Rio de Janeiro, Brazil (1880-1889)*. PhD Dissertation, Stanford University.

BERMAN, Marshall (1986). *Tudo que é sólido desmancha no ar: a aventura da modernidade*. São Paulo: Companhia de Letras.

BESSONE, Magali (2013). *Sans distinction de race? Une analyse critique du concept de race et de ses effets pratiques*. Paris: J. Vrin.

BHABHA, Homi K. (1986). "Remembering Fanon: Introduction to the English Edition of *Black Skin, White Masks*", in Frantz Fanon, *Black Skin, White Masks*. Londres: Pluto Press.

BLAUNER, Robert (1972). *Racial Oppression in America*. Nova York: Harper & Row.

BLUMER, Herbert (1939). "The Nature of Racial Prejudice". *Social Process in Hawaii*, v. 5, pp. 11-20.

_____ (1958). "Race Prejudice as a Sense of Group Position". *Pacific Sociological Review*, v. 1, primavera, pp. 3-8.

BOAS, Franz (1940). *Race, Language and Culture*. Nova York: Macmillan.

BOMFIM, Manoel (1905). *A América Latina: males de origem*. Rio de Janeiro/Paris: Garnier, 1905 (reedição, Rio de Janeiro: Topbooks, 1993).

BONILLA-SILVA, Eduardo (1997). "Rethinking Racism: Toward a Structural Interpretation". *American Sociological Review*, v. 62, n° 3, pp. 465-80.

BOURDIEU, Pierre (1979). *La distinction: critique sociale du jugement*. Paris: Minuit.

_____ (1987). "What Makes a Social Class? On The Theoretical and Practical Existence Of Groups". *Berkeley Journal of Sociology*, n° 32, pp. 1-17.

BUCHANAN, Thomas G. (1968). "Revolta colonial". *Revista da Civilização Brasileira*, n° 19-20.

BUFFALO, Audreen (1996). *Explorations in the City of Light: African-American Artists in Paris (1945-1965)*. Nova York: Studio Museum in Harlem.

BURAWOY, Michael (1979). *Manufacturing Consent*. Chicago: University of Chicago Press.

BURGOS, Argelia Tello (org.) (1985). *Escritos de Justo Arosemena*. Panama City: Universidad de Panama.

BUTLER, Judith (1990). *Gender Trouble: Feminism and the Subversion of Identity*. Nova York: Routledge.

_____ (2001). "Corpos que pesam: sobre os limites discursivos do sexo", in Guacira Lopes Louro (org.), *O corpo educado*. Belo Horizonte: Autêntica, pp. 151-72.

BUTLER, Kim (1998). *Freedoms Given, Freedoms Won: Afro-Brazilian in Post-Abolition São Paulo and Salvador*. New Brunswick: Rutgers University Press.

Bibliografia

CABAÇO, José Luís; CHAVES, Rita de Cássia Natal (2004). "Frantz Fanon: colonialismo, violência e identidade cultural", in Benjamin Abdala Júnior (org.), *Margens da cultura: mestiçagem, hibridismo & outras misturas*. São Paulo: Boitempo, pp. 67-86.

CALAZANS, José (1968). "Antonio Conselheiro e os 'treze de maio'". *Cadernos Brasileiros*, ano X, v. 47, n° 3, maio-junho.

CAMPOS, Maria José (2005-2006). "Cassiano Ricardo e o mito da democracia racial". *Revista USP*, n° 68, pp. 140-55.

_____ (2007). *Versões modernistas da democracia racial em movimento: estudo sobre as trajetórias e as obras de Menotti Del Picchia e Cassiano Ricardo até 1945*. Tese de Doutorado, FFLCH-USP.

CAMUS, Albert (1951). *L'homme révolté*. Paris: Gallimard.

_____ (s/d). *O homem revoltado*. Lisboa: Livros do Brasil.

CARNEIRO, Edison; FERRAZ, Aydano do Couto (1940). "O Congresso Afro-Brasileiro da Bahia", in *O negro no Brasil: trabalhos apresentados ao 2° Congresso Afro-Brasileiro (Bahia)*. Rio de Janeiro: Civilização Brasileira, p. 8.

CARVALHO, José Murilo de (1987). *Os bestializados: o Rio de Janeiro e a República que não foi*. São Paulo: Companhia das Letras.

_____ (1995). *A formação das almas: o imaginário da República no Brasil*. São Paulo: Companhia das Letras.

_____ (1998). "Entre a liberdade dos antigos e a dos modernos: a República no Brasil", in *Pontos e bordados: escritos de história e política*. Belo Horizonte: Editora UFMG, pp. 83-106.

_____ (2002). *Cidadania no Brasil: o longo caminho*. Rio de Janeiro: Civilização Brasileira.

_____ (2003). *A construção da ordem/Teatro das sombras*. Rio de Janeiro: Civilização Brasileira.

CARVALHO, Maria Alice R. de (2008). "Intelectuales negros en el Brasil del siglo XIX", in Carlos Altamirano e Jorge Myers (orgs.), *Historia de los intelectuales en América Latina*, v. 1. Buenos Aires/Madri: Katz, pp. 312-34.

_____ (2009). "André Rebouças e a questão da liberdade", in Lilia Schwarcz e André Botelho (orgs.), *Um enigma chamado Brasil*. São Paulo: Companhia das Letras, pp. 46-59.

CENDRARS, Blaise (1921). *Anthologie nègre*. Paris: Éditions de la Sirène.

CÉSAIRE, Aimé (1955). *Discours sur le colonialisme*. Paris: Éditions Présence Africaine.

_____ (1983). *Cahier d'un retour au pays natal*. Paris: Éditions Présence Africaine (texto definitivo, prefácio de André Breton).

CHALHOUB, Sidney (2003). *Visões da liberdade*. São Paulo: Companhia das Letras.

CHALIAND, Gérard (1966). "Problemas do nacionalismo angolano". *Tempo Brasileiro*, n° 6, pp. 77-98.

CONTINS, Márcia (2005). *Lideranças negras*. Rio de Janeiro: Aeroplano.

CORRÊA, Mariza (1998). *As ilusões da liberdade: a Escola Nina Rodrigues e a antropologia no Brasil*. Bragança Paulista: Universidade São Francisco.

COSTA, Emília Viotti da (1985). *The Brazilian Empire*. Chicago: University of Chicago Press.

COSTA, Sérgio (2006). *Dois Atlânticos: teoria social, antirracismo, cosmopolitismo*. Belo Horizonte: EdUFMG.

CRUZ, Levy (2002). "Democracia racial, uma hipótese". *Trabalhos para Discussão*, n° 128, Fundação Joaquim Nabuco <https://periodicos.fundaj.gov.br/TPD/article/view/935/656>.

CUNHA, Euclides da (1902). *Os Sertões*. Rio de Janeiro: Laemmert.

CUNHA, Maria Clementina Pereira (2015). *"Não tá sopa": sambas e sambistas no Rio de Janeiro, de 1890 a 1930*. Campinas: Editora Unicamp.

CUNHA, Olívia Maria Gomes da (2002). "Reflexões sobre biopoder e pós-colonialismo: relendo Fanon e Foucault". *Mana*, v. 8, n° 1, pp. 149-63.

_____ (2007). "Travel, Ethnography, and Nation in the Writings of Rómulo Lachatañéré and Arthur Ramos". *New West Indian Guide*, v. 81, n° 3-4, pp. 219-57.

CUNIN, Elizabeth (2019). "L'UNESCO à l'origine de l'antiracisme? Ethnographie historique de la question raciale (1946-1952)", in *L'anti-racisme entre science et politique: de l'Amérique Latine à l'UNESCO (1920-1960)*. Nice: Université Côte d'Azur.

DAMATTA, Roberto (1990). "Digressão: a fábula das três raças, ou o problema do racismo à brasileira", in *Relativizando: uma introdução à antropologia social*. Rio de Janeiro: Rocco, pp. 58-87.

DANTAS, Carolina Vianna (2010). "Monteiro Lopes (1867-1910): um 'líder da raça negra' na capital da República". *Afro-Ásia*, v. 41, pp. 167-209.

DÁVILA, Jerry (2010). *Hotel Trópico: Brazil and the Challenge of African Decolonization (1950-1980)*. Durham: Duke University Press.

DE LA FUENTE, Alejandro (2001). *A Nation for All: Race, Inequality, and Politics in Twentieth-Century Cuba*. Chapel Hill: University of North Carolina Press.

DEBOST, Jean-Barthélemi; LELIEUR, Anne-Claude; BACHOLLET, Raymond; PEYRIÈRE, Marie-Christine (1992). *NégriPub: l'image des Noirs dans la publicité*. Paris: Somogy.

DEL PICCHIA, Menotti (1932). *A revolução paulista: através de um testemunho do gabinete do governador*. São Paulo: Companhia Editora Nacional.

_____ (1935). *Soluções nacionais*. Rio de Janeiro: José Olympio.

DERRIDA, Jacques (2002). "La langue de l'étranger". *Le Monde Diplomatique*, janeiro, pp. 24-7.

DIAZ QUIÑONES, Arcadio (2006). *Sobre los principios: los intelectuales caribeños y la tradición*. Buenos Aires: Universidad Nacional de Quilmes Editorial.

DIOP, Cheikh Anta (1954). *Nations nègres et culture*. Paris: Éditions Présence Africaine.

DOMERGUE, Raymond (1968). "Reflexões sobre a violência". *Paz e Terra*, nº 7.

DOMINGUES, Petrônio (2007). "Movimento negro brasileiro: alguns apontamentos históricos". *Tempo*, v. 12, nº 23, pp. 100-22.

DORLIN, Elsa (2008). *Sexe, genre et sexualités*. Paris: PUF, pp. 33-54.

DU BOIS, W. E. B. (1986). "The Conservation of Races", *American Negro Academy Occasional Papers*, nº 2, 1897, in *Writings*. Nova York: The Library of America.

_____ (1992). "Brazil", in David J. Hellwig (org.). *African American Reflections on Brazil's Racial Paradise*. Filadélfia: Temple University Press, pp. 31-4.

DUARTE, Paulo (1947). "Negros do Brasil", *O Estado de S. Paulo*, 16/04/1947, p. 5; 17/04/1947, p. 6.

DUMONT, Louis (1960). "Castes, racisme et stratification". *Cahiers Internationaux de Sociologie*, v. 29, pp. 91-112.

DURKHEIM, Émile (1970). *As regras do método sociológico*. São Paulo: Companhia Editora Nacional.

ELIAS, Norbert (1985). *La societé de cour*. Paris: Flammarion.

_____ (1998). "Group Charisma and Group Disgrace", in Johan Goudsblom e Stephen Mennell (orgs.), *The Norbert Elias Reader: A Biographical Selection*. Oxford: Blackwell, pp. 104-12.

ELIAS, Norbert; SCOTSON, John (1965). *The Established and the Outsiders: A Sociological Enquiry into Community Problems*. Londres: Frank Cass.

ELLIS, Richard J. (1991). "Legitimating Slavery in the Old South: The Effect of Political Institutions on Ideology". *Studies in American Political Development*, v. 5, n° 2, pp. 340-51.

ELY, Sylvia Maria Roesch (1984). "A análise da implementação de políticas públicas: o caso da Lei n° 6.297/75, de incentivos fiscais à formulação profissional nas empresas", *Revista de Administração de Empresas*, v. 24, n° 4, São Paulo, outubro-dezembro.

FABRE, Michel (1999). *La rive noire: les écrivains noirs américains à Paris (1830-1995)*. Marselha: André Dimanche.

FAERMAN, Marcos (1978). "Histórias". *Versus*, n° 23, julho-agosto.

FANON, Frantz (1951). "L'Expérience vécu du noir". *Esprit*, n° 179, maio, pp. 657-79.

_____ (1952). *Peau noire, masques blancs*. Paris: Seuil.

_____ (1952a). "Le syndrome nord-africain". *Esprit*, n° 187, fevereiro, pp. 237-84.

_____ (1955). "Antillais et Africains". *Esprit*, n° 223, fevereiro, pp. 261-99.

_____ (1956). "Racisme et culture". *Présence Africaine*, 2éme série, n°s VIII-IX-X, junho-novembro, pp. 122-31.

_____ (1959). "Fondement réciproque de la culture nationale et des luttes de libération". *Présence Africaine*, 2éme série, n°s XXIV-XXV, fevereiro-maio, pp. 82-9.

_____ (1959a). "La minorité européenne d'Algérie en l'An V de la Révolution". *Les Temps Modernes*, Paris, n° 159-160, 1959, pp. 1841-67.

_____ (1961). *Les damnés de la terre*. Prefácio de Jean-Paul Sartre. Paris: Maspero.

_____ (1961a). "De la violence". *Les Temps Modernes*, Paris, n° 181, pp. 1453-93.

FARO, José Salvador (1999). *Realidade, 1966-1968: tempo da reportagem na imprensa brasileira*. Canoas: ULBRA/AGE.

FAUSTINO, Deivison Mendes (2018). *Frantz Fanon: um revolucionário, particularmente negro*. São Paulo: Ciclo Contínuo.

FÉLIX, João Batista de Jesus (2000). *Chic Show e Zimbabwe: a construção da identidade nos bailes black paulistanos*. Dissertação de Mestrado, PPGAS/FFLCH-USP.

FERNANDES, Florestan (1955). "Cor e estrutura social em mudança", in Roger Bastide e Florestan Fernandes (orgs.). *Relações raciais entre negros e brancos em São Paulo*. São Paulo: UNESCO/Anhembi.

_____ (1965). *A integração do negro na sociedade de classes*. São Paulo: Dominus/Universidade de São Paulo.

FERRARA, Miriam Nicolau (1986). *A imprensa negra paulista (1915-1963)*. São Paulo: FFLCH-USP.

FERREIRA, Marieta de Morais (2001). *Diário Trabalhista* (verbete), in Alzira Alves de Abreu (org.). *Dicionário histórico-biográfico brasileiro pós 1930* (volume II). Rio de Janeiro: FGV-CPDOC/Editora FGV.

FRAGA FILHO, Walter (2000). "Histórias e reminiscências da morte de um senhor de engenho no reconcavo". *Afro-Ásia*, nº 24, pp. 165-98.

FRANCISCO, Flávio Thales Ribeiro (2016). *O novo negro na diáspora: modernidade afro-americana e as representações sobre o Brasil e a França no jornal Chicago Defender (1916-1940)*. São Paulo: Intermeios.

FRAZIER, Franklin (1942). "Some Aspects for Race Relations in Brazil". *Phylon-Review of Race and Culture*, v. 3, nº 3.

_____ (1944). "A Comparison of Negro-White Relations in Brazil and in the United States". *Transactions of the New York Academy of Sciences*, v. 2, nº 6, pp. 251-69.

FREIRE, Paulo (1970). *Pedagogy of the Oppressed*. Nova York: Herder and Herder.

_____ (1992). *Pedagogia da esperança*. São Paulo: Paz e Terra.

FREYRE, Gilberto (1933). *Casa-grande & senzala*. Rio de Janeiro: Maia & Schmidt.

_____ (1936). *Sobrados e mucambos*. São Paulo: Companhia Editora Nacional.

_____ (1938). *Conferências na Europa*. Rio de Janeiro: Ministério da Educação e Saúde.

_____ (1941). "Brazil and the International Crisis". *The Journal of Negro Education*, v. 10, nº 3, pp. 510-4.

_____ (1945). *Brazil: An Interpretation*. Nova York: Alfred A. Knopf.

_____ (1949). "Brazil, Racial Amalgamation and Problems". *Yearbook of Education*, Londres, pp. 267-85.

_____ (1951). *Sobrados e mucambos*. Rio de Janeiro: José Olympio, 2ª edição.

_____ (1958). *Integração portuguesa nos trópicos*. Lisboa: Junta de Investigações do Ultramar.

_____ (1959). *Ordem e progresso*. Rio de Janeiro: José Olympio.

_____ (1961). *Integração das raças autóctones e de culturas diferentes da europeia na comunidade luso-tropical: aspectos gerais de um processo*. Lisboa: Congresso Internacional de História dos Descobrimentos.

_____ (1962). *O Brasil em face das Áfricas negras e mestiças*. Rio de Janeiro: Federação das Associações Portuguesas.

FROBENIUS, Leo (1936). *Histoire de la civilisation africaine*. Paris: Gallimard.

FRY, Peter (1995-1996). "O que a Cinderela Negra tem a dizer sobre apolítica racial brasileira". *Revista USP*, nº 28, p. 134.

_____ (2000). "Politics, Nationality, and the Meaning of 'Race' in Brazil". *Daedalus*, v. 129, nº 2, pp. 83-118.

FULLGRAF, Frederico (2013). "Fotógrafo brasileiro cobriu secretamente morte de Neruda", 28/05/2013. <http://cronopios.com.br/site/colunistas.asp?id=5692>.

GAMA, Luiz ([1880] 1989). "Carta a Lúcio Mendonça", São Paulo, 25/07/1880, *Novos Estudos*, nº 25, São Paulo, outubro.

GAMIO, Manuel (1916). *Forjando patria: pro-nacionalismo*. México: Porrúa Hermanos.

GARCIA, Afrânio (1986). "Libres et assujettis". *Actes de la Recherche en Sciences Sociales*, nº 65, pp. 14-40.

GATO, Matheus (2015). *Racismo e decadência: sociedade, cultura e intelectuais em São Luís do Maranhão*. Tese de Doutorado, Programa de Pós-Graduação em Sociologia da Universidade de São Paulo.

_____ (2018). "Negro, porém republicano", in Lilia Schwarcz e Maria Helena Machado (orgs.), *Emancipação, inclusão e exclusão: desafios do passado e do presente*. São Paulo: EDUSP.

_____ (2020). *O massacre dos libertos*. São Paulo: Perspectiva.

GEPPF (Grupo de Estudos sobre o Pensamento Político Africano) (1981). "Notas sobre o pensamento de Frantz Fanon". *Estudos Afro-Asiáticos*, Rio de Janeiro, nº 5.

GERBASE, Jairo; AIRES, Suely. "Textemunhos", *Revista Rosa*, n° 3, série 1, fevereiro de 2021, <https://revistarosa.com/3/textemunhos>, acessado em 12/04/2021.

GIDDENS, Anthony; PIERSON, Christopher (1998). *Conversations with Anthony Giddens: Making Sense of Modernity*. Cambridge, MA: Polity Press.

GILROY, Paul (1993). *The Black Atlantic: Modernity and Double Consciousness*. Cambridge, MA: Harvard University Press (ed. bras.: *O Atlântico negro*, São Paulo, Editora 34, 2001).

GOBAT, Michel (2013). "The Invention of Latin America: A Transnational History of Anti-Imperialism, Democracy, and Race". *The American Historical Review*, v. 118, n° 5, pp. 1345-75.

GOLDMAN, Lawrence (1966). "Fanon and Black Radicalism". *Monthly Review*, v. 18, n° 5, novembro.

GOMES, Ângela de Castro (1988). *A invenção do trabalhismo*. Rio de Janeiro: Vértice.

_____ (1997). "L'histoire du Brésil écrite par l'Estado Novo: democratie raciale contre democratie liberale". *Lusotopie*, n° 4, pp. 267-73.

_____ (1999). *História e historiadores*. Rio de Janeiro: Editora FGV.

_____ (2001). "Gilberto Freyre e Oliveira Lima: *Casa-grande & senzala* e o contexto historiográfico do início do século XX". *História*, n° 20, pp. 29-44.

GOMES, Flávio dos Santos (1999). "No meio das águas turvas. Racismo e cidadania no alvorecer da República: a Guarda Negra na Corte (1888-1889)". *Estudos Afro-Asiáticos*, n° 21, pp. 74-95.

_____ (2005). *Negros e política (1888-1937)*. Rio de Janeiro: Zahar.

GOMES, Thiago de Melo (2004). *Um espelho no palco*. Campinas: Editora Unicamp.

GONZALEZ, Lélia (1984). "Racismo e sexismo na cultura brasileira". *Ciências Sociais Hoje*, pp. 223-44.

_____ (2020). *Por um feminismo afro-latino-americano: ensaios, intervenções e diálogos*. Rio de Janeiro: Zahar.

GORDON, Lewis; SHARPLEY-WHITING, T. Denean; WHITE, Renée T. (orgs.) (1996). *Fanon: A Critical Reader*. Oxford: Blackwell.

GRAHAM, Jessica (2019). *Shifting the Meaning of Democracy: Race, Politics, and Culture in the United States and Brazil*. Oakland: University of California Press.

GRUSKY, David; GALESCU, Gabriela (2007). "Foundations of Neo-Durkheimian Class Analysis", in Erik Olin Wright, *Approaches to Class Analysis*. Cambridge: Cambridge University Press, pp. 51-81.

GUILLAUMIN, Colette (1992). "Race et nature", in *Sexe, race et pratique du pouvoir: l'idée de nature*. Paris: Côté Femmes.

GUIMARÃES, Antonio Sérgio Alfredo (1999). *Racismo e antirracismo no Brasil*. São Paulo: Editora 34.

_____ (2001). "Democracia racial: o ideal, o pacto e o mito". *Novos Estudos CEBRAP*, v. XX, n° 61, pp. 147-62.

_____ (2004). "Intelectuais negros e formas de integração nacional". *Estudos Avançados*, São Paulo, v. 18, n° 50, pp. 271-84.

_____ (2004). "Intelectuais negros e modernidade no Brasil". *Working Paper Number CBS-52-04*, Oxford, pp. 1-64.

_____ (2005). "Racial Democracy", in Jessé Souza e Valter Sinder (orgs.), *Imagining Brazil*. Lanham: Lexington, pp. 119-40.

_____ (2012). *Classes, raças e democracia*. São Paulo: Editora 34, 2ª edição (1ª edição 2002).

_____ (2014). "Sociologia e natureza: classes, raças e sexos". *Document de Travail du Mage*, v. 18, pp. 209-28.

GUIMARÃES, Antonio Sérgio Alfredo; PRANDI, Reginaldo (2002). *I Censo Étnico-Racial da Universidade de São Paulo — Relatório Substantivo*, FFLCH-USP (relatório de pesquisa).

HALL, Stuart (2000). "Old and New Identities, Old and New Ethnicities", in Les Back e John Solomos (orgs.), *Theories of Race and Racism: A Reader*. Londres: Routledge, pp. 144-53.

HANCHARD, Michael (1994). *Orpheus and Power: The Movimento Negro of Rio de Janeiro and São Paulo, Brazil (1945-1988)*. Princeton: Princeton University Press.

HARRIS, Marvin (1956). *Town and Country in Brazil*. Nova York: Columbia University Press.

_____ (1964). *Patterns of Race in the Americas*. Nova York: Walker.

_____ (1970). "Referential Ambiguity in the Calculus of Brazilian Racial Identity". *Southwestern Journal of Anthropology*, v. 26, n° 1.

HARRIS, Marvin; KOTTAK, Conrad (1963). "The Structural Significance of Brazilian Categories". *Sociologia*, v. 25, n° 3, pp. 203-8.

HARRIS, Marvin *et al.* (1993). "Who are the Whites? Imposed Census Categories and the Racial Demography of Brazil". *Social Forces*, dezembro, v. 72, n° 2, pp. 451-62.

_____ (1995). "What's in a Name? The Consequences of Violating Brazilian Emic Color-Race Categories in Estimates of Social Well-Being". *Journal of Anthropological Research*, v. 51, n° 4, pp. 389-97.

HASENBALG, Carlos (1979). *Discriminação e desigualdades raciais no Brasil*. Rio de Janeiro: Graal.

HELLWIG, David J. (org.) (1992). *African American Reflections on Brazil's Racial Paradise*. Filadélfia: Temple University Press.

HERSKOVITS, Melville (1943). "The Negro in Bahia, Brazil: A Problem of Method". *American Sociological Review*, v. 8, pp. 394-402.

HERTZMAN, Marc (2013). *Making Samba: A New History of Race and Music in Brazil*. Durham: Duke University Press.

HOETINK, Harmannus (1967). *Caribbean Race Relations: A Study of Two Variants*. Londres: Oxford University Press.

HOOKER, Juliet (2017). *Theorizing Race in the Americas: Douglass, Sarmiento, Du Bois, and Vasconcelos*. Oxford: Oxford University Press.

HUTCHINSON, Harry (1952). "Race Relation in a Community of the Bahia Reconcavo", in Charles Wagley (org.), *Race and Class in Rural Brazil*. Nova York: UNESCO.

IANNI, Octavio (1962). *As metamorfoses do escravo*. São Paulo: DIFEL.

_____ (1970). *Imperialismo y cultura de la violencia en América Latina*. Cidade do México: Siglo XXI.

IBGE (2008). *Pesquisa das Características Étnico-Raciais da População*. Rio de Janeiro: Diretoria de Pesquisas, Coordenação de População e Indicadores Sociais.

IVY, James W. (1941). "Brazilian Nationalism". *The Crisis*, Nova York, julho, p. 235.

JESUS, Carolina Maria de (1960). *Quarto de despejo: diário de uma favelada*. Rio de Janeiro: Francisco Alves.

JOHNSON, Charles (1941). "The Negro and the Present Crisis". *The Journal of Negro Education*, v. 10, n° 3, p. 593.

JORNAL DO BRASIL (1968). "Democracia racial". *Jornal do Brasil* (editorial), Rio de Janeiro, 10/11/1968.

KÖSSLING, Karin Sant'Anna (2004). "O discurso policial sobre o afro-descendente". *Revista Histórica*, n° 15, julho-agosto-setembro.

_____ (2007). *As lutas antirracistas de afro-descendentes sob vigilância do DEOPS/SP (1964-1983)*. Dissertação de Mestrado em História Social, FFLCH-USP.

LACERDA, João Batista de (1911). *Sur les métis au Brésil*. Paris: Imprimerie Devouge.

LAMONT, Michèle; MOLNÁR, Virág (2002). "The Study of Boundaries in the Social Sciences". *Annual Review of Sociology*, v. 28, pp. 167-95.

LANGLAND, Victoria (2013). *Speaking of Flowers: Student Movements and the Making and Remembering of 1968 in Military Brazil*. Durham: Duke University Press.

LEAL, Maria das Graças de Andrade (2004). *Manuel Querino entre letras e lutas: Bahia (1851-1923)*. Tese de Doutorado em História, PUC-SP.

LEITE, José Correia; CUTI (1992). *...E disse o velho militante José Correia Leite*. São Paulo: Secretaria Municipal de Cultura.

LIMA, Manuel de Oliveira (1911). *Formation historique de la nationalité brésilienne*. Paris: Garnier.

_____ (1922). *O movimento da Independência (1821-1822)*. São Paulo: Melhoramentos/Weiszflog.

LIMA, Vivaldo da Costa (1964). "Ainda sobre a Roma negra". *Diário de Notícias*, 12/01/1964.

_____ (1971). *A família de santo nos candomblés jeje-nagôs da Bahia*. Salvador: Mestrado em Ciências Sociais da UFBa.

LOBATO, Gisele Christini de Sousa (2015). *O Brasil e a independência de Angola (1975): política externa oficial e diplomacia militar paralela*. Dissertação de Mestrado, Instituto Universitário de Lisboa.

LOGAN, Rayford (org.) (1944). *What the Negro Wants*. Chapel Hill: The University of North Carolina Press.

MACEDO, Márcio (2005). *Abdias do Nascimento: a trajetória de um negro revoltado (1914-1968)*. Dissertação de Mestrado em Sociologia, FFLCH-USP.

MACIEL, Marco (2001). "A questão étnica no Brasil". *Folha de S. Paulo*, 22/11/2001.

MAGGIE, Yvonne (1996). "Aqueles a quem foi negada a cor do dia: as categorias de cor e raça na cultura brasileira", in Marcos Chor Maio e Ricardo Ventura Santos (orgs.), *Raça, ciência e sociedade*. Rio de Janeiro: Fiocruz/Centro Cultural Banco do Brasil, pp. 225-34.

_____ (2005). "Mário de Andrade ainda vive? O ideário modernista em questão". *Revista Brasileira de Ciências Sociais*, v. 20, n° 58, pp. 5-25.

MAIO, Marcos Chor (1997). *A história do Projeto UNESCO: estudos raciais e ciências sociais no Brasil*. Tese de Doutorado, IUPERJ.

_____ (1999). "Tempo controverso: Gilberto Freyre e o Projeto UNES-CO". *Tempo Social*, v. 11, n° 1, pp. 111-36.

_____ (2001). "UNESCO and the Study of Race Relations in Brazil: National or Regional Issue?". *Latin American Research Review*, v. 36, n° 2, pp. 118-36.

_____ (2011). "Florestan Fernandes, Oracy Nogueira, and the UNES-CO Project on Race Relations in São Paulo". *Latin American Perspectives*, v. 38, n° 3, pp. 136-49.

MALIN, Mauro (2010). "JB em 1968", *Observatório da Imprensa*, edição n° 606, 07/09/2010.

MALLARMÉ, Stéphane (1974). *Mallarmé*. Tradução de Augusto de Campos, Haroldo de Campos e Décio Pignatari. São Paulo: Perspectiva.

MARAN, René (1921). *Batouala*. Paris: Albin Michel.

MARINI, Ruy Mauro (1974). *Subdesarrollo y revolución* (5ª edición, corregida y aumentada). Cidade do México: Siglo XXI.

MARSHALL, T. H. ([1963] 1977). *Class, Citizenship, and Social Development: Essays*. Chicago: University of Chicago Press.

MARTINS, Alfredo Nascimento (1965). *Discurso no doutoramento solene do doutor Richard Pattee pela Faculdade de Letras da Universidade de Coimbra*. Coimbra: Imprensa de Coimbra.

MARX, Karl (1974). "Para a crítica da economia política". São Paulo: Abril, Coleção *Os Pensadores*, v. XXXV.

MATTOS, Hebe (1998). "Os combates da memória: escravidão e liberdade nos arquivos orais de descendentes de escravos brasileiros". *Tempo*, Niterói, v. 3, n° 6, pp. 119-38.

MAUÉS, Maria Angélica da (1988). "Entre o branqueamento e a negritude: o TEN e o debate da questão racial". *Dionysios*, n° 28, pp. 89-101.

MCENNERNEY, Dennis (2003). "Frantz Fanon, the Resistance, and the Emergence of Identity Politics", in Sue Peabody e Tyler Stovall (orgs.), *The Color of Liberty: Histories of Race in France*. Durham, Duke University Press, pp. 259-81.

MCKAY, Claude (1929). *Banjo*. Nova York: Harper & Brothers.

MENDONÇA, Mary E. Ramalho de (1995). *História e cinema: cinemanovismo e violência na América Latina (décadas de 1960 e 1970)*, 2 v. Tese de Livre-Docência, ECA-USP.

MICELI, Sergio (2007). "Introdução — A força do sentido", in Pierre Bourdieu, *A economia das trocas simbólicas*. São Paulo: Perspectiva, pp. vii -lxi.

MILLIET, Sérgio (1947). "O preconceito de cor". *O Estado de S. Paulo*, 10/05/1947.

MITCHELL, Michael (1977). *Racial Consciousness and the Political Attitudes and Behavior of Blacks in São Paulo, Brazil*. PhD Dissertation, University of Michigan.

MNU (1982). *Programa de ação*. Texto aprovado no III Congresso do Movimento Negro Unificado. Belo Horizonte (mimeo.).

_____ (1988). *1978-1988: 10 anos de luta contra o racismo*. São Paulo: Confraria do Livro.

MONTHLY REVIEW (1965). Texto de contracapa. *Monthly Review*, v. 1, n° 17, junho.

MOURA, Clóvis (1980). "Organizações negras", in Paul Singer e Vinicius Caldeira Brant (orgs.), *São Paulo: o povo em movimento*. São Paulo/ Petrópolis: CEBRAP/Vozes.

_____ (1994). *Dialética radical do Brasil*. São Paulo: Anita.

MÜLLER, Ricardo Gaspar (1988). "Identidade e cidadania: o Teatro Experimental do Negro", in Ricardo Gaspar Müller (org.), *Dionysos Especial — Teatro Experimental do Negro*, Minc/Fundacem, n° 28.

MUNANGA, Kabengele (1986). *Negritude: usos e sentidos*. São Paulo: Editora Ática.

_____ (1999). *Rediscutindo a mestiçagem no Brasil: identidade nacional versus identidade negra*. Petrópolis: Vozes.

MYRDAL, Gunnar (1944). *An American Dilemma: The Negro Problem and Modern Democracy*. Nova York: Harper & Brothers.

NASCIMENTO, Abdias do (1950). "Discurso pronunciado na Associação Brasileira de Imprensa em 26/08/1950", *Quilombo*, n° 10, p. 1.

_____ (1966). "Carta a Dakar". *Tempo Brasileiro*, n° 9-10, abril-junho, pp. 97-106.

_____ (1968). *O negro revoltado*. Rio de Janeiro: GRD.

_____ (1968a). "O teatro negro no Brasil: uma experiência sócio-racial". *Revista da Civilização Brasileira*, Caderno Especial 2.

Bibliografia

_____ *et al.* (1968b). *Oitenta anos de Abolição*. Rio de Janeiro: Cadernos Brasileiros.

_____ (1978). *O genocídio do negro brasileiro*. Rio de Janeiro: Paz e Terra.

_____ (org.) (1982). *O negro revoltado*. Rio de Janeiro: Nova Fronteira, 2ª edição (1ª edição 1968).

_____ (2002). *O Brasil na mira do pan-africanismo*. Salvador: Edufba.

_____ (2002a). *O quilombismo*. Brasília: Fundação Cultural Palmares.

NASCIMENTO, Elisa Larkin (2003). *O sortilégio da cor: identidade, raça e gênero no Brasil*. São Paulo: Summus.

NASCIMENTO, Jaime; GAMA, Hugo (orgs.) (2009). *Manuel Querino: seus artigos na Revista do IGHB*. Salvador: IGHB.

NGHE, Nguyen (1963). "Frantz Fanon et les problèmes de l'indépendance". *La Pensée*, nº 107, pp. 23-36.

NOGUEIRA, Oracy (1998). *Preconceito de marca: as relações raciais em Itapetininga*. São Paulo: Edusp (1ª edição 1955).

OLIVEIRA, Lúcia Lippi (1995). *A sociologia do Guerreiro*. Rio de Janeiro: Editora UFRJ.

OLIVEIRA, André Côrtes de (2006). *Quem é a "Gente Negra Nacional"? Frente Negra Brasileira e A Voz da Raça (1933-1937)*. Dissertação de Mestrado, IFCH-Unicamp.

OMI, Michael; WINANT, Howard (1983). *Racial Formation in the United States: From the 1960s to the 1980s*. Nova York: Routledge & Kegan Paul.

ORTIZ, Fernando (1940). *Contrapunteo cubano del tabaco y el azúcar*. Havana: J. Montero.

ORTIZ, Fernando; PÉREZ VALDÉS, Trinidad (2016). *Correspondencia de Fernando Ortiz (1940-1949)*. Havana: Fundación Fernando Ortiz.

ORTIZ, Renato (1995). "Frantz Fanon: um itinerário político e intelectual". *Ideias*, Campinas, v. 2, nº 1.

_____ (1998). *Cultura brasileira e identidade nacional*. São Paulo: Brasiliense.

PAIVA, Vanilda P. (1980). *Paulo Freire e o nacionalismo-desenvolvimentista*. Rio de Janeiro/Fortaleza: Civilização Brasileira/Edições UFC.

PALLARES-BURKE, Maria Lúcia Garcia (2012). *O triunfo do fracasso*. São Paulo: Editora Unesp.

PARK, Robert (1942). "The Career of the Africans in Brazil", introdução a Donald Pierson, *Negroes in Brazil: A Study of Race Contact in Bahia*. Chicago: University of Chicago Press.

PARKS, Gordon (1961). "Freedmon's Fearful Foe: Poverty". *Life Magazine*, 16/06/1961, <http://life.time.com/history/gordon-parks-classic-photo--essay-flavio/#1>.

PASCHEL, Tianna (2016). *Becoming Black Political Subjects: Movements and Ethno-Racial Rights in Colombia and Brazil*. Princeton: Princeton University Press.

PASSARINHO, Jarbas Gonçalves (1996). *Um híbrido fértil*. Rio de Janeiro: Expressão e Cultura.

PATTEE, Richard (1935). "Book Review — *Cannibal Cousins* by John H. Craige". *The Crisis*, Nova York, v. 42, n° 7, p. 201.

_____ (1944). "Race Prejudice in Latin America". *The Crisis*, Nova York, v. 51, n° 402, pp. 195-7.

PENNA, Willian Pereira (2019). *Escrevivências das memórias de Neusa Santos Souza: apagamentos e lembranças negras nas práticas psis*. Tese de Doutorado, Programa de Pós-Graduação em Psicologia da UFF.

PIERSON, Donald (1940). "Book Review — *The Negro in Brazil* by Arthur Ramos". *American Journal of Sociology*, v. 46, n° 2, p. 267.

_____ (1942). *Negroes in Brazil: A Study of Race Contact in Bahia*. Chicago: University of Chicago Press.

_____ (1945). *Brancos e pretos na Bahia: estudo de contato racial*. São Paulo: Companhia Editora Nacional.

PINTO, Luís Aguiar Costa (1953). *O negro no Rio de Janeiro: relações de raças numa sociedade em mudança*. Rio de Janeiro: Companhia Editora Nacional.

PINTO, Regina Pahim (1993). *O movimento negro em São Paulo: luta e identidade*. Tese de Doutorado, FFLCH-USP.

POLICE, Gérard (2000). *Abdias do Nascimento: l'afro-brésilien reconstruit (1914-1944)*, Tese de Doutorado, Département de Portugais, Université Rennes 2, Haute Bretagne, 2 v.

PÓLIT, Aurelio Espinosa (1943). "Carta abierta". *Revista Iberoamericana*, v. 6, n° 11, pp. 21-2.

POUILLON, Jean (1953). "Maîtres et esclaves". *Les Temps Modernes*, Paris, n° 90, pp. 1836-8, maio.

POWELL, R. J. *et al.* (1997). *Rhapsodies in Black: Art of the Harlem Renaissance*. Londres/Berkeley: Hayward Gallery/Institute of International Visual Arts/University of California Press.

PREECE, Harold (1938). "A Labor Boycott for Peace". *The Crisis*, Nova York, fevereiro, p. 43.

PRZEWORSKI, Adam (1977). "From Proletariat into Class: The Process of Class Formation from Karl Kautsky's *The Class Struggle* to Recent Debates". *Politics and Society*, v. 7, n° 4, pp. 343-401.

QUEIROZ, Rachel de (1947). "Linha de cor". *O Cruzeiro*, Rio de Janeiro, 24/05/1947.

_____ (1968). "Carta aberta ao ministro Jarbas Passarinho", *Diário de Notícias*, Salvador, 10 e 11/11/1968, p. 4.

QUERINO, Manuel Raimundo (1980). "O colono preto como fator da civilização brasileira". *Afro-Ásia*, n° 13, pp. 143-58.

QUIJANO, Aníbal (2000). *Colonialidad del poder, eurocentrismo y América Latina*. Buenos Aires: CLACSO.

RAMOS, Alberto Guerreiro (1950). "Apresentando a negritude". *Quilombo*, n° 10, p. 1.

_____ (1957). *Introdução crítica à sociologia brasileira*. Rio de Janeiro: ANDES.

_____ (1958). *A redução sociológica*. Rio de Janeiro: ISEB.

_____ (1995). *Introdução crítica à sociologia brasileira*. Rio de Janeiro: Editora UFRJ.

RAMOS, Arthur (1937). *As culturas negras no Novo Mundo*. Rio de Janeiro: Civilização Brasileira.

_____ (1941). "The Negro in Brazil". *The Journal of Negro Education*, v. 10, n° 3, pp. 515-23.

_____ (1943). *Guerra e relações de raça*. Rio de Janeiro: Perfecta.

RAPPEPORT, Stanley (1936). "Slave Struggles for Freedom". *The Crisis*, Nova York, setembro, p. 265.

REGO, José Lins do (1947). "Paciência, meu branco", *O Globo*, Rio de Janeiro, 19/04/1947, edição matutina, p. 3.

REIS, João José (1995). "Quilombos e revoltas escravas no Brasil". *Revista USP*, São Paulo, v. 28, pp. 14-39.

RESTON, Tom (1967). "Habana, 1967: The OLAS Conference Defines Revolution", *The Harvard Crimson*, 17/11/1967.

REZENDE, Beatriz (1989). "Lima Barreto e a República". *Revista USP*, setembro-outubro-novembro, pp. 89-94.

RICARDO, Cassiano (1938). "O negro do bandeirantismo paulista". *Revista do Arquivo Municipal*, v. 47, pp. 5-45.

RIDENTI, Marcelo (2014). "As oposições à ditadura: resistência e integração", in Rodrigo Patto Sá Motta, Daniel Aarão Reis e Marcelo Ridenti (orgs.), *A ditadura que mudou o Brasil: 50 anos do golpe de 1964*. Rio de Janeiro: Zahar.

RIOS, Flavia (2014). "A trajetória de Thereza Santos: comunismo, raça e gênero durante o regime militar". *Plural* [online], v. 21, n° 1, janeiro, pp. 73-96.

ROBESON, Paul; PATTERSON, William L. (1970). *We Charge Genocide: The Historic Petition to the United Nations for Relief from a Crime of the United States Government Against the Negro People*. Nova York: Civil Rights Congress/International Publishers.

ROCHA, Glauber (1965). "Uma estética da fome". *Revista da Civilização Brasileira*, n° 3.

_____ (2004). *Revolução do cinema novo*. São Paulo: Cosac Naify.

RODRIGUES, Fernando (2001). "Economista fez autocrítica sobre 1964", *Folha de S. Paulo*, 11/10/2001, <http://pensadoresbrasileiros.home.comcast.net/~pensadoresbrasileiros/RobertoCampos/economista_fez_autocritica_sobre_1964.htm>.

RODRIGUES, Gabriela (2020). "Mulatos, pardos, 'afrobeges': negros de pele clara ou 'afroconvenientes'". Trabalho apresentado na 32ª Reunião Brasileira de Antropologia, realizada entre os dias 30 de outubro e 6 de novembro de 2020 na UERJ.

RODRIGUES, Nina (1932). *Os africanos no Brasil*. São Paulo: Companhia Editora Nacional.

ROSE, Phyllis (1990). *Joséphine Baker: une américaine à Paris*. Paris: Fayard.

RUSSELL-WOOD, Anthony John R. (1982). *The Black Man in Slavery and Freedom in Colonial Brazil*. Nova York: St. Martin's Press.

SAID, Edward W. (1978). *Orientalism*. Nova York: Pantheon Books.

SAMPER, José María (1861). *Ensayo sobre las revoluciones políticas y la condición social de las repúblicas colombianas*. Paris: Imprenta de E. Thurnot.

SANDRONI, Carlos (2001). *Feitiço decente: transformações do samba no Rio de Janeiro (1917-1933)*. Rio de Janeiro: Zahar/Editora UFRJ.

SANJEK, Roger (1971). "Brazilian Racial Terms: Some Aspects of Meaning and Learning". *American Anthropologist*, v. 73, n° 5, outubro, pp. 1126-43.

SANSONE, Livio (1998). "Negritudes e racismos globais? Uma tentativa de relativizar alguns dos novos paradigmas 'universais' nos estudos da etnicidade a partir da realidade brasileira". *Horizontes Antropológicos*, v. 4, n° 8, pp. 227-37.

_____ (2004). *Negritude sem etnicidade: o local e o global nas relações raciais e na produção cultural negra do Brasil*. Salvador/Rio de Janeiro: Edufba/Pallas.

SANTOS, Jocélio Teles dos (1995). *O dono da terra: o caboclo nos candomblés da Bahia*. Salvador: Sarah Letras.

_____ (2005). *O poder da cultura e a cultura do poder: a disputa simbólica da herança cultural negra no Brasil*. Salvador: Edufba.

SANTOS, Leandro José dos (2010-2011). "Escritos negros: nota sobre educação e participação política na imprensa negra de ontem e de hoje". *Cadernos de Campo*, São Paulo, n° 11-12.

SANTOS, Wanderley Guilherme dos (1979). *Cidadania e justiça: a política social na ordem brasileira*. Rio de Janeiro: Campus.

SARTRE, Jean-Paul (1948). "Orphée Noir", prefácio a *Anthologie de la nouvelle poésie nègre et malgache de la langue française*. Paris: PUF.

_____ (1949). "Orfeu Negro". *Quilombo*, n° 3, pp. 6-7.

_____ (1956). "Le colonialisme est um système". *Les Temps Modernes*, Paris, n° 126.

SCHAUB, Jean-Frédéric (2015). *Pour une histoire politique de la race*. Paris: Seuil.

SCHWARCZ, Lilia (1987). *Retrato em branco e negro: jornais, escravos e cidadãos em São Paulo no final do século XIX*. São Paulo: Companhia das Letras.

_____ (1993). *O espetáculo das raças: cientistas, instituições e questão racial no Brasil do século XIX*. São Paulo: Companhia das Letras.

_____ (1999). *As barbas do imperador: D. Pedro II, um monarca nos trópicos*. São Paulo: Companhia das Letras.

SEMOG, Éle (2006). *Abdias Nascimento: o griot e as muralhas*. Rio de Janeiro: Pallas.

SENGHOR, Léopold (1964). *Liberté I — Negritude et humanisme*. Paris: Seuil.

SEVCENKO, Nicolau ([1985] 2010). *A revolta da vacina*. São Paulo: Cosac Naify.

_____ (1998). "Introdução: O prelúdio republicano, astúcias da ordem e ilusões do progresso", in *História da vida privada no Brasil*, v. 3. São Paulo: Companhia das Letras.

SEYFERTH, Giralda (2002). "Colonização, imigração e a questão racial no Brasil". *Revista USP*, n° 53, maio, pp. 117-49.

SILATSA, Nicolas (1981). *Parinoir*. Épinay-sur-Seine: N. Silatsa.

SILVA, Mário Augusto Medeiros da (2011). *A descoberta do insólito: literatura negra e literatura periférica no Brasil (1960-2000)*. Tese de Doutorado, Departamento de Sociologia da Unicamp.

_____ (2013). *A descoberta do insólito: literatura negra e literatura periférica no Brasil (1960-2000)*. Rio de Janeiro: Aeroplano.

SILVA, Nelson do Valle (1980). "O preço da cor: diferenciais raciais na distribuição de renda no Brasil". *Pesquisa e Planejamento Econômico*, v. 10, n° 1, pp. 21-44.

SKIDMORE, Thomas (1974). *Black into White: Race and Nationality in Brazilian Thought*. Nova York: Oxford University Press.

SMITH, Lawson V. (1933). "Arizona Phi Becomes". *The Scroll of Phi Delta Theta*, v. 58, n° 1, pp. 144-5.

SMITH, Richard (2013). "Érico Veríssimo, a Brazilian Cultural Ambassador in the United States". *Tempo*, v. 17, n° 34, pp. 147-73.

SODRÉ, Nelson Werneck (1968). "O momento literário". *Revista da Civilização Brasileira*, n° 21-22.

SOTERO, Edilza (2014). "Ativismo negro e tentativas de inserção política (1945-1948)". *Anais do VIII Congresso Brasileiro de Pesquisadores/as Negros/as*, Belém, 29 de julho a 2 de agosto de 2014.

SOUZA, Amauri de (1971)."Raça e política no Brasil urbano". *Revista de Administração de Empresas*, XI, outubro-dezembro.

SOUZA, Florentina da Silva (2005). *Afro-descendência em 'Cadernos Negros' e 'Jornal do MNU'*. Belo Horizonte: Autêntica.

SPIX, Johann Baptist von; VON MARTIUS, Carl Friedrich Philipp (1938). *Através da Bahia; excertos da obra 'Reise in Brasilien'*. São Paulo: Companhia Editora Nacional.

STOVALL, Tyler (1996). *Paris Noir: African Americans in the City of Light*. Nova York: Mariner Books.

THOMPSON, E. P. (1958). *The Making of English Working Class*. Londres: Vintage Books.

TOOMER, Jean (1923). *Cane*. Nova York: Boni and Liveright.

TROCHIM, Michael R. (1988). "The Brazilian Black Guard: Racial Conflict in Post-Abolition Brazil". *The Americas*, v. 44, n° 3, pp. 285-300.

TROYAT, Henri (1994). *Baudelaire*. Paris: Flammarion.

TURNER, Bryan S. (1990). "Outline of a Theory of Citizenship". *Sociology*, v. 24, n° 2, pp. 189-217.

VASCONCELOS, José (1925). *La raza cósmica: misión de la raza iberoamericana: notas de viajes a la América del Sur*. Madri: Agencia Mundial de Librería.

VENTURA, Roberto (1991). *Estilo tropical: história cultural e polêmicas literárias no Brasil (1870-1914)*. São Paulo: Companhia das Letras.

VIANNA, Hermano (1995). *O mistério do samba*. Rio de Janeiro: Zahar/ Editora UFRJ.

VIANNA, José de Oliveira (1923). *Evolução do povo brasileiro*. São Paulo: Monteiro Lobato & Cia.

_____ (1959 [1932]). *Raça e assimilação*. Rio de Janeiro: José Olympio.

VIANNA, Luiz Werneck; CARVALHO, Maria Alice Rezende de (2000). "República e civilização brasileira". *Estudos de Sociologia*, v. 5, n° 8, pp. 7-33.

VON MARTIUS, Carl Friedrich; RODRIGUES, José Honório ([1838] 1956). "Como se deve escrever a História do Brasil". *Revista de História de América*, n° 42, pp. 433-58.

WADE, Peter (1993). *Blackness and Race Mixture: The Dynamics of Racial Identity in Colombia*. Baltimore: Johns Hopkins University Press.

_____ (1997). "The Meaning of Race and Ethnicity", in *Race and Ethnicity in Latin America*. Londres: Pluto Press.

WAGLEY, Charles (1952). "Comment les classes ont remplacé les castes dans le Brésil septentrional". *Races et classes dans le Brésil rural*. Paris: UNESCO.

_____ (org.) (1952). *Race and Class in Rural Brazil*. Nova York: Columbia University Press.

_____ (1968). *The Latin American Tradition: Essays on the Unity and the Diversity of Latin American Culture*. Nova York: Columbia University Press.

_____ (1994). "On the Concept of Social Races in the Americas", in Jorge L. Dominguez (org.), *Race and Ethnicity in Latin America*. Nova York: Garland, pp. 13-27.

WCA (1941). *The World's Destiny and the United States: A Conference of Experts in International Relations*. Chicago: World Citizens Association.

WEBER, Max (1970). *Sobre a teoria das ciências sociais*. São Paulo: Martins Fontes.

WEFFORT, Francisco (1972). *Participação e conflito industrial: Contagem e Osasco, 1968*. São Paulo: Caderno CEBRAP 05.

_____ (1992). *Qual democracia?* São Paulo: Companhia das Letras.

WEINSTEIN, Barbara (2006). "Racializando as diferenças regionais". *Revista Esboços*, v. 13, n° 16, pp. 281-303.

WIMMER, Andreas (2013). *Ethnic Boundary Making: Institutions, Power, Networks*. Nova York: Oxford University Press.

WOODARD, James P. (2008). "Of Slaves and Citizens: The Places of Race in Republican São Paulo (1880s-1930s)". Paper apresentado no *New York City Latin American History Workshop*, fevereiro.

WRIGHT, Erik (1985). *Classes*. Londres: Verso.

WRIGHT, Winthrop (1990). *Café con Leche: Race, Class, and National Image in Venezuela*. Austin: University of Texas Press.

XAVIER, Ismail (2004). "Prefácio", in Glauber Rocha, *Revolução do cinema novo*. São Paulo: Cosac Naify.

YELVINGTON, Kevin (2006). "The Invention of Africa in Latin America and the Caribbean: Political Discourse and Anthropological Practice", in Kevin A. Yelvington (org.), *Afro-Atlantic Dialogues: Anthropology in the Diaspora*. Santa Fé: School of American Research, pp. 35-82.

ZAHAR, Renate (1974). *Frantz Fanon: Colonialism and Alienation*. Nova York: Monthly Review Press.

ZIMMERMAN, Ben (1952). "Les relations raciales dans la région aride du sertão", in Charles Wagley (org.), *Races et classes dans le Brésil rural*. Paris: UNESCO.

ZIN, Rafael Balseiro (2018). "Literatura e afrodescendência no Brasil: condições e possibilidades de emergência de um novo campo de estudos". *Caderno Seminal Digital*, n° 29, v. 29, janeiro-junho.

Bibliografia

Bibliografia complementar:

DIÁRIO TRABALHISTA, Coluna "Problemas e Aspirações do Negro Brasileiro", Rio de Janeiro, janeiro a dezembro de 1946 (matérias em ordem cronológica):

"Os negros lutam por suas reivindicações", 15/01/1946, p. 5.

"Onde está a estrela do negro", 18/01/1946, p. 5.

"A mulher negra e o Brasil futuro", 19/01/1946, p. 5.

"Anjos branquinhos e demônios negros: os intelectuais negros do passado e os da moderna geração, na entrevista concedida ao *Diário Trabalhista* pelo Sr. Ironides Rodrigues", 20/01/1946, p. 5.

"Alfabetizar é libertar o negro", 23/01/1946, p. 5.

"É mais fácil ser doutor do que conseguir um lugar de simples caixeiro", 24/01/1946, p. 5.

"Afirma o poeta Rossine Camargo Guarnieri: — Em São Paulo a situação do negro é simplesmente horrível", 25/01/1946, p. 7.

"O professor Joaquim Ribeiro, invocando o conceito do sociólogo Sorokin, depõe: — É quase nula a mobilidade vertical dos negros", 27/01/1946, p. 7.

"Depois da Abolição deviam ter dado ao negro um pouco da terra que ele cultivou para os senhores", 30/01/1946, p. 5.

"Pretos e brancos, unidos, realizarão a construção do Brasil de amanhã", 01/02/1946, p. 7.

"O negro e a democracia", 03/02/1946, p. 7.

"Homenagem póstumas ao Dr. Claudomiro Tavares, presidente da União Democrática Afro-Brasileira", 07/02/1946, p. 5.

"A bancada trabalhista dá todo seu apoio às reivindicações do negro: entrevista-relâmpago na sede central do PTB — Como falaram ao *Diário Trabalhista* os deputados Segadas Viana, Manuel Benício Fontenele, Rubens de Melo Braga, Baeta Neves e Benjamin Farah", 08/02/1946, p. 5.

"Depõe o professor Arthur Ramos: — Depois da luta contra racismo, ainda subsiste outra, de não menor gravidade: a luta contra a miséria, contra a doença, contra todas as formas de exploração", 09/02/1946, p. 4.

"Do negro tudo querem e aproveitam, e nada, absolutamente nada, se lhe dá", 12/02/1946, p. 4.

"A mulher negra deve tomar parte ativa nos acontecimentos políticos e sociais do país, declara ao *Diário Trabalhista* Arinda Serafim", 13/02/1946, p. 4.

"A hedionda injustiça contra os negros está exuberantemente provada", 16/02/1946, p. 7.

"Aguinaldo Camargo declara: — Os negros mais do que qualquer outra classe social sofre todos os horrores do capitalismo internacional", 17/02/1946, p. 4.

"*Senzala* — A magnífica revista ilustrada da coletividade afro-brasileira, editada em São Paulo", 23/02/1946, p. 5.

"É preciso acabar com a exclusão absoluta ou relativa nas Guardas Palacianas, nas escolas para o oficialato das Forças Armadas e mesmo na diplomacia", 28/02/1946, p. 7.

"Todas as religiões têm um sentido de liberdade", 02/03/1946, p. 5.

"Anti-isolacionismo negro, por Abdias do Nascimento", 09/03/1946, p. 6.

"A convenção nacional do negro brasileiro e a luta pela alfabetização das massas operárias", 10/03/1946, p. 6.

"Aqui, nesta terra de negros, mulatos e crioulos, onde as raças se fundem em um só bloco, existe uma luta surda contra e passiva contra a gente de cor, só por ser de cor", 12/03/1946, p. 6.

"Porque os poderes públicos não prestigiam a Convenção Nacional do Negro Brasileiro?", 14/03/1946, p. 7.

"O negro e a existência de uma cultura na África", 16/03/1946, p. 6.

"O preconceito de cor está aí, lanhando as carnes do negro para quem quiser ver", 17/03/1946, p. 6.

"Será preciso que os racistas indígenas passem por um processo de reeducação semelhante ao que as Nações Unidas estão levando a efeito na Alemanha e no Japão", 21/03/1946, p. 6.

"O senador Hamilton Nogueira denunciou à Constituinte uma fraude contra o negro", 24/03/1946, p. 6.

"As mulheres negras também reivindicam seus direitos", 05/04/1946, p. 5.

"A discriminação é fato infelizmente verdadeiro no Brasil", 10/04/1946, p. 4.

"Debate público em torno da questão negra", 26/04/1946, p. 5.

Bibliografia

"Manifesto da Convenção Nacional do Negro Brasileiro. — Os pretos não estão criando nenhum problema — declarou o senador Hamilton Nogueira nos debates públicos sobre a questão negra", 30/04/1946, p. 5.

"As comemorações do 13 de Maio", 03/05/1946, p. 5.

"A Abolição da escravatura foi uma legítima vitória dos próprios negros", 05/05/1946, p. 5.

"A marcha sobre a Segunda Abolição", 08/05/1946, p. 5.

"A história do negro ainda está para ser contada", 09/05/1946, p. 5.

"As brilhantes comemorações da data da Abolição", 11/05/1946, p. 5.

"O mais belo povo mestiço do mundo", 16/05/1946, p. 5.

"O Departamento de Cultura de São Paulo não auxilia a educação do povo", 28/06/1946, p. 5.

"Abgail Moura diz: — A orquestra afro-brasileira realiza uma obra de recuperação artística e humana", 29/06/1946, p. 4.

"Conservou a pureza: era verdadeira música africana", 14/07/1946, p. 3.

"O desaparecimento do preconceito de cor não pode ser fruto de cambalacho político-partidário", 18/07/1946, p. 4.

"As atividades do teatro do negro", 27/07/1946, p. 5.

"O preconceito de cor na Bahia", 28/07/1946, p. 5.

"A questão do negro no Brasil não é para partidos", 01/08/1946, pp. 6-8.

"Um livro sobre o negro na arte do Brasil", 03/08/1946, p. 3.

"Creio na valorização do trabalhador", 16/08/1946, p. 3.

"O Teatro Experimental do Negro e a cultura do povo", 25/08/1946, p. 4.

"O movimento progressista do Brasil estaria incompleto se lhe faltasse a cor do movimento afro-brasileiro", 08/09/1946, p. 6.

"Existe o preconceito de cor nas estações de rádio", 12/09/1946, p. 6.

"O negro em marcha", 12/10/1946, p. 5.

"Em defesa dos afro-brasileiros", 28/11/1946, p. 5.

"Discriminação racial no Tijuca Tênis Clube", 18/12/1946, p. 4.

SOBRE O AUTOR

Antonio Sérgio Alfredo Guimarães fez sua graduação e seu mestrado em Ciências Sociais pela Universidade Federal da Bahia e seu doutorado em Sociologia pela Universidade de Wisconsin, Madison, nos Estados Unidos. Atualmente é professor titular (sênior) do Departamento de Sociologia da Universidade de São Paulo, Pesquisador 1A do CNPq e Life Member do Clare Hall da Universidade de Cambridge, na Inglaterra. Atua também como pesquisador associado no CEBRAP, em São Paulo, e no programa A Cor da Bahia, da UFBA, sendo atualmente (2020-2021) Remote Visiting Scholar do LLILAS da Universidade do Texas em Austin. É membro do Conselho Executivo da LASA (Latin American Studies Association, mandato até 2022). Foi Tinker Visiting Professor na Universidade de Chicago (primavera de 2019), titular da Cátedra Simón Bolívar da Universidade de Cambridge (2016-2017) e da Chaire Brésilienne de Sciences Sociales Sérgio Buarque de Holanda, na Fondation Maison des Sciences de l'Homme, em Paris (2010-2014). Foi também Visiting Fellow e Visiting Professor de várias universidades e centros de pesquisa, entre eles: University of Illinois Urbana-Champaign; Freie Universität, Berlim; Princeton University; University of Oxford; University of California, Los Angeles; EHESS (École des Hautes Études en Sciences Sociales), Paris; e IRD (Institut de Recherche pour le Développement), Paris. Foi presidente da Sociedade Brasileira de Sociologia (1996-1997) e recebeu a comenda do Mérito Científico do Governo do Brasil em 2007. Atua na área de sociologia, com ênfase em estudos afro-brasileiros e formação de classes sociais, principalmente nos temas: identidades raciais, regionais e nacionais, racismo e desigualdades raciais.

Seus principais livros são:

Imagens e identidades do trabalho (com Michel Agier e Nadya Araujo Castro — São Paulo: Hucitec, 1995);

Um sonho de classe: trabalhadores e formação de classe na Bahia dos anos 80 (São Paulo: Hucitec, 1998);

Preconceito e discriminação: queixas de ofensas e tratamento desigual dos negros no Brasil (Salvador: Novos Toques, 1998, reeditado pela Editora 34 em 2004);

Racismo e antirracismo no Brasil (São Paulo: Editora 34, 1999);

Tirando a máscara: ensaios sobre o racismo no Brasil (organização com Lynn Huntley — São Paulo: Paz e Terra, 2000);

Beyond Racism: Race and Inequality in Brazil, South Africa, and the United States (organização com Charles V. Hamilton, Lynn Huntley, Alexander Neville e James Wilmor — Boulder: Lynne Rienner, 2001);

Classes, raças e democracia (São Paulo: Editora 34, 2002);

Preconceito racial: modos, temas e tempos (São Paulo: Cortez, 2008).

ESTE LIVRO FOI COMPOSTO EM SABON
PELA FRANCIOSI & MALTA, COM CTP
E IMPRESSÃO DA EDIÇÕES LOYOLA EM
PAPEL PÓLEN SOFT 80 G/M² DA CIA.
SUZANO DE PAPEL E CELULOSE PARA A
EDITORA 34, EM JULHO DE 2021.